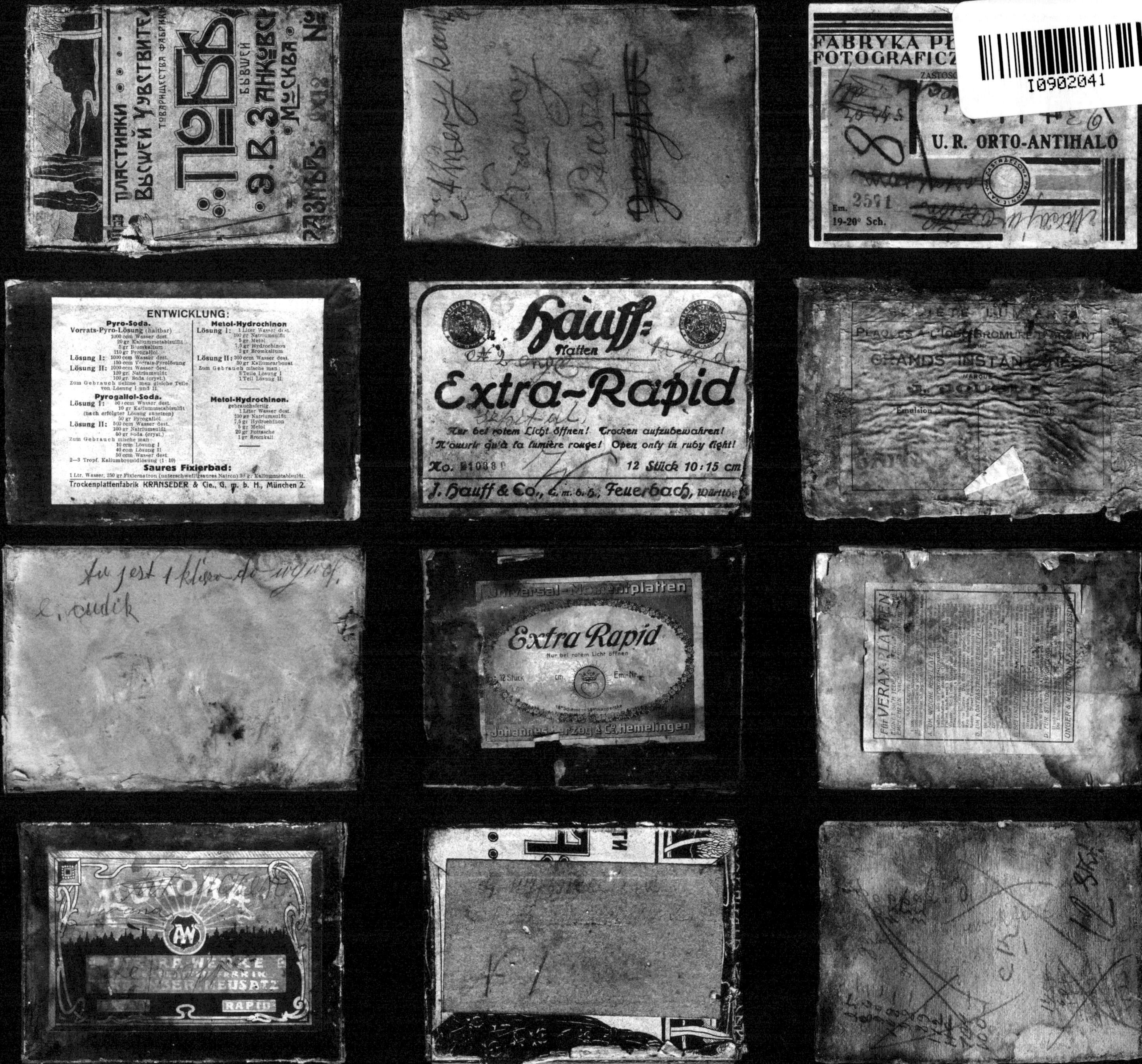
ПЛАСТИНКИ
ВЫСШЕЙ ЧУВСТВИТЕЛ
ТОВАРИЩЕСТВА ФАБРИК
БЫВШЕЙ
Э. В. ЗАНКЕВСК
МОСКВА
РАЗМЪРЪ
FABRYKA PŁ
FOTOGRAFICZ
U. R. ORTO-ANTIHALO
Em.
19-20° Sch.
ENTWICKLUNG:
Pyro-Soda.
Metol-Hydrochinon
Pyrogallol-Soda.
Metol-Hydrochinon.
Saures Fixierbad:
Trockenplattenfabrik KRANSEDER & Cie., G. m. b. H., München 2.
Hauff-Platten
Extra-Rapid
Nur bei rotem Licht öffnen! Trocken aufzubewahren!
N'ouvrir qu'à la lumière rouge! Open only in ruby light!
12 Stück 10:15 cm
J. Hauff & Co., G. m. b. H., Feuerbach, Württbg.
GRANDS INSTANTANÉS
Emulsion
Extra Rapid
Nur bei rotem Licht öffnen
12 Stück
Em.-Nr.
Für VERAX-PLATTEN
UNGER & HOFFMANN A.-G. DRESDEN
RAPID

THE GLASS PLATES OF LUBLIN

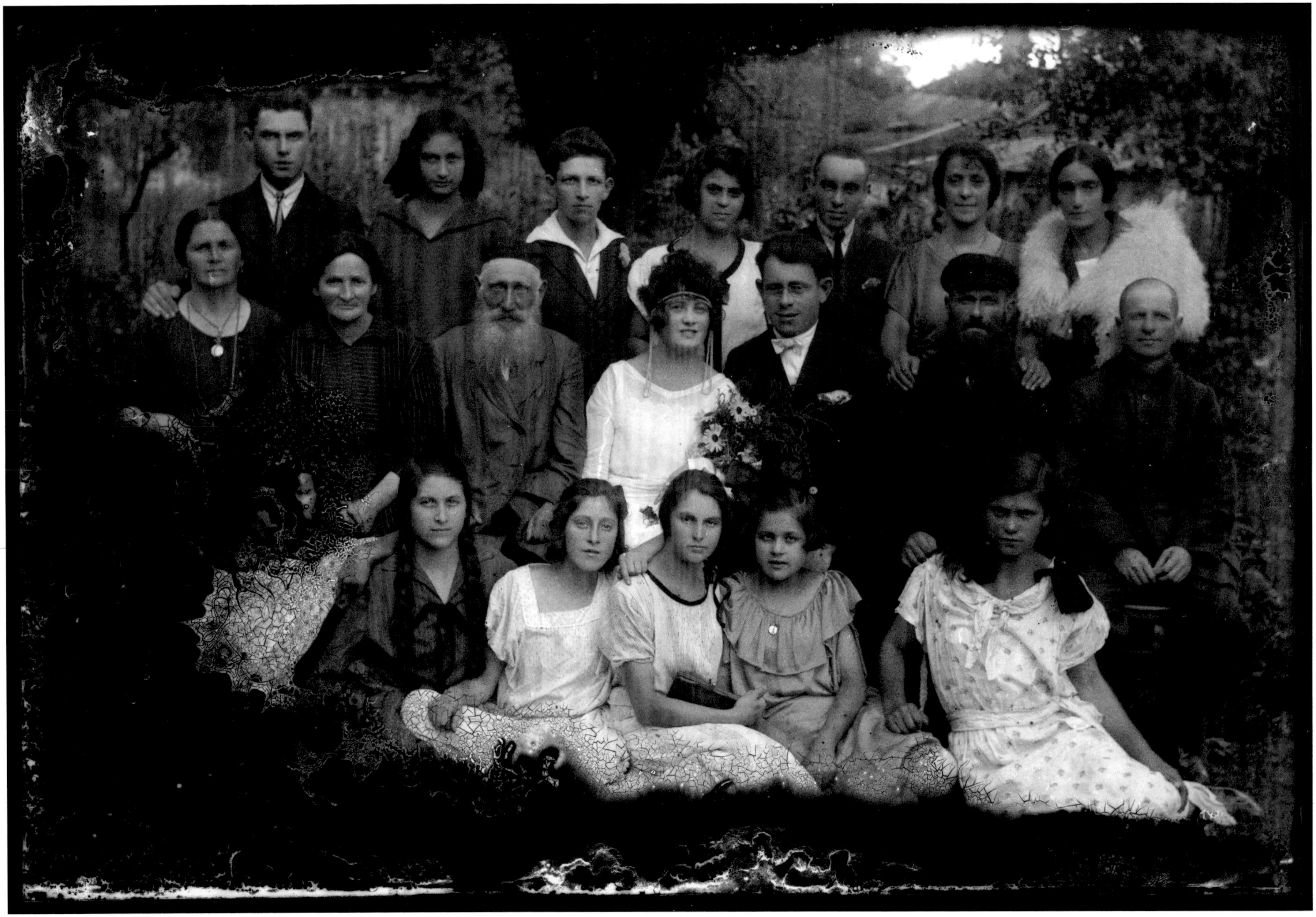

The Glass Plates of Lublin

Found Photographs of a Lost Jewish World

WHITE GOAT PRESS

First White Goat Press Hardcover Edition January 2022
Hardcover ISBN: 979-8-9852069-2-0

10 9 8 7 6 5 4 3 2 1
Library of Congress Control Number: 2021925708

EDITORS
Piotr Nazaruk
Lisa Newman
Aaron Lansky

CONTRIBUTING EDITORS
Ezra Glinter
Avinoam J. Patt, Ph.D.

DESIGN
Michael Grinley

Set in Caslon and Kabel

Printed at The Studley Press, Dalton, Massachusetts

White Goat Press
Yiddish Book Center
1021 West Street
Amherst, Massachusetts 01002

yiddishbookcenter.org
whitegoatpress@yiddishbookcenter.org

WHITE GOAT PRESS

OŚRODEK BRAMA GRODZKA
TEATR NN .PL

Made possible with the
generous support of Jesse M. Abraham
in appreciation of
the Yiddish Book Center

Foreword

The Holocaust began with broken glass. On November 9–10, 1938, Nazi stormtroopers, Hitler youth, and sledgehammer-wielding civilians damaged or destroyed 1,400 synagogues, vandalized 7,000 Jewish-owned businesses, ransacked schools, homes, and hospitals, burned books, toppled gravestones, and murdered ninety-one Jews in what came to be known as *Kristallnacht*, the Night of Shattered Glass. The German government, which did nothing to stop the violence, responded after the fact by rounding up 30,000 Jewish men and shipping them to concentration camps. The Second World War was still ten months away, but the war against the Jews had already begun.

How remarkable then, after all the death and devastation that followed, that 3,000 photographs of prewar Jewish life were discovered in 2010 in an attic in Lublin, Poland, on plates made of glass. I've spent the past four decades tracking down Yiddish books and other Jewish artifacts, yet I never heard of the glass plates of Lublin until my wife, Gail, our friend Lisa Kassow, and I visited the city in the spring of 2018. We were on our way to Bilgoraj, the town where Isaac Bashevis Singer had spent much of his childhood and where the only surviving copy of his first published work had mysteriously reappeared. While we waited for our guide, the Yiddish scholar Monika Adamcyk-Garbowska, a friend took us on a walking tour of the old Jewish neighborhood of Lublin that culminated at the 676-year-old Brama Grodzka, or City Gate. Once a passage between the Christian and the Jewish sections of the city, it was now a lively center for theater, culture, and historical research.

It was there that we first saw the 3,000, four-by-six-inch glass plates. We gasped out loud. Lisa, who in an earlier life had been a professional photographer in Israel, was impressed by their immediacy, and all three of us were struck by their obvious historical and ethnographic significance. Taken between 1913 and 1930, they portrayed a wide range of subjects: young couples, children, firemen, musicians, athletes, actors, dancers, soldiers, sunbathers, and construction workers. Most were wearing Western clothes, and we couldn't always tell who was Jewish and who was not. In that sense the images were very different from Roman Vishniac's iconic photos of Polish Jews in the 1930s. Intent on chronicling a vanishing world, Vishniac had photographed mostly religious Jews in traditional garb while scrupulously avoiding modern intrusions like telephone wires and automobiles. The glass plates of Lublin displayed no such artifice. To the contrary, they showed people as they were, not as the photographer wanted them to be.

Who *was* the photographer? When we were in Lublin the staff at the Grodzka Gate had their conjectures—someone mentioned "a Jewish carpenter"—but no one knew for sure. Happily, in the intervening years Piotr Nazaruk, the curator of the Grodzka Gate, worked tirelessly to unravel the mystery. It's a fascinating story, and no one can tell it better than Piotr himself, as he does in the introduction to this volume. The photographs, of course, speak for themselves.

—Aaron Lansky
President, Yiddish Book Center

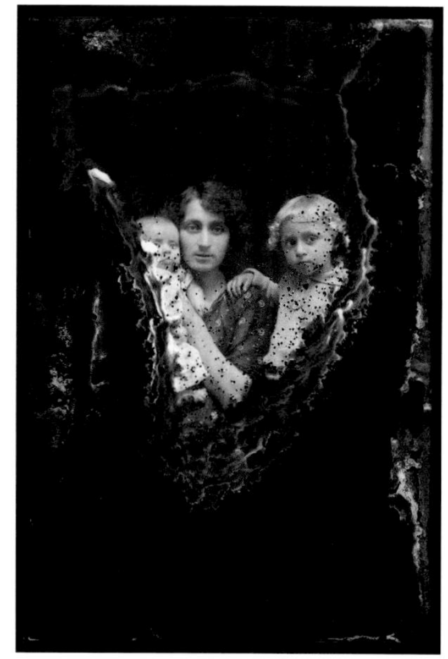

The Glass Negatives of Rynek 4

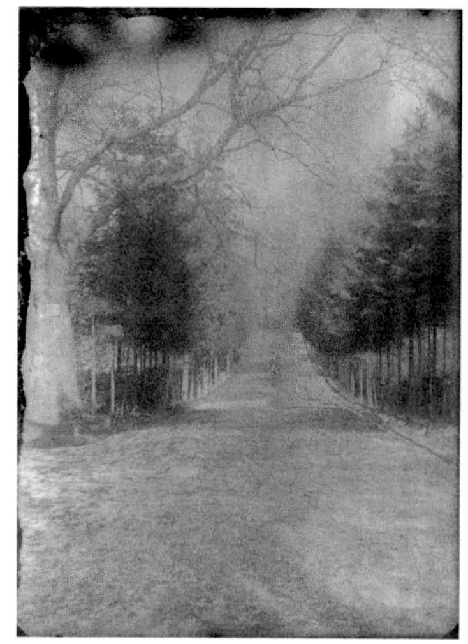

In the winter of 2010 Krzysztof Janus, an engineer and specialist in architectural history and monument conservation, was going through the attic of Rynek 4, a nineteenth-century tenement house in Lublin, when he came upon something astonishing. He and his renovation team found, lying in a pile of trash, a box containing almost three thousand glass photographic plates, each measuring just under six by four inches. From the dirty and sometimes broken glass tiles emerged the faces of Poles and Jews, men and women, children and the elderly, workers distracted from work, young couples flirting, dignitaries bursting through tailcoats, athletes posing with pride, and, above all else, ordinary, anonymous people who never dreamed their portraits would one day be of interest to anyone.

This unique collection, which has been exhibited at Lublin's Grodzka Gate–NN Theatre Centre since 2012, was incredibly fortunate. For nearly eighty years it was kept in extremely unfavorable conditions—a humid attic only partially protected from rain, snow, and frost, freezing in the winter and boiling hot in the summer. It was probably discovered once before, in the late 1950s or early 1960s, during the renovation of Lublin's Old Town, and might have been destroyed if the workers, who probably did not want to carry two hundred kilograms of glass tiles, had not dumped the plates in a corner of the attic. Despite this poor treatment only some of them are washed out, broken, or show signs of corrosion, and the vast majority have survived in surprisingly good condition.[1] Even those that were almost completely destroyed contain fragments of previously unknown photographs, which were recovered through a painstaking conservation process. Tomasz Pietrasiewicz, the founder and director of the Center, calls these "destructs." They are broken and faded, and only laborious work can reveal their contents.

In the decade since this remarkable find, the collection has been thoroughly researched and analyzed. It has inspired artists and become the subject of a documentary.[2] Yet these three thousand glass tiles still hold many secrets. To begin with, who took these pictures? Some scholars speculated that they were made by one of Lublin's Jewish photographers, as suggested by a few handwritten signatures in Yiddish. But no connection could be made between any known photographer and the address where the negatives were found. A mess of items piled together with the negatives—a notebook with a shopping list and budget, the school notebook of a fourth-grade student named

1 For more on the history of the discovery, the condition of the plates, the technique of their production, and the steps taken to save them, see the essay by Krzysztof Janus, *Fotograf z poddasza. Zbiór szklanych negatywów odnalezionych w kamienicy Rynek 4 w Lublinie (próba syntezy ustaleń),* "Konteksty. Polska sztuka ludowa," No. 3 (318), 2017, pp. 181–189.

2 The glass negatives were, among other things, shown in an experimental film by Natasza Ziółkowska-Kurczuk, displayed in Israel at an exhibit curated by Tal Schwartz, inspired a play, *Anioł za lodówką,* by Grażyna Lutosławska, and were the subject of a documentary by Jan Borowiec.

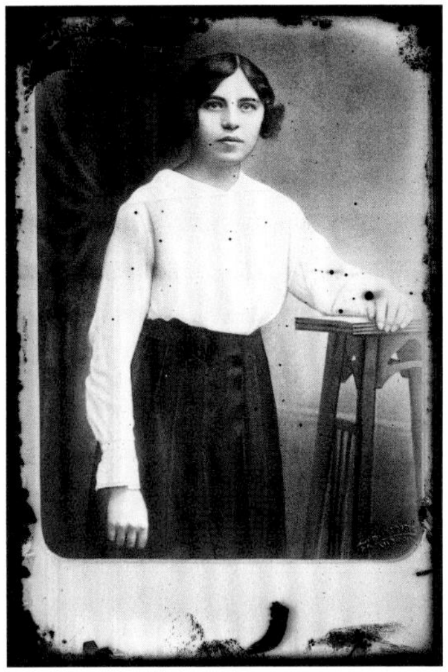

A highly retouched photo with the signature "Foto Zylberberg. Lublin."

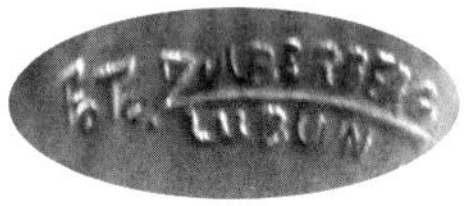

H. Arbajtman, a damaged identity card from World War II, an unused food card from 1940, a flyer for a large photo studio in Lublin, and two loose photographs—did not help determine the photographer's identity.

In 2015, Jakub Chmielewski, then an associate of the Centre and currently a researcher at the State Museum at Majdanek, discovered a new clue. In German documents from August 1940 he found an entry on the house at Rynek 4, along with the name "Abram Zylberberg" and the annotation "photographer." Chmielewski's discovery was the first, and still the only, serious indication of the negatives' authorship. The discovery was later confirmed when one of the plates was found bearing the signature "Photo Zylberberg. Lublin."

To my own surprise, I found a trace of the mysterious photographer while working on this publication. In the archives of the Ghetto Fighters' House in Israel I came upon a photograph from 1929 that was identical to one of the negatives. This picture, probably depicting children and their teachers from the Trachter Sisters' Nursery (the Trachter sisters also lived at Rynek 4), had a stamp on the back with the Polish caption "Lublin Photographic Studio. Lublin, Rynek 4." Previously it was assumed that Abram Zylberberg was an amateur photographer. He did not have an atelier, and he took most of his interior photos on the staircase next to his apartment. But his work was perhaps truly professional, and the documents confirming the existence of his business are simply waiting to be discovered.

We do know a few details about this mysterious photographer, largely thanks to historian Tadeusz Przystojecki. Zylberberg was born somewhere outside Lublin in 1883. He moved to Rynek 4 around 1928, and his main occupation was carpentry. In 1940 a certain Cywia (Tsivya) Szajner and her four-year-old son Moyshe lived with Zylberberg in his apartment, though the relationship between them is unclear. We have one firsthand recollection of the photographer, given by Mieczysław Zych, a prewar non-Jewish resident of Rynek 10, in an interview with journalist Agnieszka Dybek :

"He was of average height, 170–175 cm (67–69 inches), slim, over forty years old. He had sidelocks, but not as long as Hasidim, and curly hair. He was very cheerful; he talked to us lads a lot. We liked him very much. We used to call every 'Żydek' [a derogatory term for Jew] names, or make fun of them, but not him. He was distinctive because he always had his camera on a tripod. Just as you saw painters with ladders, you saw him with a tripod. He often stood near the Kochanowski monument and waited for clients there. He used to stop people and offer them his services. Sometimes he walked with the camera somewhere in the direction of Krakowskie Przedmieście. He did not have an establishment; he must have worked from home. He lived under the '4.' I don't know what his name was. He was very cheerful and spoke Polish well."[3]

Zych's recollection is a clear illustration of prewar Polish-Jewish relations and the ambivalent attitude Poles had toward Jews, in which anti-Semitism was mixed with ordinary everyday coexistence. These relations had a long and turbulent history. For centuries Lublin was home to one of Europe's most distinguished Jewish communities. During the city's rapid development in the sixteenth century it boasted scholars and talmudists like Rabbi Shalom Shachna and Rabbi Solomon Luria. Jewish printing houses in Lublin published a widely circulated edition of the Babylonian Talmud, and the city was home to the Council of Four Lands (Va'ad Arba Aratsot), an assembly of Jewish communities whose authority reached far beyond the borders of the Polish-Lithuanian commonwealth.

Yet for most of the city's history, the Jews and Christians of Lublin lived apart. Legally, both groups were prohibited from settling in the same area—*de non tolerandis Judaeis* for the Christian city and *de non tolerandis Chris-*

3 Quote from the essay by Joanna Zętar, in which the author summarizes the research on the negatives and develops a symbolic interpretation of the collection from the perspective of mechanisms of memory, forgetting, and recall. *Lustro z pamięcią. Kolekcja szklanych negatywów z Lublina* [in] *Sztuka Lublina od średniowiecza do współczesności. Studia i szkice*, ed. L. Lameński, E. Letkiewicz, P. Majewski, J. Żywicki, Lublin, 2019, pp. 413–427.

tianis for a district inhabited by Jews at the foot of the castle. Inevitably, this forced segregation increased mutual distrust. A temporary exception was occasioned by the catastrophe of 1655, when Khmelnytsky's army completely demolished the Jewish town and murdered most of its inhabitants, and a handful of survivors were allowed to settle inside the city walls.

For the Jews that massacre was the latest in a cascade of war, hunger, and plague. The gloomy triumph of the Counter-Reformation intensified anti-Jewish sentiment, and blood libels followed. Lublin's surviving Jews were once again expelled from the city (in 1761 and again in 1795) and sent back to its old Jewish quarter. Amid the community's material and intellectual impoverishment, its sixteenth-century achievements seemed like a distant and unreal dream.

However, Lublin's days as a Jewish center were not yet over. The late eighteenth century saw the introduction of Hasidism, led locally by Yaakov Yitskhak Horowitz, renowned throughout Europe as the Seer of Lublin. As in all of Poland, the initial Hasidic enthusiasm solidified over time into a movement that stifled innovation and change, while Jews' overall economic situation worsened and the distrust that lay between them and their Polish neighbors grew deeper. Slow recovery came only in the second half of the nineteenth century, when Lublin had been under Russian rule for several decades. Aleksander Wielopolski's reforms of 1862 abolished the ghettos and opened the way to modernization. Although the Jewish masses did not often agree with the arguments of progressive and assimilating Jews, the processes that began in the nineteenth century paved the way for the true efflorescence of Jewish economic, social, and cultural life that followed the Russian Revolution of 1905 and the First World War.

It is this new, twentieth-century Lublin that is the main subject of the glass plates from Rynek 4. Following the creation of an independent Poland after World War I and the Minorities Treaties that protected Jewish civil rights in Poland and elsewhere, Lublin saw the rise of a flourishing Jewish educational system, press, theater, and cinema, along with workers' movements, strikes, and political entities of all kinds. Although the images do not offer a particularly broad perspective, Zylberberg's portraits, which date from around 1913 to the 1930s, tell us a lot about the diversity of the city and its Jewish community. In them we see signs of different political parties and members of various social classes. Several dozen photos chronicle the construction and opening of the Yeshivat Chochmei Lublin, soon to be the largest yeshiva (Talmudic academy) in the world, while in others we see groups of left-wing and secular Jewish youngsters, such as members of Bund-affiliated youth groups. The images show the changes in prewar fashions, which reflect increasing Jewish secularization.

In these plates we see few signs of segregation between Jews and Christians, except perhaps in several dozen photographs taken at the New Jewish Cemetery. Many of the pictures were taken in the Saxon Garden, Lublin's "Central Park," and the nearby villages and towns of Nowodwór, Motycz, and Nałęczów, where Lublin residents used to go for vacation. In others we look into apartments and see potted flowers, pets, the intimacy of a homely mess, and the ephemeral details of interior design. We also see poverty—a bit powdered and sometimes smiling, but emerging from dirty nails, bare feet, faces twisted by disease and hunger, holes in stained clothes, and eyes that look painfully into the future, searching for hope and a change of fate.

Many of the glass plates seem to be unsuccessful takes—overexposed or underexposed, blurry and inaccurately framed, as if they were rejected shots that had never been printed. There is little artistry in them, but it is their honesty that makes them powerful. In its totality, the collection is a unique portrait of prewar Lublin, destroyed and irretrievably lost during World War II. We watch it with interest; it looks back at us with the living, hypnotic eyes of its former inhabitants, whose joys and sorrows were preserved on glass.

—Piotr Nazaruk, Curator
Grodzka Gate–NN Theatre Centre

Szklane negatywy z Rynku 4

Kiedy zimą 2010 roku ekipa remontowa z prowadzącym nadzór Krzysztofem Janusem, inżynierem specjalizującym się w historii architektury i konserwacji zabytków, przypadkowo znalazła na poddaszu XIX-wiecznej kamienicy przy Rynku 4 w Lublinie pudełko z kilkoma szklanymi negatywami, nic nie zapowiadało nadchodzącej sensacji. Po kilku tygodniach ze stert śmieci zaczęły wysypywać się dziesiątki i setki, a w końcu niemal trzy tysiące szklanych klisz fotograficznych, tak zwanych negatywów żelatynowych wykonanych techniką suchej płyty Maddoxa, w większości w rozmiarze 149 x 99 mm. Wkrótce z posklejanych, potłuczonych, leżących luzem lub niezdarnie zapakowanych w pudełka płytek pokrytych grubą warstwą brudu wyłoniły się twarze Polaków, Żydów, mężczyzn, kobiet, dzieci i starców, robotników oderwanych na chwilę od pracy, młodych par przyłapanych na flircie, dostojników ledwo mieszczących się we frakach, sportowców pozujących z dumą, a przede wszystkim zwykłych i często anonimowych ludzi, którym nie śniło się, że ich portrety będą kiedyś obiektem takiego zainteresowania.

Ta wyjątkowa kolekcja, która od 2012 roku eksponowana jest w Ośrodku „Brama Grodzka – Teatr NN", miała niesamowite szczęście. Przede wszystkim, jak relacjonował Janus, przez osiemdziesiąt lat przeleżała w skrajnie niekorzystnych warunkach – na wilgotnym i częściowo nieosłoniętym od deszczu, śniegu i mrozu strychu, w którym temperatury wahają się od -30 st C. zimą do nawet 50 st. C. latem. Po drugie, została najprawdopodobniej już raz odkryta i niemal zniszczona na przełomie lat 50. i 60. XX wieku podczas remontu Starego Miasta. Robotnicy, którym zapewne nie chciało się znosić dwustu kilogramów szklanych płytek, brutalnie zepchnęli wówczas negatywy i porozrzucane dokoła śmieci w ciasne naroże poddasza. A mimo to jedynie część z nich nosi wyraźne oznaki korozji, jest wypłukanych lub połamanych, podczas gdy zdecydowana większość przetrwała w zaskakująco dobrym stanie.[1] Kiedy przekazano je Ośrodkowi, negatywy poddano gruntownej konserwacji, dzięki czemu na stu sześćdziesięciu niemal zupełnie zniszczonych lub potłuczonych udało się odsłonić nieznane wcześniej fragmenty fotografii. Tomasz Pietrasiewicz, założyciel i dyrektor Ośrodka, nazywa je „destruktami" i ze względu na ich stan – są wszak potłuczone, zatarte, jedynie żmudna praca może odsłonić, i to zaledwie częściowo, ich zawartość – uważa je za szczególnie cenne i niemal symboliczne dla historii Żydów polskich.

Chociaż od zaskakującego odkrycia minęło już ponad dziesięć lat, a kolekcja doczekała się wnikliwych badań i analiz, była inspiracją dla wielu twórców oraz stała się bohaterką filmu dokumentalnego, te kilka tysięcy delikatnych szklanych płytek wciąż skrywa na swojej powierzch-

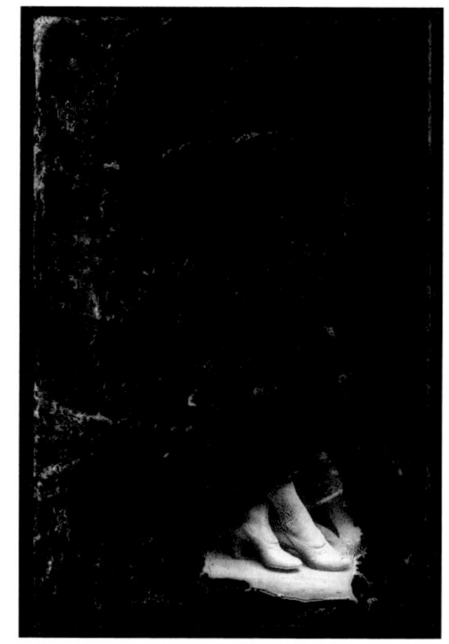

1 Więcej o historii odkrycia, stanie negatywów, technice ich wykonania i krokach podjętych do ich ratowania patrz w eseju Krzysztofa Janusa *Fotograf z poddasza. Zbiór szklanych negatywów odnalezionych w kamienicy Rynek 4 w Lublinie (próba syntezy ustaleń)*, „Konteksty. Polska sztuka ludowa", R. LXXI (2017), nr 3 (318), s. 181-189.

ni wiele sekretów.[2] Przez kilka lat od znalezienia jedną z największych zagadek było ich autorstwo. Spekulowano, że mógł je wykonać jeden z żydowskich fotografów z Lublina, co sugerowały odręczne podpisy w jidysz na kilku negatywach. Nie udało się jednak powiązać żadnego ze znanych fotografów z adresem, pod którym „spoczywały" negatywy. W ustaleniu tożsamości fotografa nie pomogły także przedmioty znalezione razem z negatywami – notes zawierający listę zakupów i wydatków, zeszyt szkolny H. Arbajtmana, ucznia klasy IV, karta meldunkowa przypadkowej kobiety, zniszczona kenkarta z okresu II wojny światowej, niewykorzystane w całości kartki żywnościowe z 1940 roku, ulotka dużego zakładu fotograficznego z Lublina oraz dwie fotografie luzem.

Na ślad tożsamości autora negatywów trafił w 2015 roku Jakub Chmielewski, wówczas współpracownik Ośrodka, a obecnie pracownik naukowy Państwowego Muzeum na Majdanku. Analizując niemieckie dokumenty z sierpnia 1940 roku, przy adresie Rynek 4/15 znalazł nazwisko Abram Zylberberg opatrzone adnotacją „fotograf". Odkrycie Chmielewskiego było pierwszym i do dziś pozostaje w zasadzie jedynym poważnym tropem na drodze do rozwiązania zagadki autorstwa szklanych negatywów. Potwierdzeniem tego odkrycia jest jedno ze zdjęć w kolekcji opatrzone sygnaturą „foto. Zylberberg. Lublin", wcześniej zlekceważone, ponieważ stylem i mocnym retuszem odbiega od innych negatywów z Rynku 4, przez co wydawało się kopią fotografii zrobionej przez kogoś innego.

Niespodziewanie na ślad potwierdzający działalność tajemniczego fotografa przy Rynku 4 trafiłem już podczas pracy nad niniejszą publikacją. W archiwum Muzeum Bojowników Getta w Izraelu udało się odnaleźć fotografię z 1929 roku niemal identyczną z jednym z negatywów. Fotografia ta, przedstawiająca prawdopodobnie dzieci i ich opiekunki z przedszkola sióstr Trachterówien (które również mieszkały przy Rynku 4) posiada na odwrocie pieczątkę z napisem „Pracownia fotograficzna »Lubelska«. Lublin, Rynek 4". Znalezisko to każe poddać w wątpliwość wcześniejsze przypuszczenia, że Abram Zylberberg był fotografem amatorem. Nie miał on może profesjonalnego atelier i rzeczywiście większość zdjęć we wnętrzach wykonywał na klatce schodowej obok swojego mieszkania, jego działalność jednak była może jak najbardziej zawodowa, a dokumenty potwierdzające istnienie jego przedsiębiorstwa zwyczajnie czekają na odkrycie.

Kim był ten tajemniczy fotograf? W toku badań prowadzonych m.in. przez Tadeusza Przystojeckiego udało się ustalić, że Zylberberg urodził się poza Lublinem (miejsce nieznane) w 1883 roku. Przy Rynku 4 zamieszkał prawdopodobnie około 1928 roku, a jego głównym zajęciem było stolarstwo. Ponadto, w 1940 roku razem z Zylberbergiem mieszkła niejaka Cywia Szajner i jej czteroletni syn Mojżesz, jednak relacja między nimi a Zylberbergiem nie jest jasna. Intrygujące wspomnienie o fotografie z Rynku 4 przywołał także, w wywiadzie dla lubelskiej dziennikarki Agnieszki Dybek, Mieczysław Zych, przed wojną mieszkaniec Rynku 10:

„Był średniego wzrostu, 170-175 cm, szczupły, w wieku ponad 40 lat. Miał pejsy, ale nie takie duże jak chasydzi i kręcone włosy. Był bardzo wesoły, bardzo nas chłopaków zagadywał. Bardzo go lubiliśmy. Żydków zawsze przezywaliśmy albo robiliśmy sobie z nich żarty, ale z niego nie. Był charakterystyczny, bo chodził z aparatem na statywie. Tak jak się widziało malarzy z drabinami, tak i jego. Stawał zawsze koło pomnika Kochanowskiego i tam czekał na klientów. Zaczepiał ludzi. Czasami chodził z aparatem, gdzieś w stronę Krakowskiego Przedmieścia. Nie miał zakładu, pracował chyba w domu.

2 Szklane negatywy były m.in. bohaterami eksperymentalnego filmu Nataszy Ziółkowskiej-Kurczuk, wystawy Tal Schwartz w Izraelu, inspiracją dla sztuki „Anioł za lodówką" Grażyny Lutosławskiej oraz przedmiotem filmu dokumentalnego Jana Borowca.

Mieszkał pod »czwórką«. Nie wiem, jak się nazywał. Był bardzo wesoły i dobrze mówił po polsku".[3]

Wspomnienie Zycha to również przejrzysta ilustracja przedwojennych relacji polsko-żydowskich i ambiwalentnego stosunku Polaków do Żydów, w którym mniej lub bardziej zdecydowane postawy antysemickie mieszały się ze zwykłą codzienną koegzystencją. Współżycie to miało zresztą bardzo długą i burzliwą historię. Raz, że Lublin ma już ponad siedemset lat, a dwa, że pierwsze, na poły legendarne wzmianki o Żydach w Lublinie pochodzą już z XIV wieku. Gwałtowny rozwój miasta przypadł na XVI wiek. To wtedy w Lublinie działali Szalom Szachna i Salomon Luria, żydowskie drukarnie wypuściły w świat pierwszą w Polsce i cenioną w całej Europie edycję Talmudu babilońskiego i to właśnie tutaj zbierał się Sejm Czterech Ziem, synod gmin żydowskich Korony, który obradował w sprawach podatkowych, sądowniczych, ale również religijnych i posiadał duży autorytet także poza granicami Rzeczypospolitej. Niemal całą historię Żydów w Lublinie naznaczyły przywileje *de non tolerandis Judaeis* (dla chrześcijańskiego miasta) i *de non tolerandis Christianis* (dla zamieszkałej przez Żydów dzielnicy u podnóży zamku). Przywileje te, zakazując osiedlania się Żydom i chrześcijanom w tych samych częściach miasta, skutecznie wzmogły naturalną nieufność obu grup. Chwilowe odstępstwo od segregacji przyniosła katastrofa 1655 roku, kiedy wojska Chmielnickiego doszczętnie zburzyły i niemal całkowicie wymordowały miasto żydowskie w Lublinie i kiedy garstce ocalałych pozwolono osiedlić się w murach. Kaskada wojen i zaburzeń gospodarczo-politycznych XVII wieku doprowadziły do zapaści Lublina i jego społeczności żydowskiej. Za nią podążały głód i zaraza, ponury triumf kontrreformacji i pogłębiający się kryzys gospodarczy wzmagały chrześcijańsko-żydowską niechęć, nierzadko rodząc oskarżenia o mord rytualny, i w konsekwencji doprowadziły do ponownego wyrzucenia Żydów poza obręb murów miejskich do starej dzielnicy żydowskiej na Podzamczu. Wszystkie te klęski skutkowały zubożeniem – materialnym i intelektualnym – lubelskich Żydów, których XVI-wieczne dokonania zdawały się odległym i nierzeczywistym snem. Na zapaść tę nałożyło się zaprowadzenie do Lublina u schyłku XVIII wieku chasydyzmu, którego duchowym przywódcą był w Lublinie Jakub Icchak Horowic zwany Widzącym z Lublina. Jak w całej Polsce, początkowy zapał chasydzki przeistoczył się z czasem w skostniałą i często fanatyczną strukturę, która pogłębiła fatalne położenie ekonomiczne Żydów i przepaść dzielącą ich z Polakami. Powolne ożywienie przyniosła dopiero druga połowa XIX wieku, kiedy Lublin już od kilkudziesięciu lat znajdował się pod zaborem rosyjskim. Reformy Aleksandra Wielopolskiego z 1862 roku zniosły dawne getta i otworzyły bramy modernizacji. Chociaż żydowskie masy nie uległy namowom Żydów postępowych i asymilujących się, nie porzuciły od razu swoich zwyczajów i języka, procesy zapoczątkowane w XIX wieku otworzyły drogę do prawdziwej eksplozji wszystkich dziedzin żydowskiego życia gospodarczego, społecznego i kulturalnego, która nastąpiła po rewolucji 1905 roku i w czasach I wojny światowej. Przemiany XIX wieku przyniosły jednak również narodziny nowych form antysemityzmu, wcześniej o charakterze religijnym czy ekonomicznym, teraz natomiast coraz częściej rasowym i narodowościowym.

Właśnie ten nowy, XX-wieczny Lublin ruchów robotniczych, strajków, wszelkich partii politycznych, żydowskiej prasy, teatru, kina i ostrych sporów światopoglądowych jest bohaterem szklanych negatywów z Rynku 4. Nie znajdziemy wśród nich co prawda ujęć pokazujących Lublin w szerszym planie, zdjęć o charakterze reportażowym czy dokumentalnym, ale i portrety wykonane przez Zylberberga mówią nam wiele o zróżnicowaniu miasta oraz jego społeczności żydowskiej. Na negatywach, z których najstar-

---

3 Cytat za esejem Joanny Zętar, w którym autorka przedstawia stan badań nad negatywami i rozwija symboliczną interpretację kolekcji w perspektywie mechanizmów pamięci,zapominania i przypominania: *Lustro z pamięcią. Kolekcja szklanych negatywów z Lublina* [w:] *Sztuka Lublina od średniowiecza do współczesności. Studia i szkice*, red. L. Lameński, E. Letkiewicz, P. Majewski, J. Żywicki, Lublin 2019, s. 413-427.

sze pochodzą prawdopodobnie z 1913 roku, a najmłodsze z końcówki lat 30. XX wieku dostrzegamy znaki różnych stronnictw politycznych i przedstawicieli bardzo różnych środowisk. Na kilkudziesięciu oglądamy budowę i otwarcie Jeszywas Chachmej Lublin, w latach 30. największej jesziwy na świecie, ale również zgrupowania lewicowej i świeckiej młodzieży żydowskiej skupionej w młodzieżówkach Bundu. Nie ma w nich segregacji i równie wiele miejsca zajmują na nich Żydzi i chrześcijanie, poza być może jednym wyjątkiem, który stanowi kilkadziesiąt zdjęć wykonanych na nowym cmentarzu żydowskim w Lublinie. Bohaterem wielu negatywów jest Ogród Saski, jakby lubelski Central Park, oraz pobliskie wsie i miasteczka Nowodwór, Motycz i Nałęczów, do których lublinianie jeździli na wakacje, podobnie jak nowojorczycy ruszali latem do Catskill Mountains. Na negatywach widzimy również zmiany zachodzące w przedwojennej modzie, które są znakiem przemianach tożsamościowych i stopniowej laicyzacji Żydów. Zaglądamy do mieszkań, podglądamy intymność, swojski bałagan i rzeczy tak ulotne, jak wystrój wnętrz, kwiaty doniczkowe czy domowe zwierzęta. Co dla mnie szczególnie istotne, oglądamy również biedę – nieco upudrowaną i czasem uśmiechniętą, ale dojmującą, która wyziera zza brudnych paznokci, bosych dziecięcych stóp, wykrzywionych od chorób i głodu twarzy, dziur w poplamionych ubraniach i wreszcie oczu, które z bólem wpatrują się w przyszłość, szukając tam choćby cienia nadziei na odmianę losu.

Wiele spośród szklanych negatywów sprawia wrażenie nieudanych – prześwietlonych lub niedoświetlonych, poruszonych i niedokładnie wykadrowanych, jakby były odrzuconymi ujęciami, które nigdy nie zostały wywołane. Nie ma w nich kunsztu, sam fotograf jest niemal nieobecny, ale właśnie ta szczerość decyduje o ich sile. To wyjątkowy portret przedwojennego Lublina, zniszczonego i bezpowrotnie utraconego podczas II wojny światowej. Portret, który oglądamy z zaciekawieniem, ale który wpatruje się również w nas żywymi, hipnotycznymi oczami swoich dawnych mieszkańców, których radość i troski utrwaliło szkło.

—Piotr Nazaruk, Curator
Grodzka Gate–NN Theatre Centre

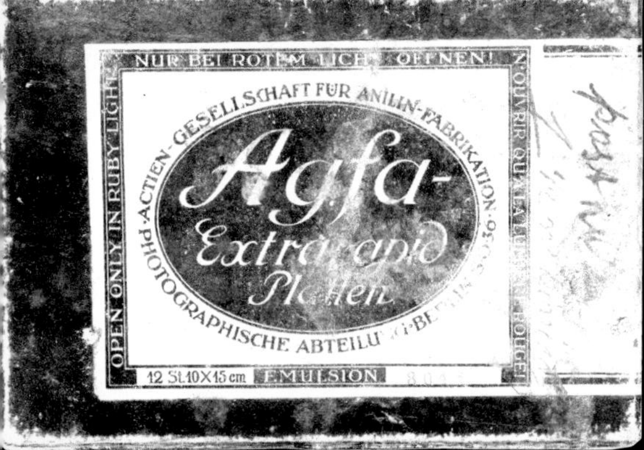
NUR BEI ROTEM LICHT OEFFNEN!
N'OUVRIR QU'A LA LUMIÈRE ROUGE
OPEN ONLY IN RUBY LIGHT
ACTIEN-GESELLSCHAFT FÜR ANILIN-FABRIKATION
Agfa-
Extrarapid
Platten
PHOTOGRAPHISCHE ABTEILUNG BERLIN
12 St. 10×15 cm
EMULSION

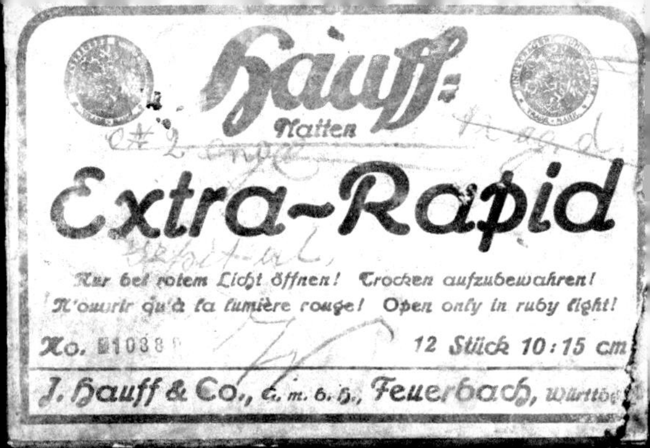
Hauff-
Platten
Extra-Rapid
Nur bei rotem Licht öffnen! Trocken aufzubewahren!
N'ouvrir qu'à la lumière rouge! Open only in ruby light!
No. 10388
12 Stück 10:15 cm
J. Hauff & Co., G. m. b. H., Feuerbach, Württbg.

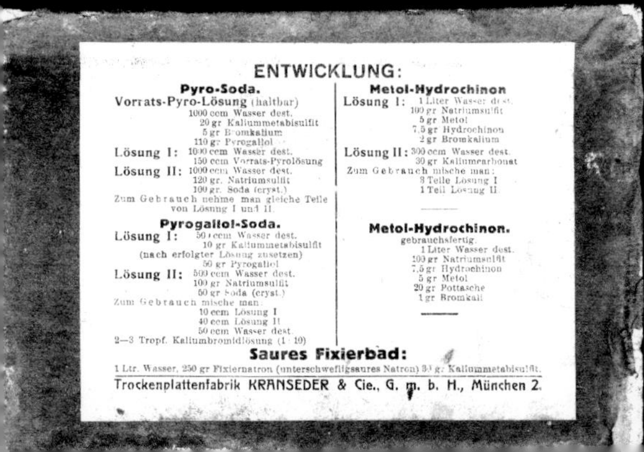
ENTWICKLUNG:
Pyro-Soda.
Vorrats-Pyro-Lösung (haltbar)
1000 ccm Wasser dest.
20 gr Kaliummetabisulfit
5 gr Bromkalium
110 gr Pyrogallol
Lösung I: 1000 ccm Wasser dest.
150 ccm Vorrats-Pyrolösung
Lösung II: 1000 ccm Wasser dest.
120 gr. Natriumsulfit
100 gr. Soda (cryst.)
Zum Gebrauch nehme man gleiche Teile von Lösung I und II.
Pyrogallol-Soda.
Lösung I: 50 ccm Wasser dest.
10 gr Kaliummetabisulfit
(nach erfolgter Lösung zusetzen)
50 gr Pyrogallol
Lösung II: 500 ccm Wasser dest.
100 gr Natriumsulfit
50 gr Soda (cryst.)
Zum Gebrauch mische man:
10 ccm Lösung I
40 ccm Lösung II
50 ccm Wasser dest.
2—3 Tropf. Kaliumbromidlösung (1:10)
Metol-Hydrochinon
Lösung I: 1 Liter Wasser dest.
100 gr Natriumsulfit
5 gr Metol
7,5 gr Hydrochinon
2 gr Bromkalium
Lösung II: 300 ccm Wasser dest.
30 gr Kaliumcarbonat
Zum Gebrauch mische man:
3 Teile Lösung I
1 Teil Lösung II
Metol-Hydrochinon.
gebrauchsfertig.
1 Liter Wasser dest.
100 gr Natriumsulfit
7,5 gr Hydrochinon
5 gr Metol
20 gr Pottasche
1 gr Bromkali
Saures Fixierbad:
1 Ltr. Wasser, 250 gr Fixiernatron (unterschwefligsaures Natron) 30 gr Kaliummetabisulfit.
Trockenplattenfabrik KRANSEDER & Cie., G. m. b. H., München 2.

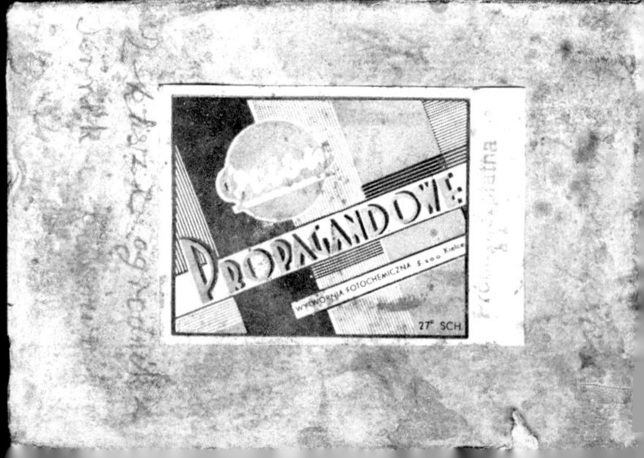
PROPAGANDOWE
WYTWÓRNIA FOTOCHEMICZNA S. z o.o. Kielce
27° SCH.

Glass Plates

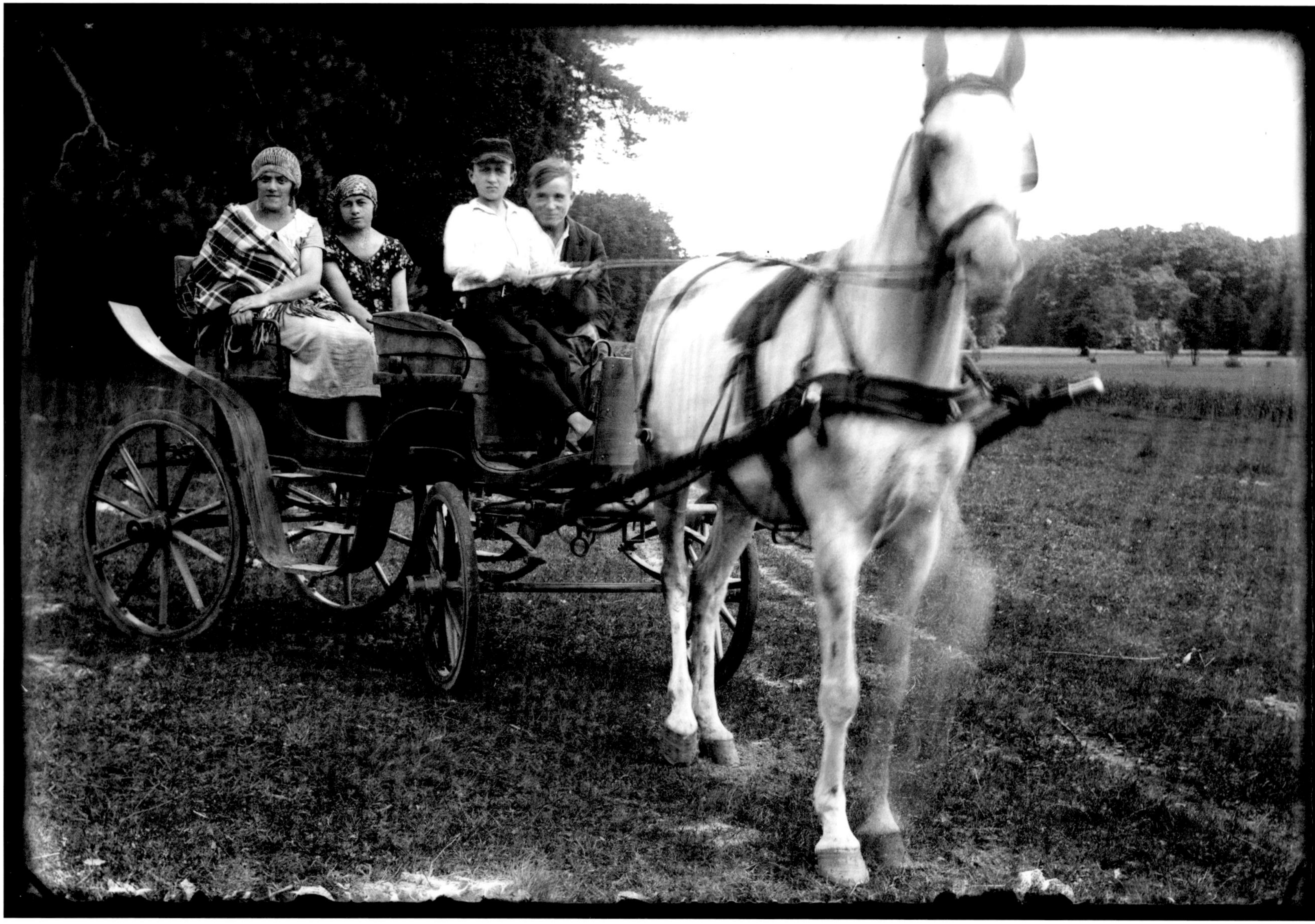

A horse carriage with vacationers in Nowodwór
or another resort village near Lublin.

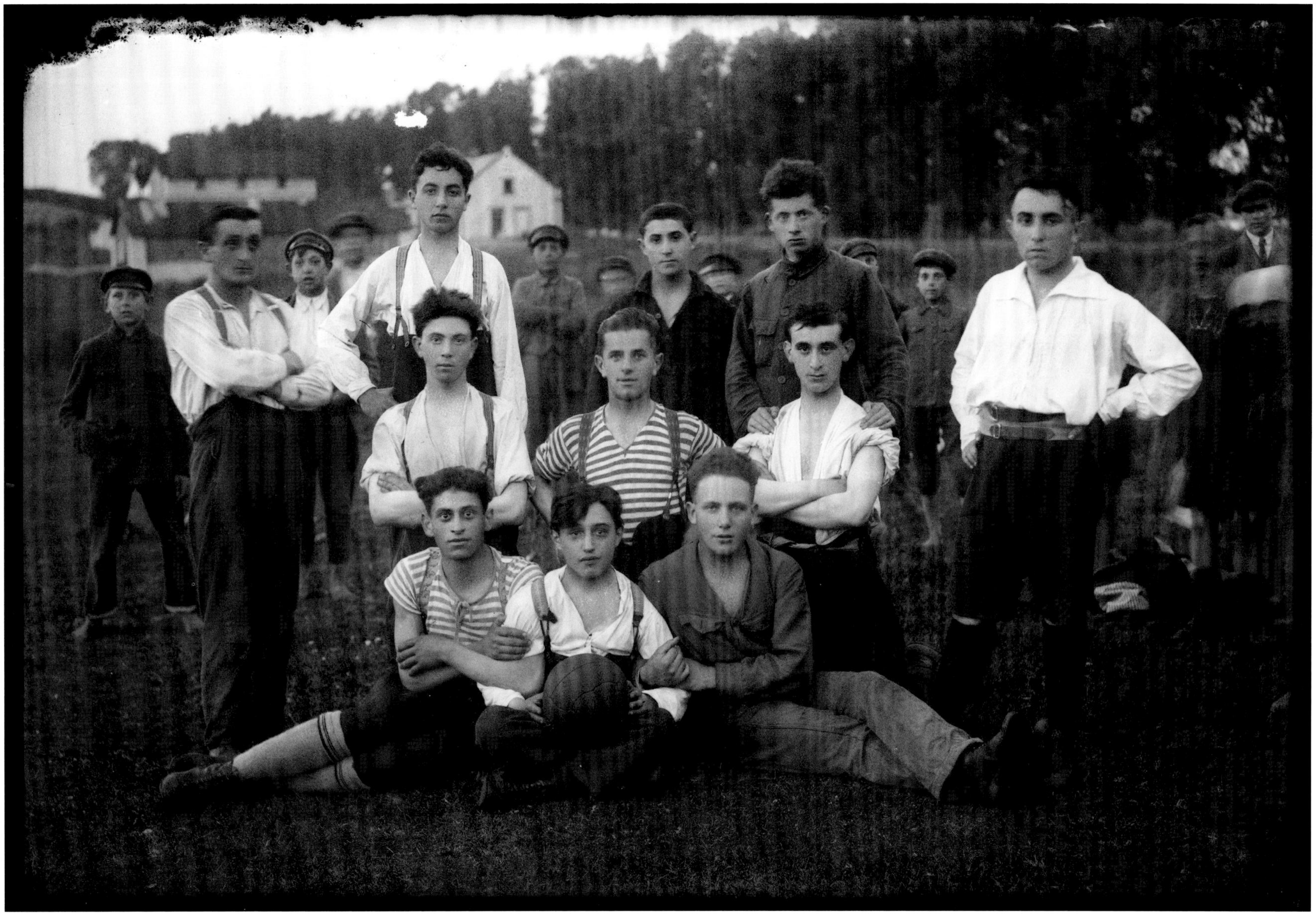

Players of an unknown soccer team. Ten Jewish sports clubs, affiliated with various political parties, existed in Lublin during the interwar period. In 1932 the youngest of them, Wieniawa, became the first to include non-Jewish players.

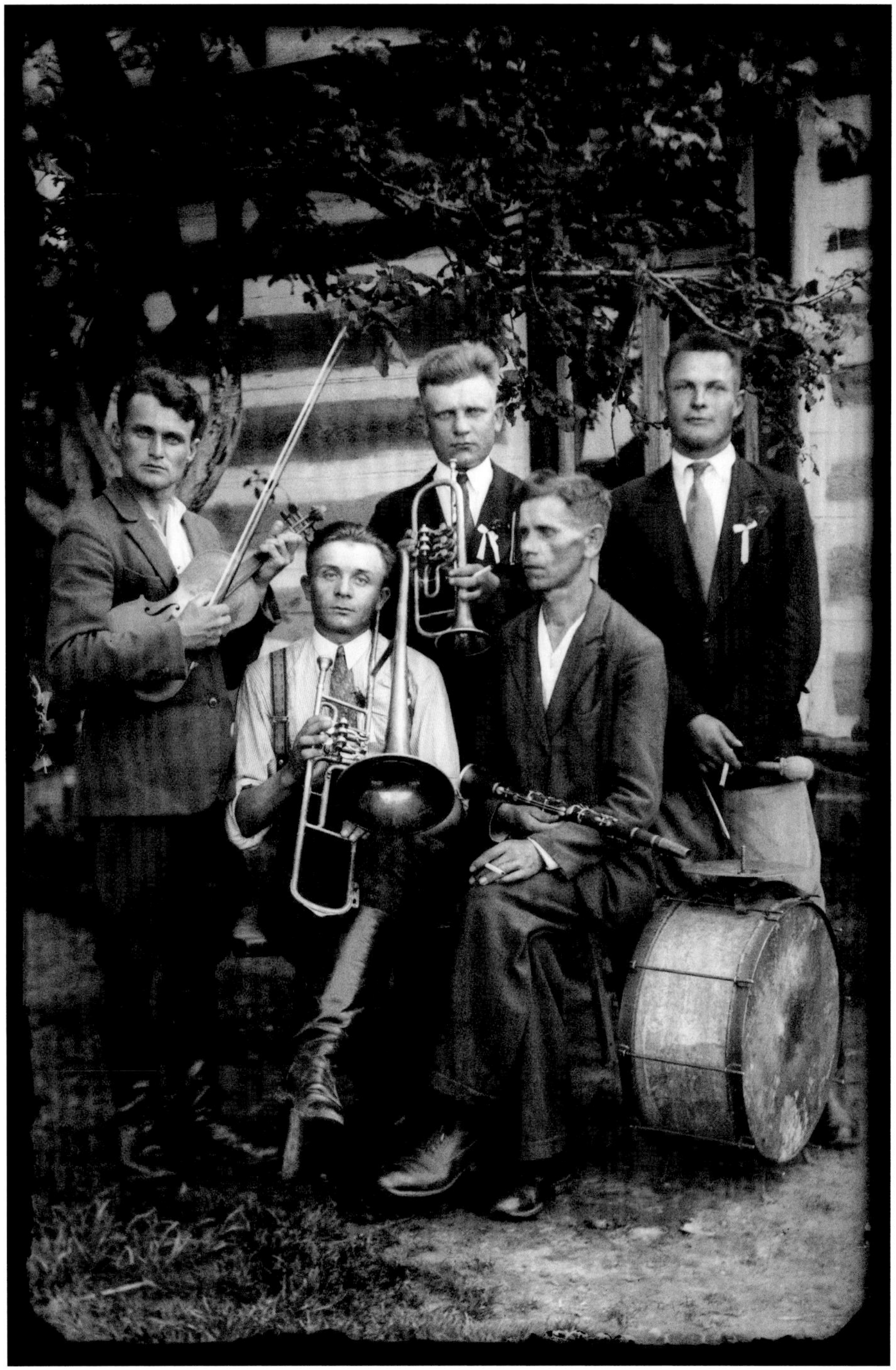

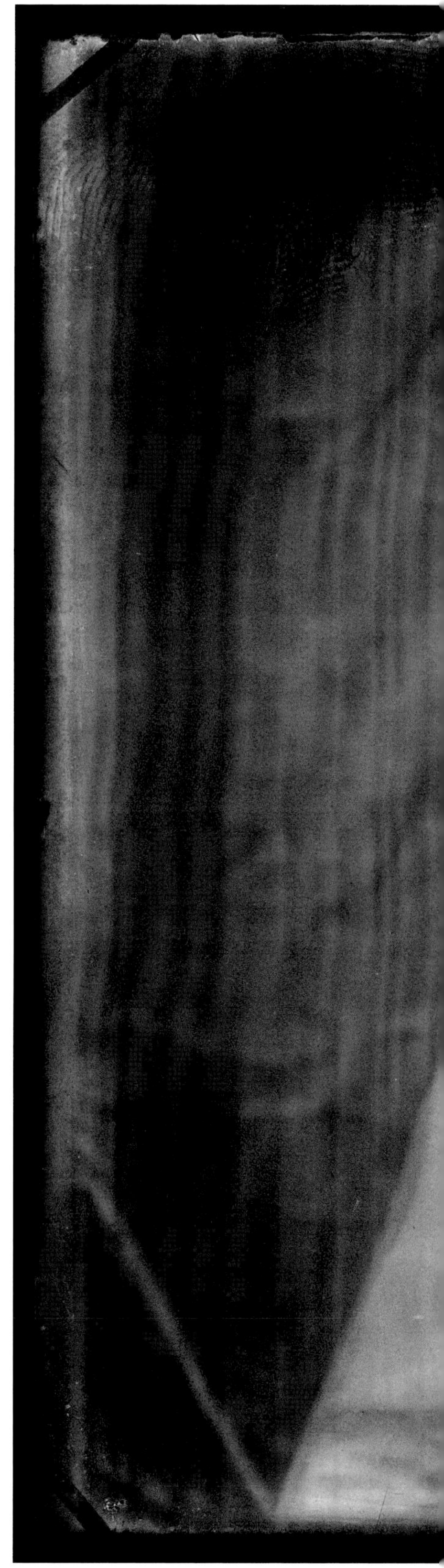

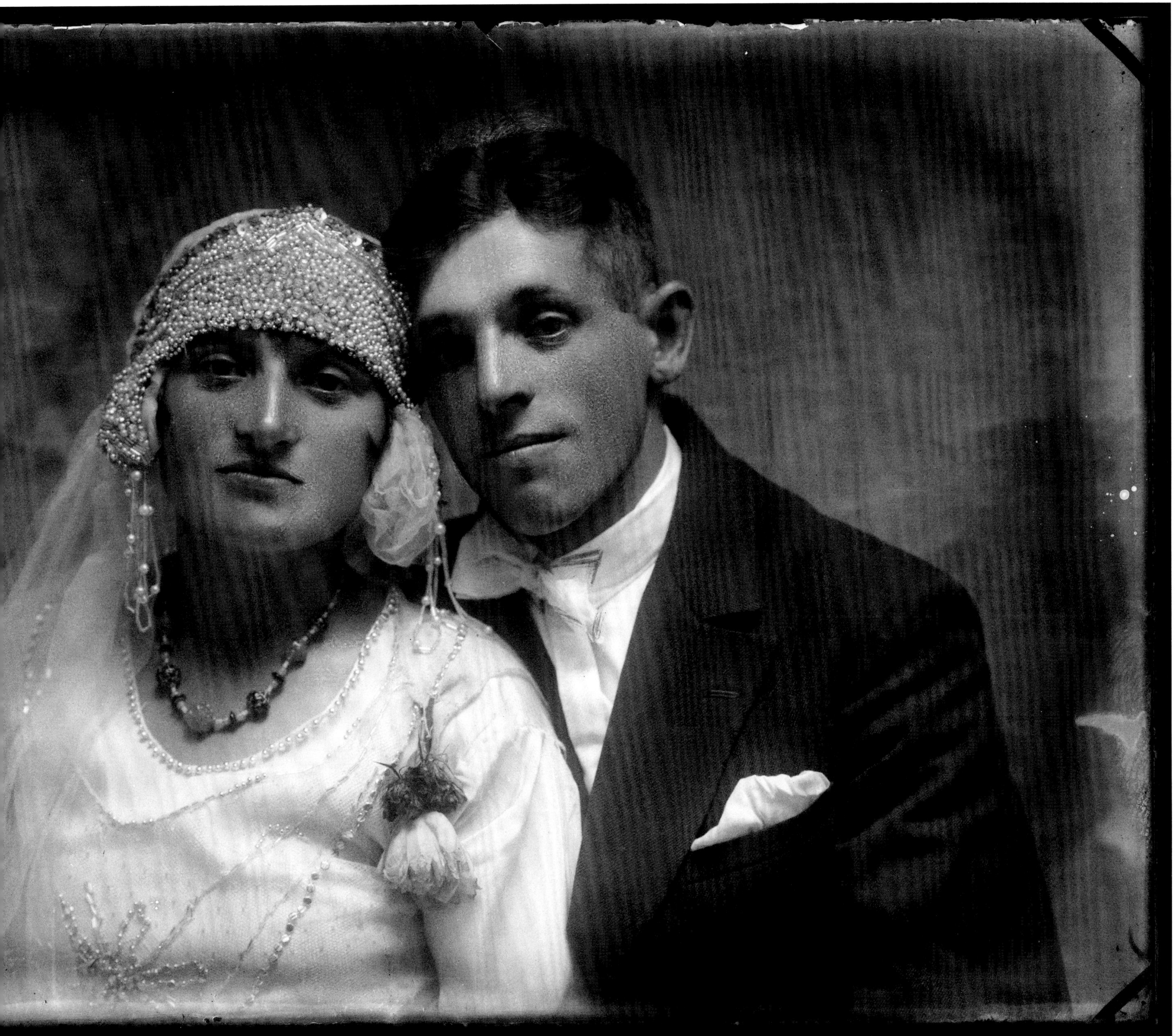

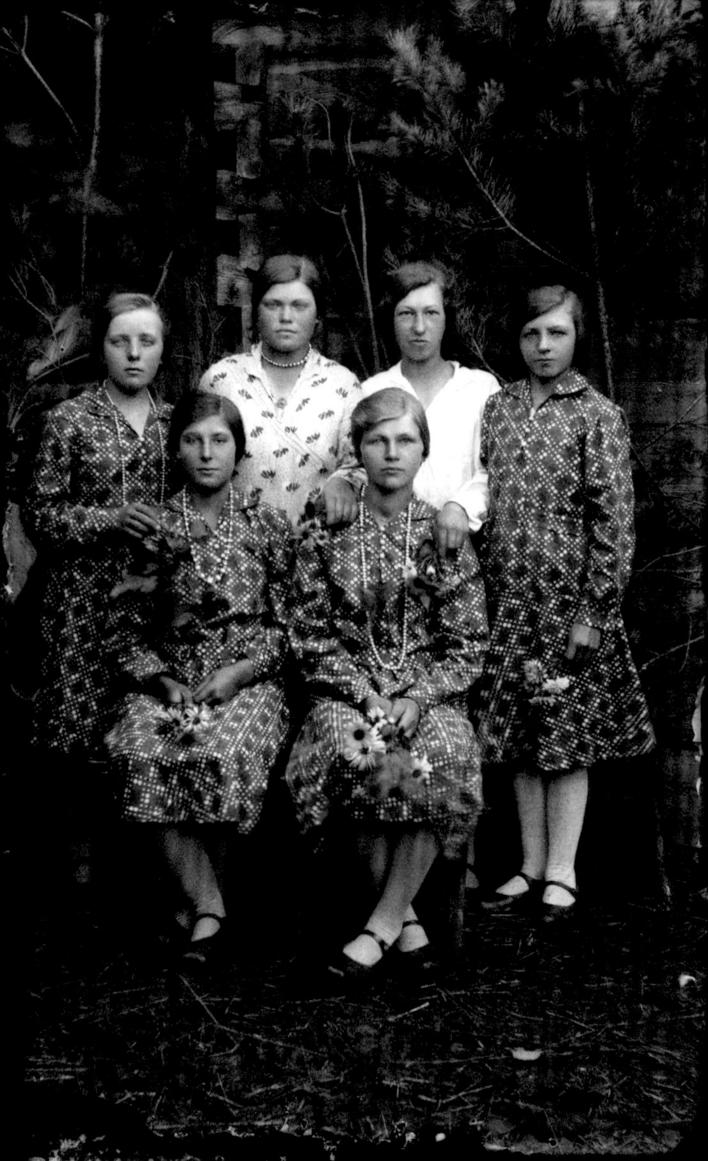

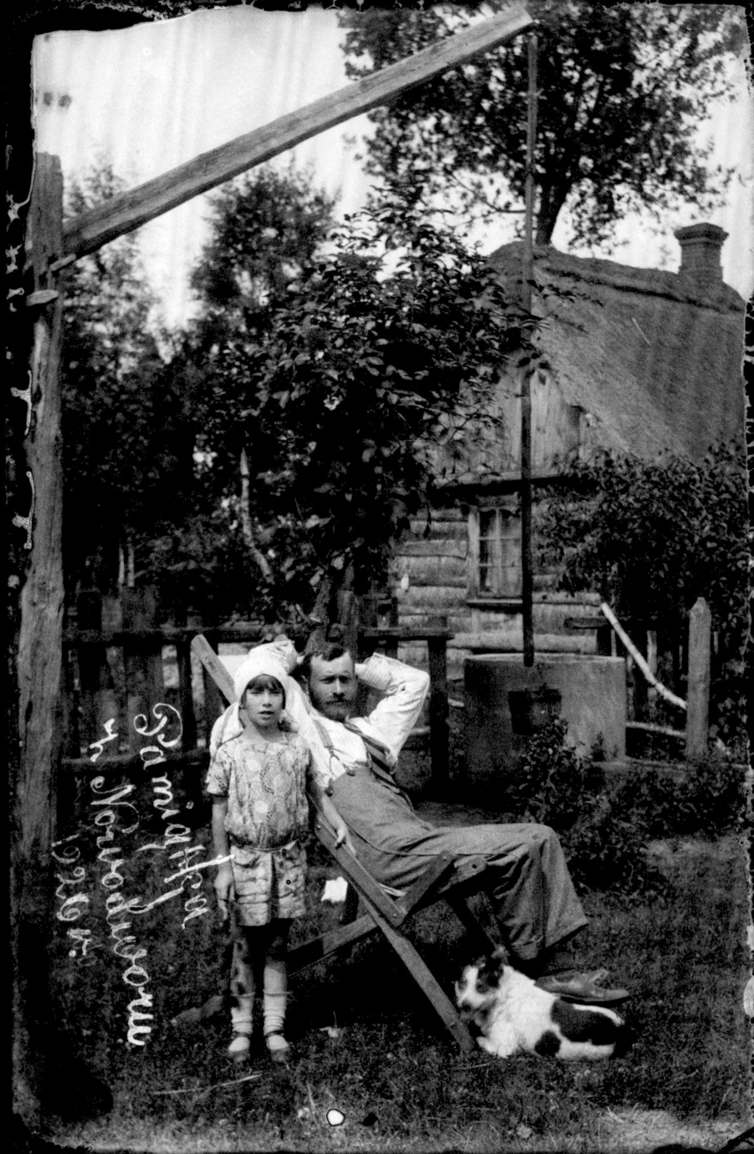

A souvenir photograph
from Nowodwór, 1926

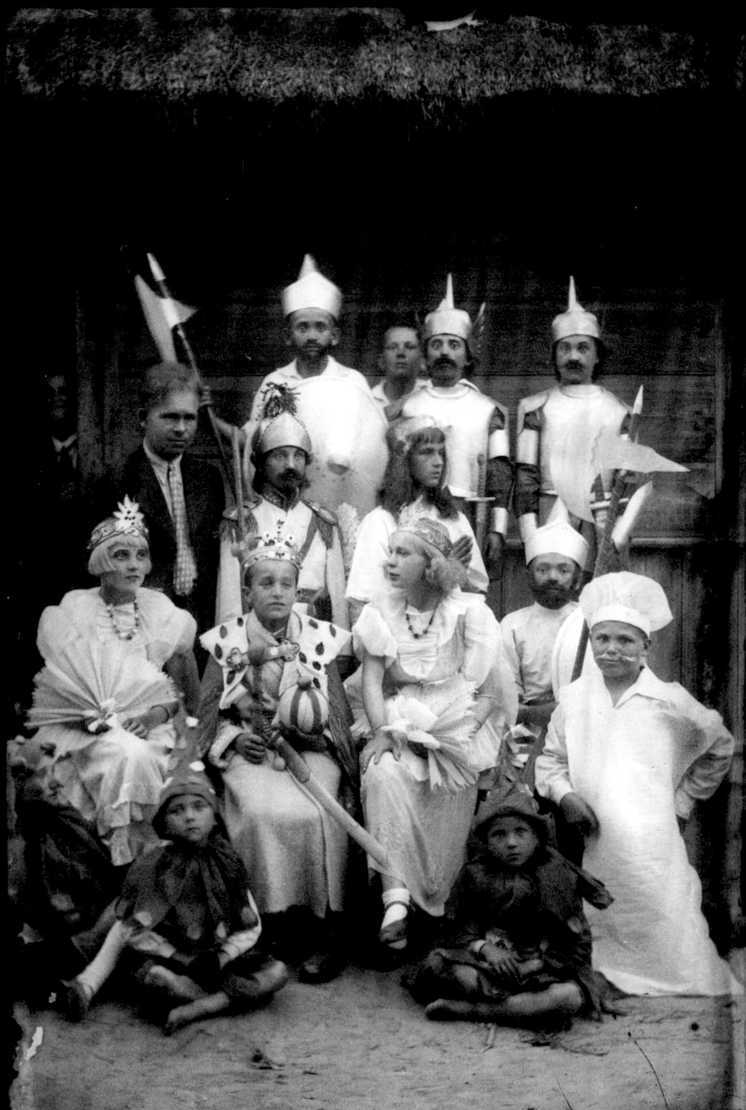

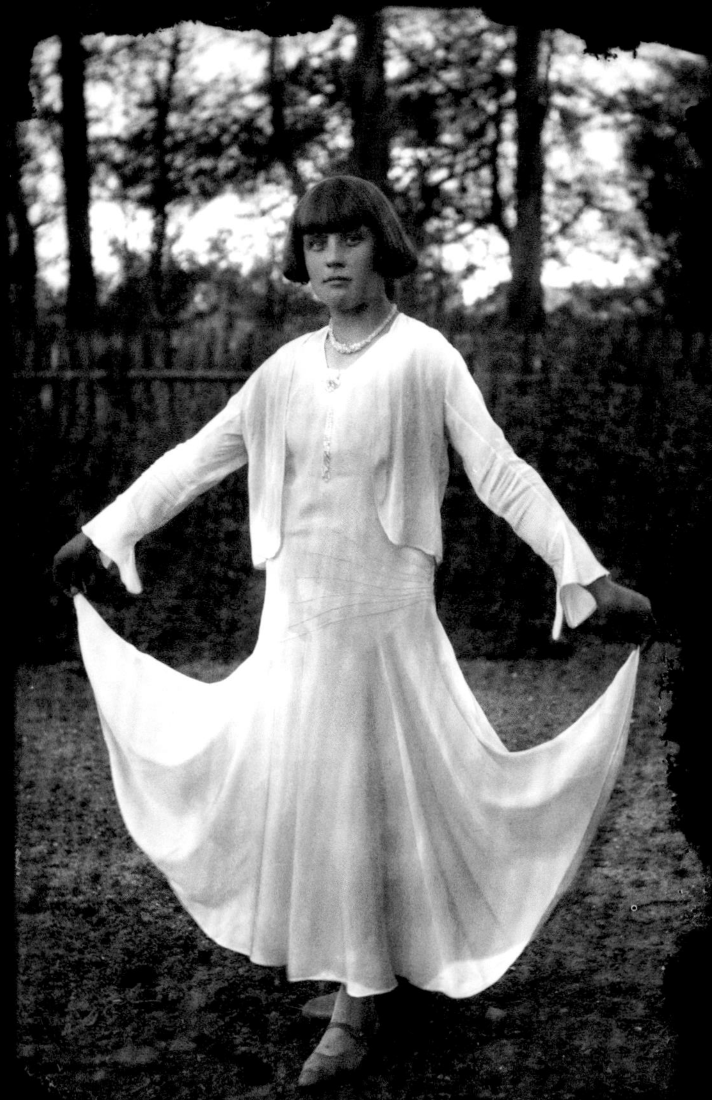

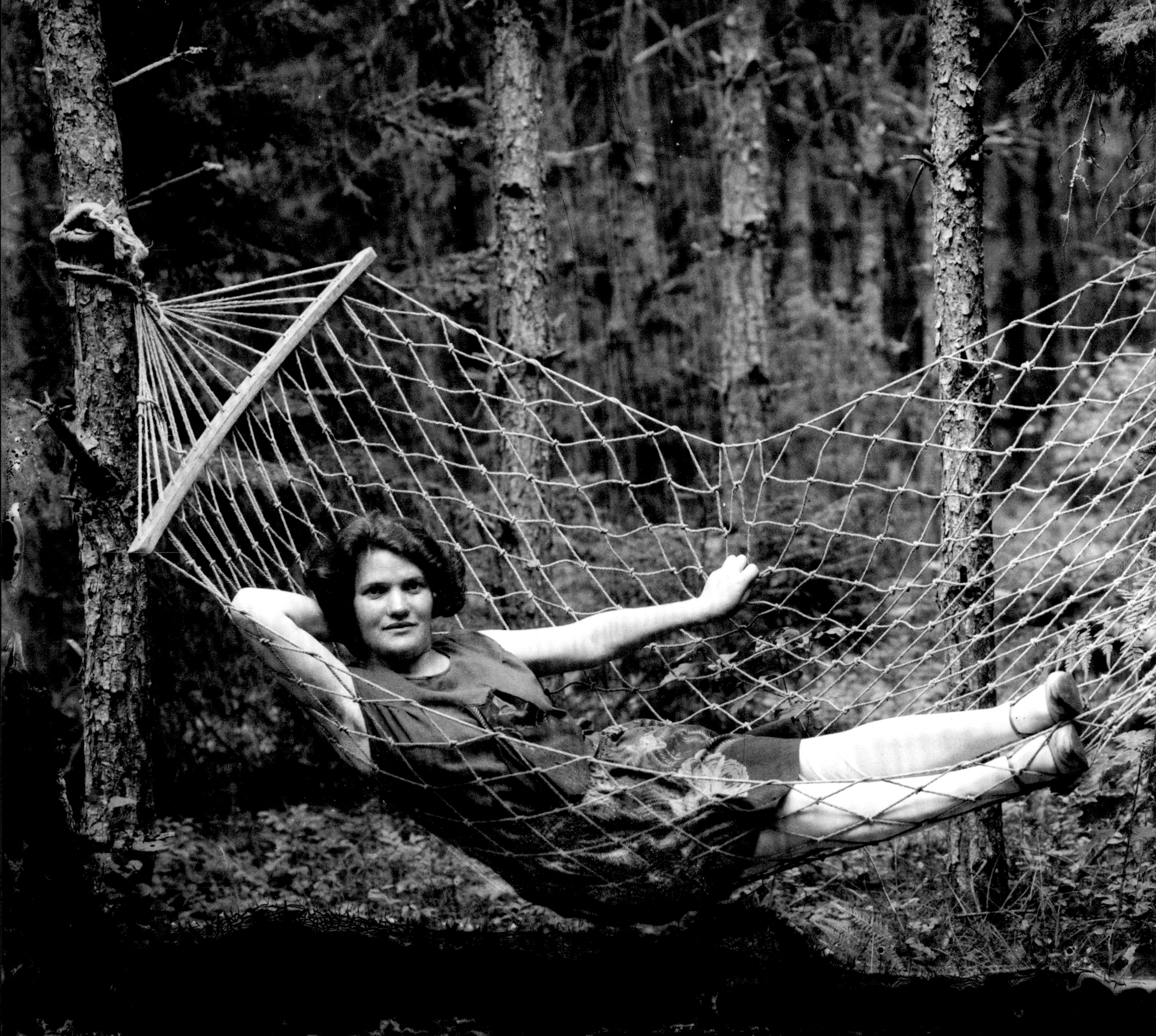

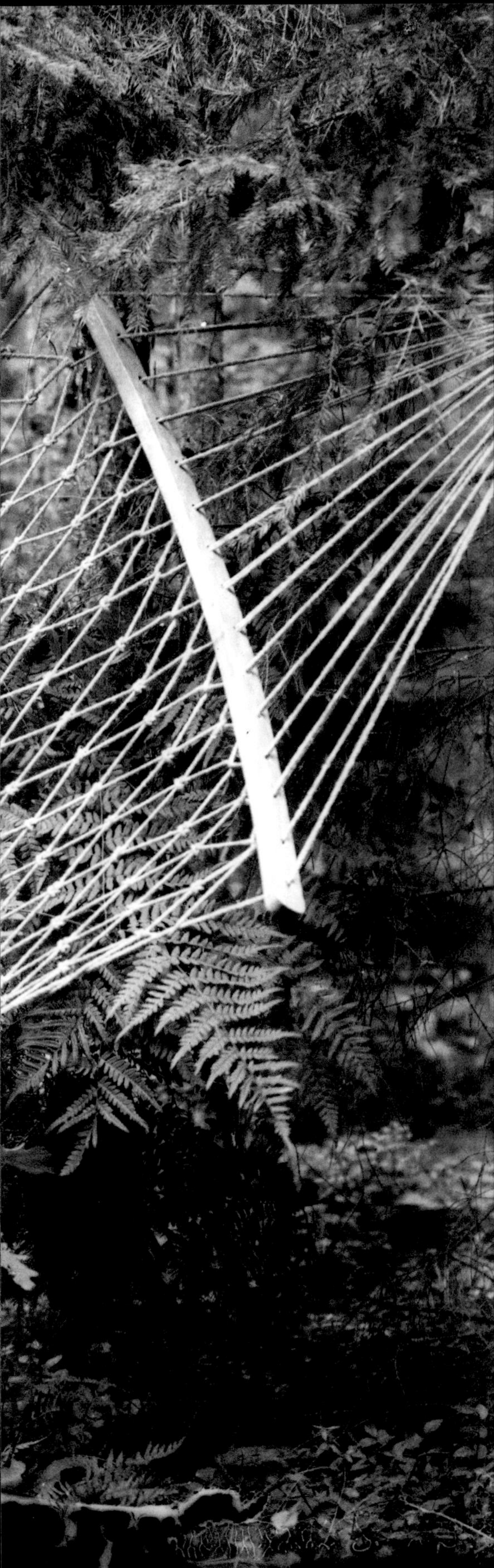

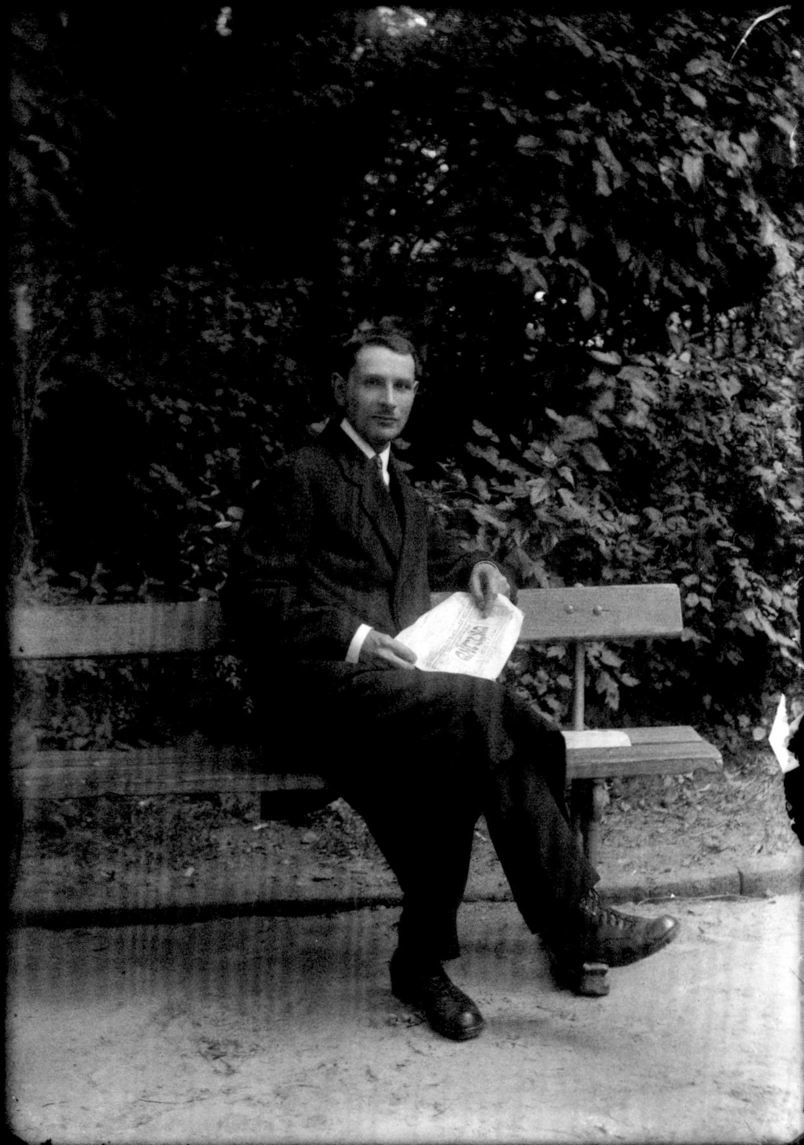

A man in Saxon Garden holding an issue of *Lubliner togblat,* a Yiddish daily.

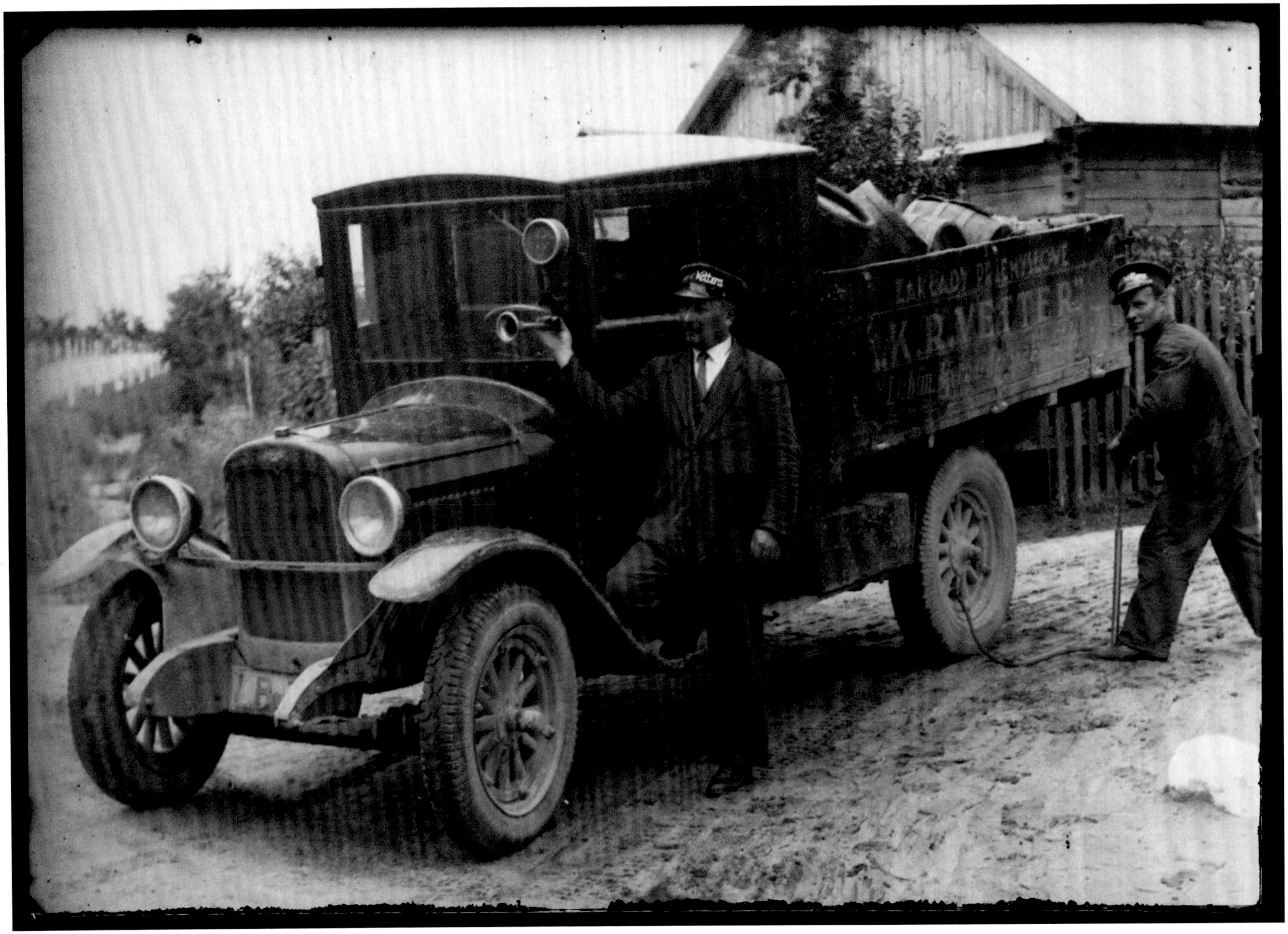

A truck owned by K. R. Vetter, the largest prewar Lublin brewery. The brewery, nationalized after the Second World War and privatized in 1989, is the oldest existing industry in the city.

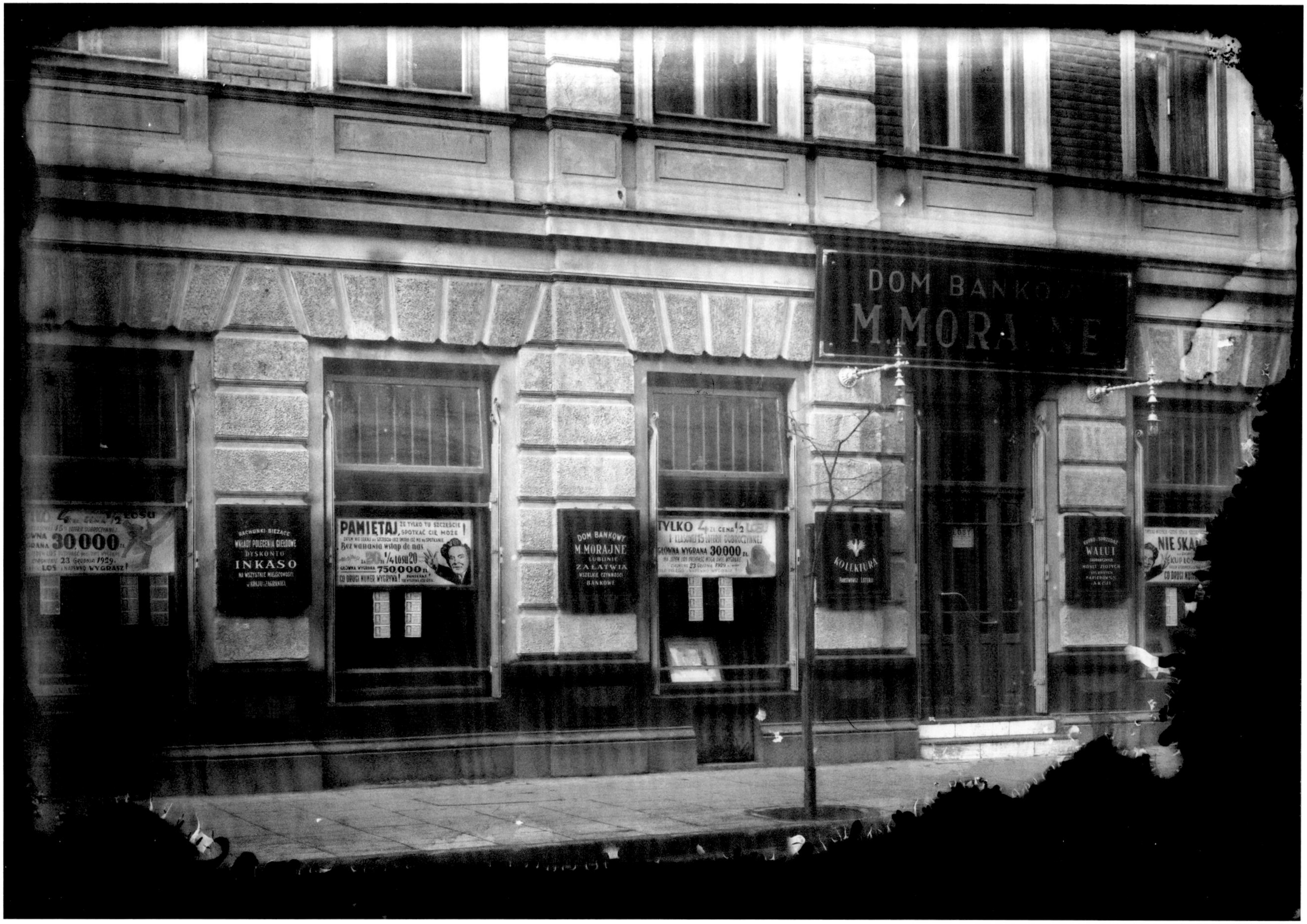

A bank and lottery building at Kapucyńska 3, owned by financier Michał (Maylekh) Morajne. Morajne, who survived the Second World War in the Soviet Union, returned to Lublin in 1945, reopened his lottery, and advertised it with the slogan "Morayne and luck have returned to Lublin!" In 1949 he moved to Wroclaw, undoubtedly taking luck and good fortune with him.

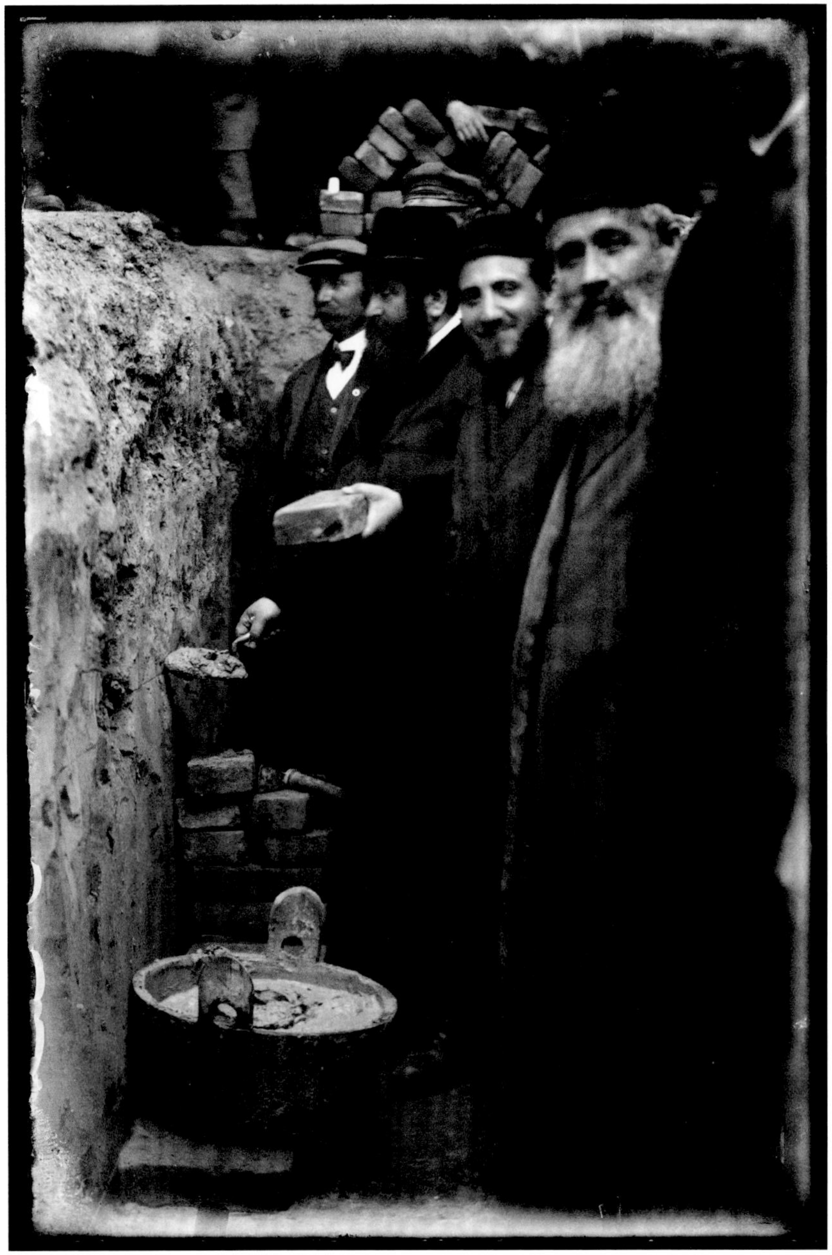

Meir Shapira placing the cornerstone of the Chochmei Lublin Yeshiva/Yeshiva of the Sages of Lublin (May 22, 1924).

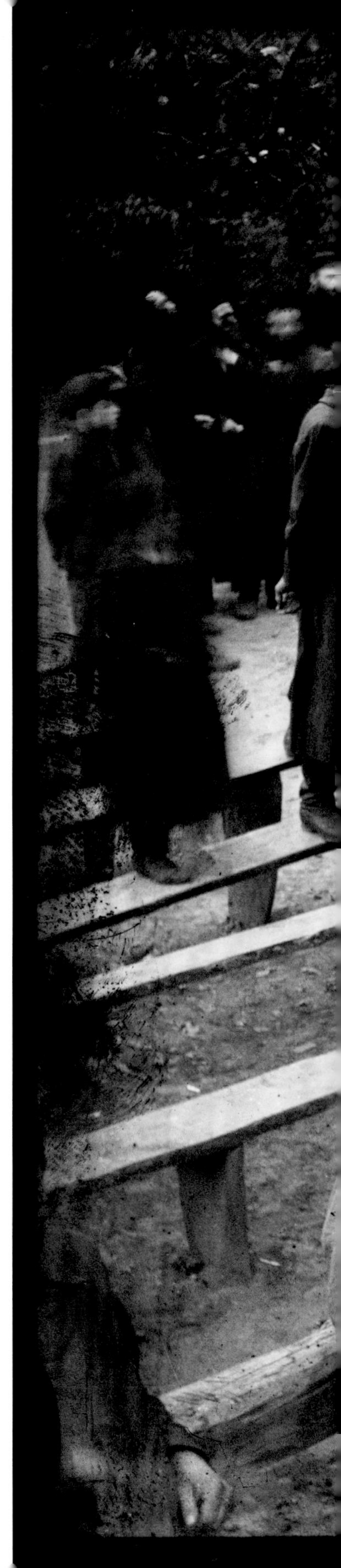

Spectators during the Lublin yeshiva cornerstone ceremony (May 22, 1924).

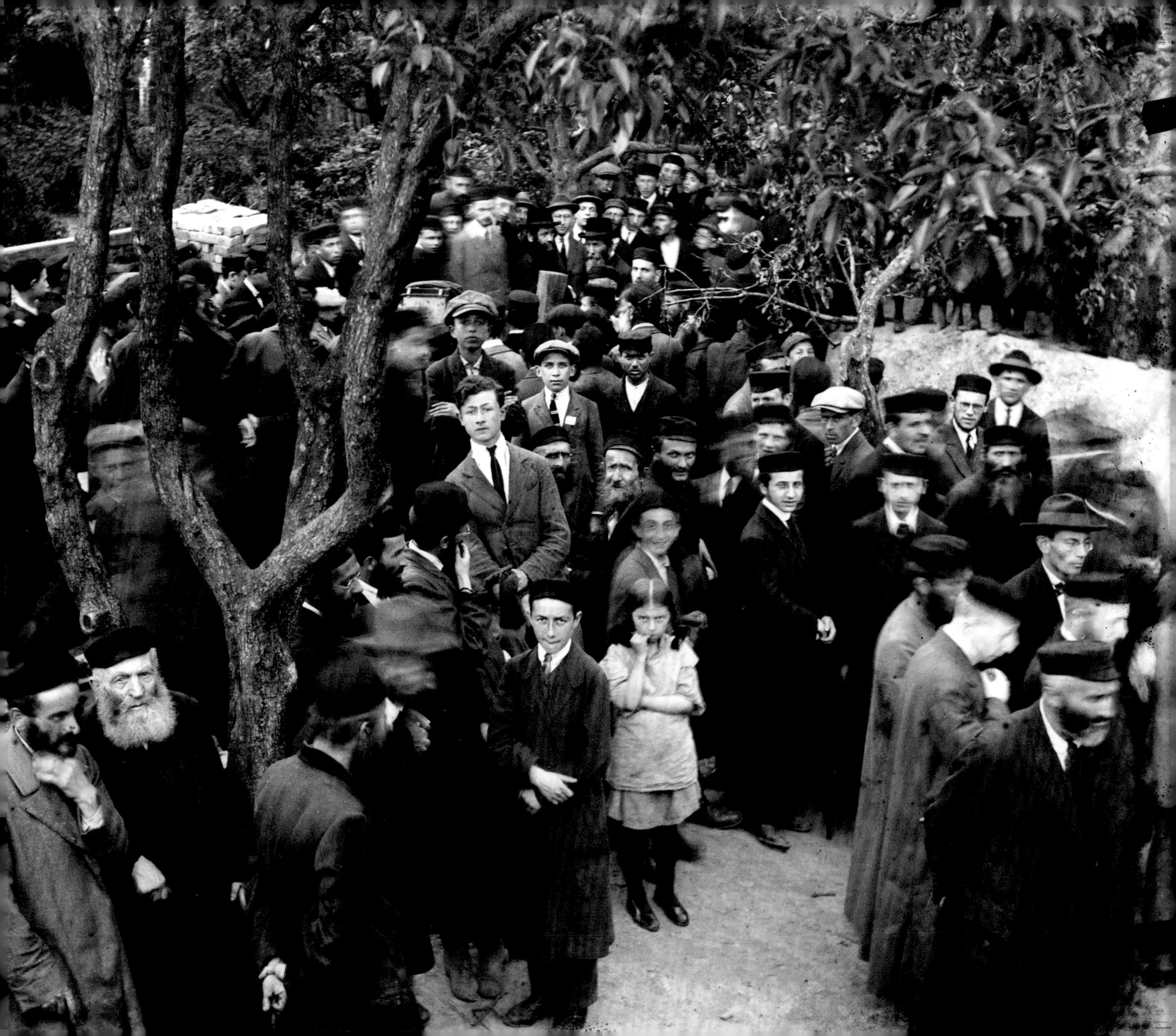

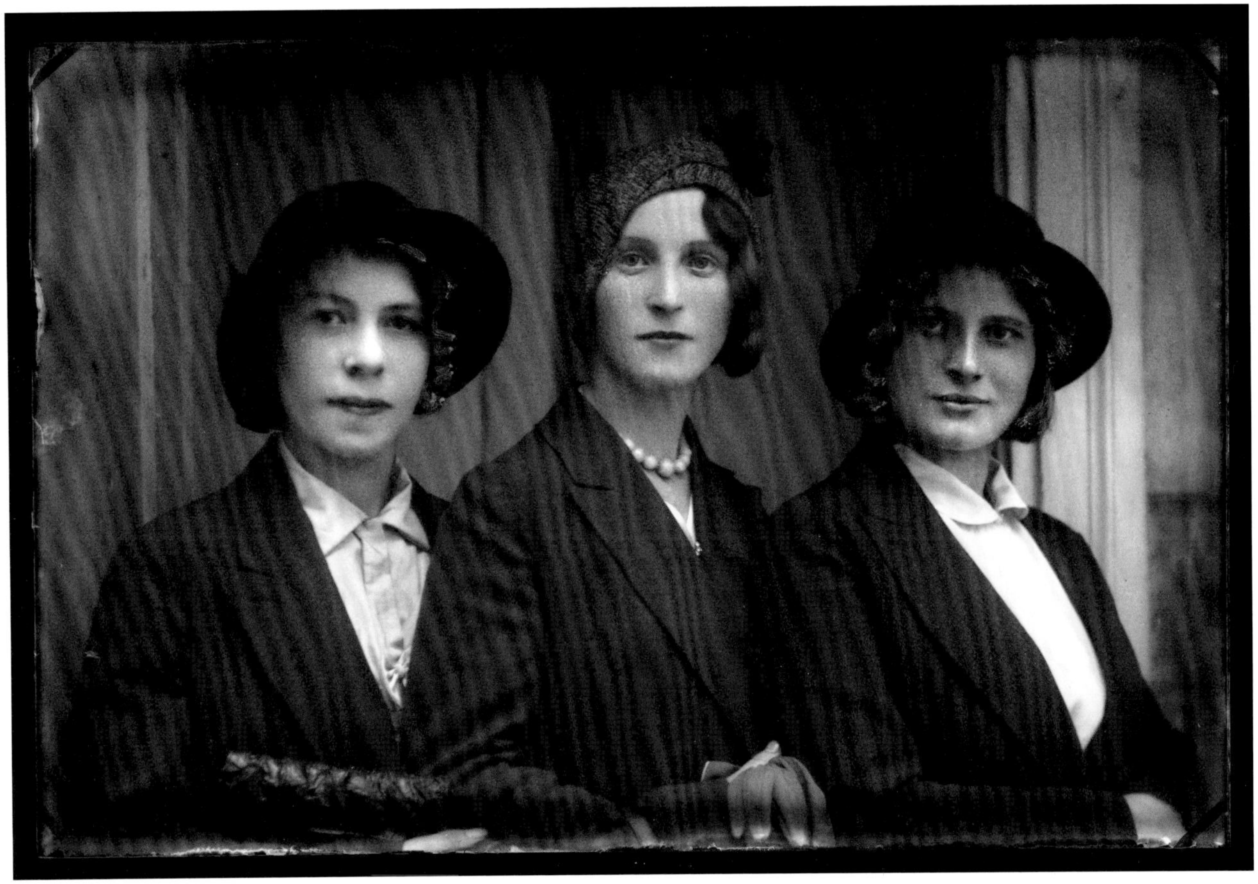

Three women on the staircase of Rynek 4. A skylight above the staircase provided natural light.

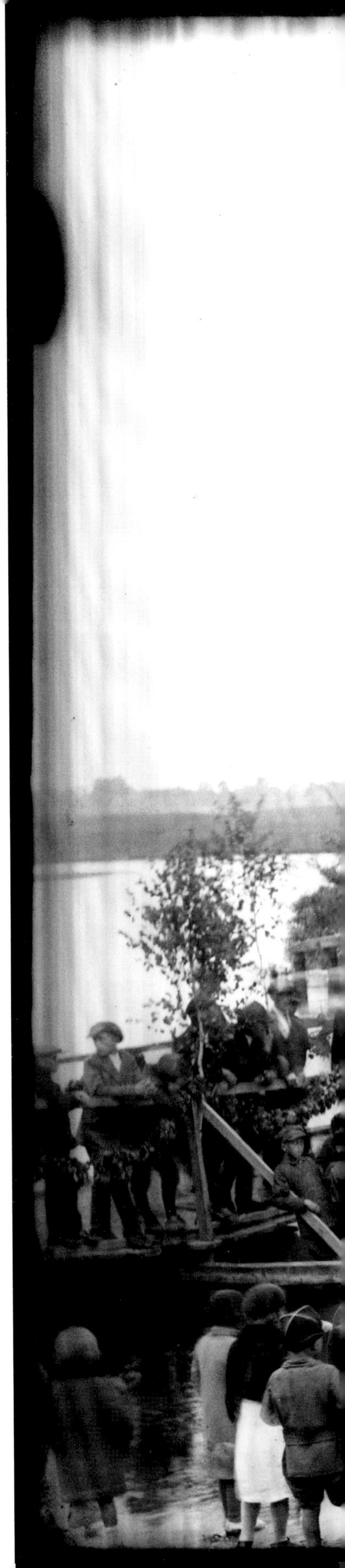

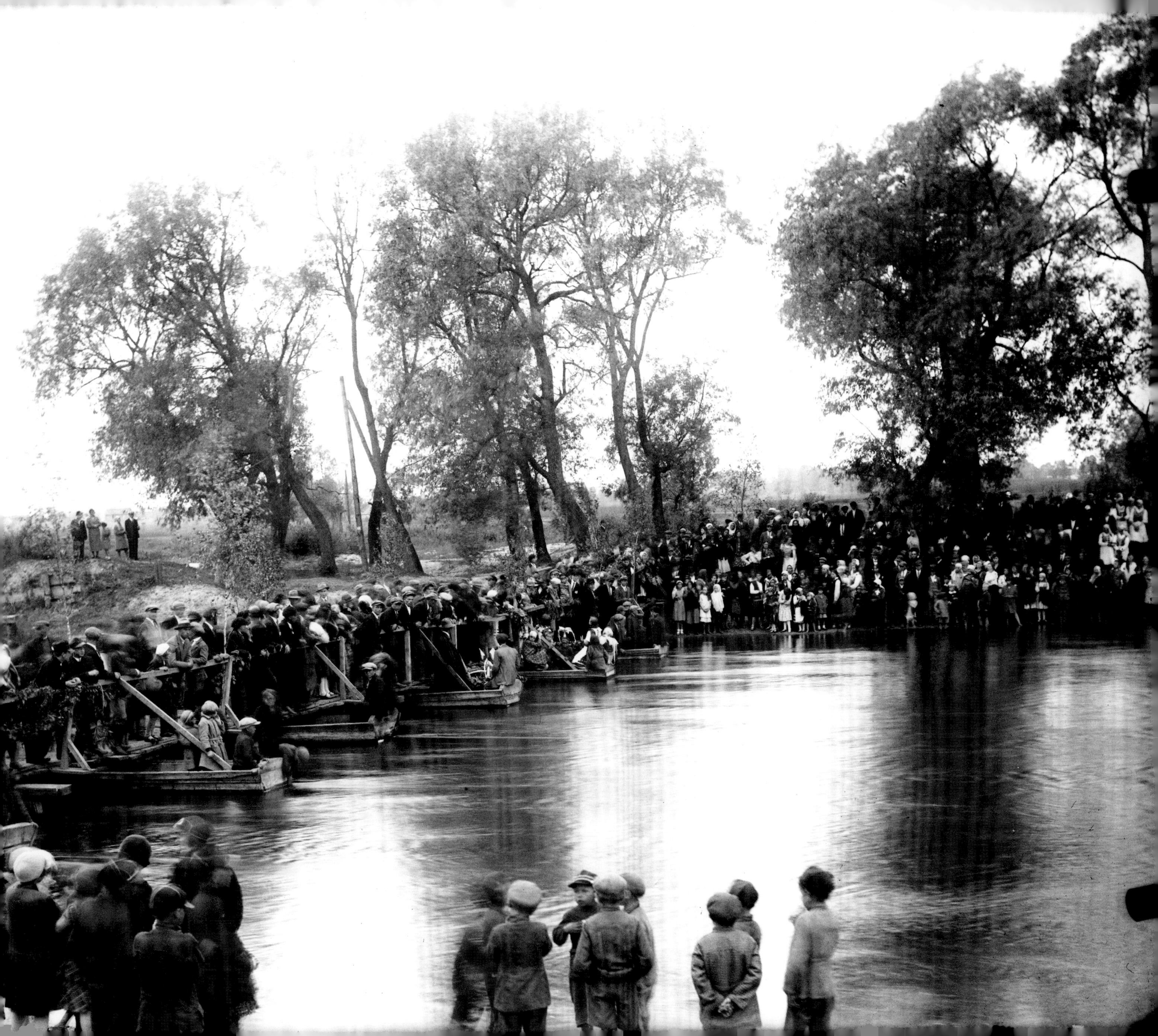

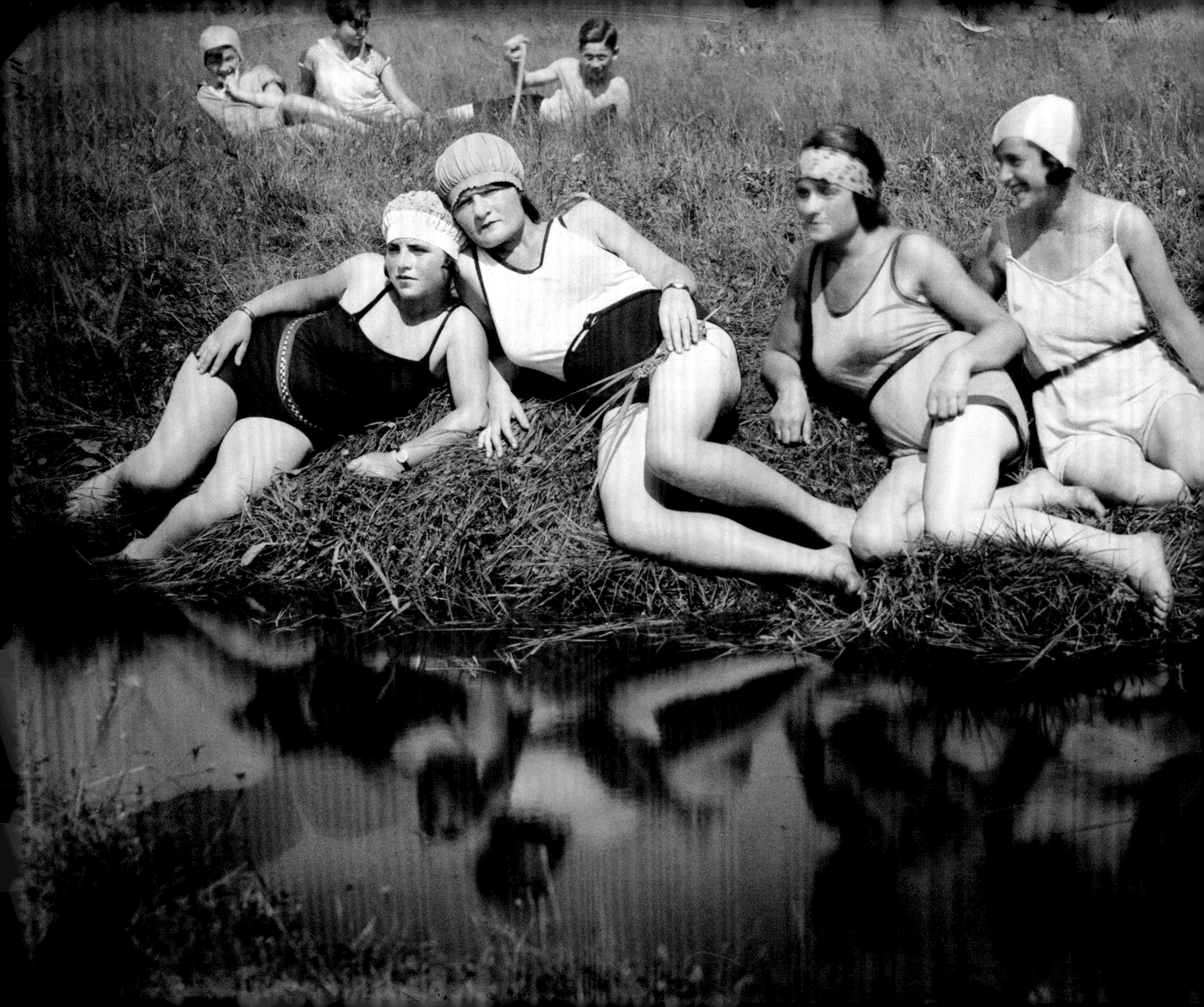

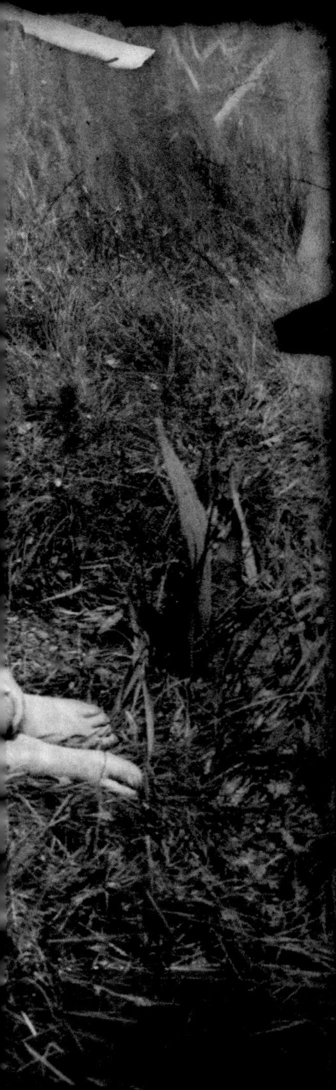

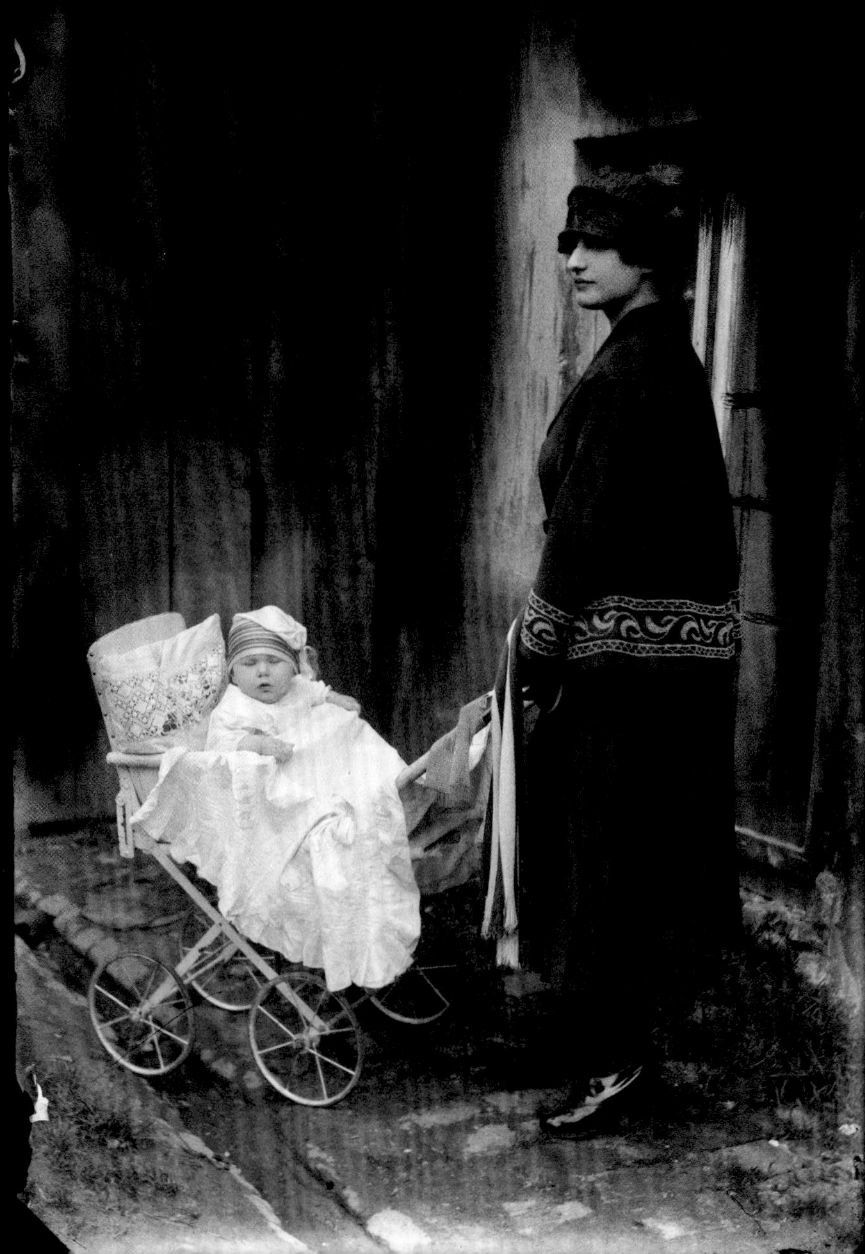

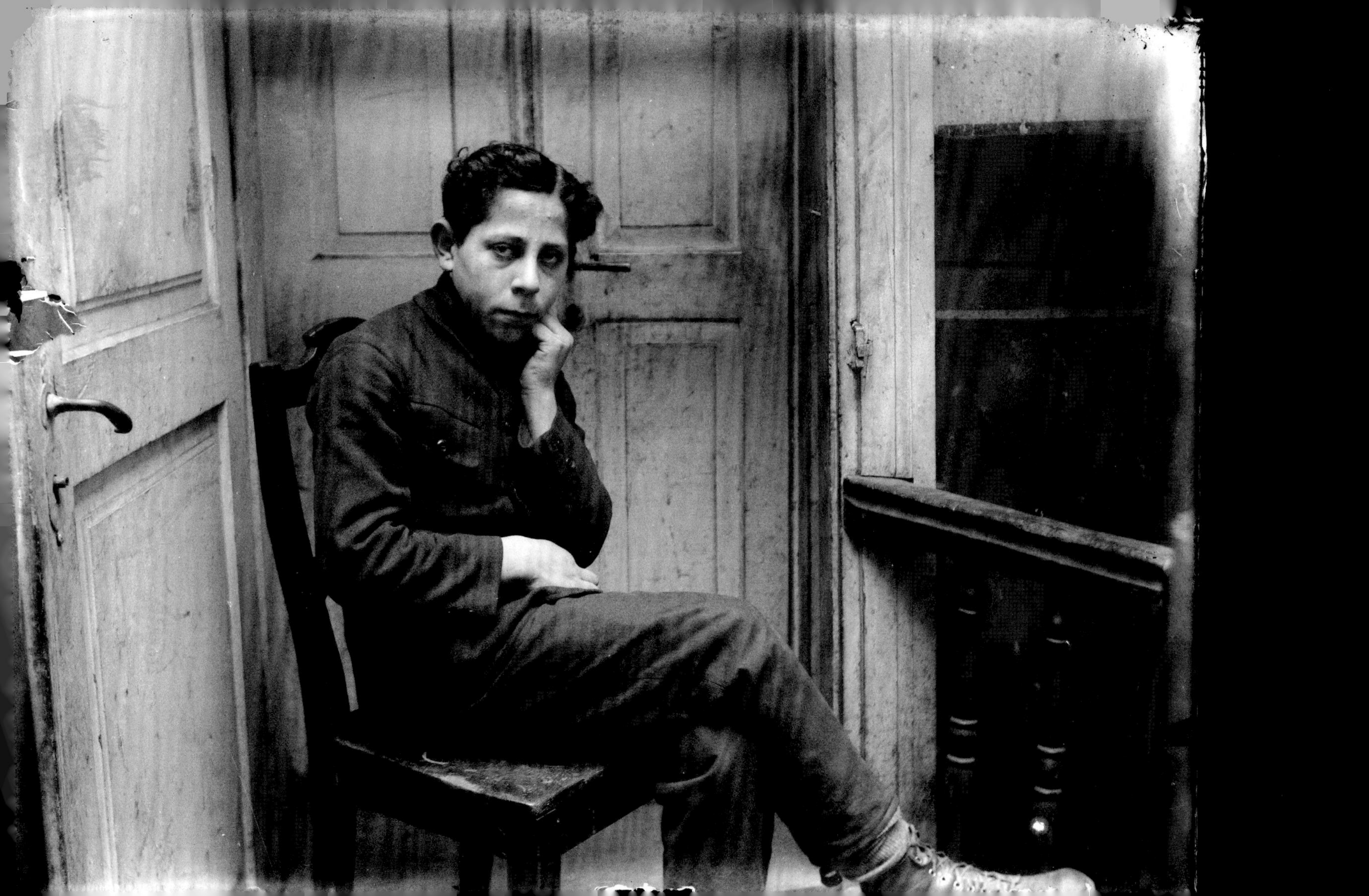

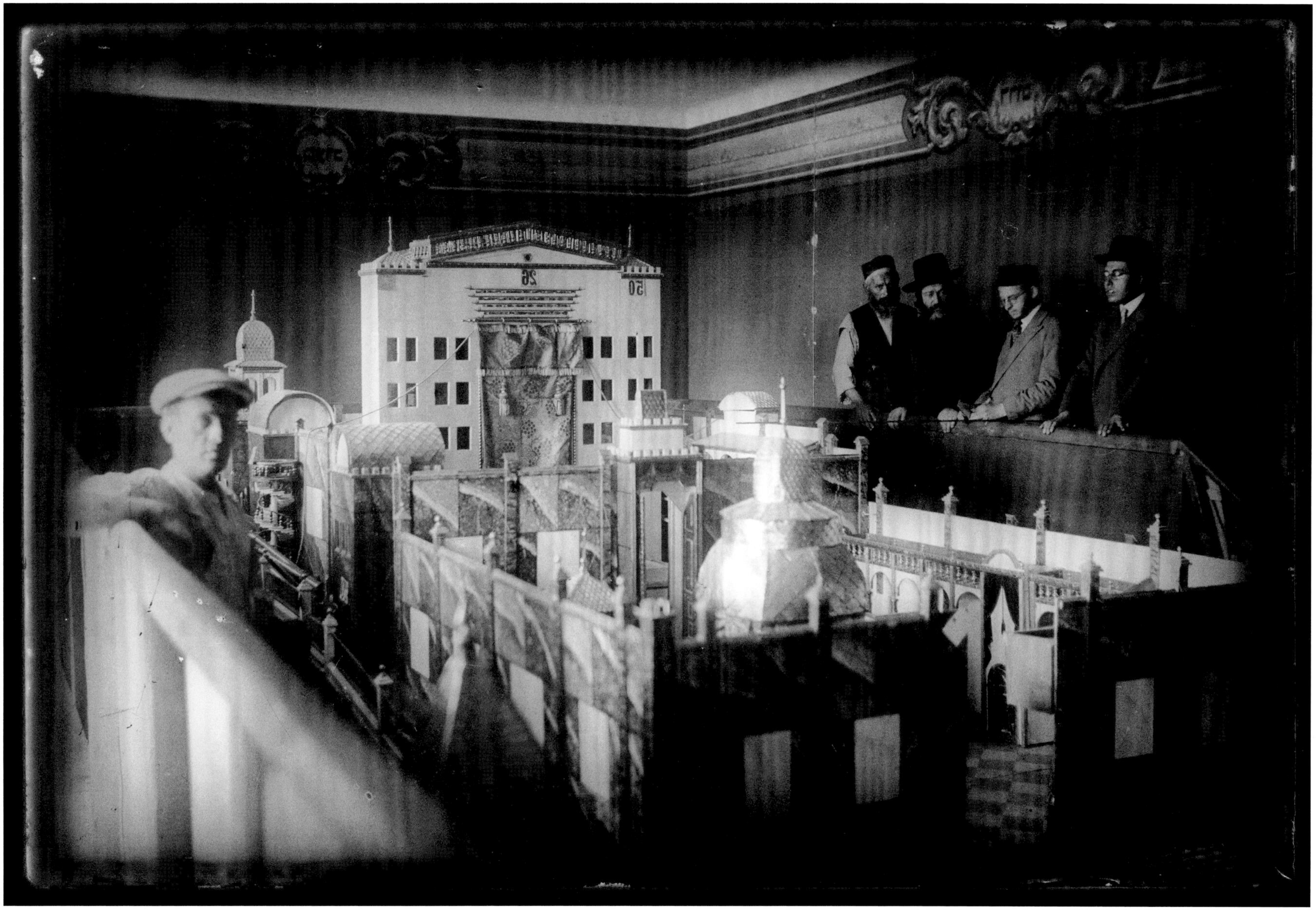

Meir Shapira, founder of Chochmei Lublin Yeshiva, looking at a wooden model of the Jerusalem Temple. The model was made by Henoch Weintraub, a Hasidic Jew who spent more than ten years building it.

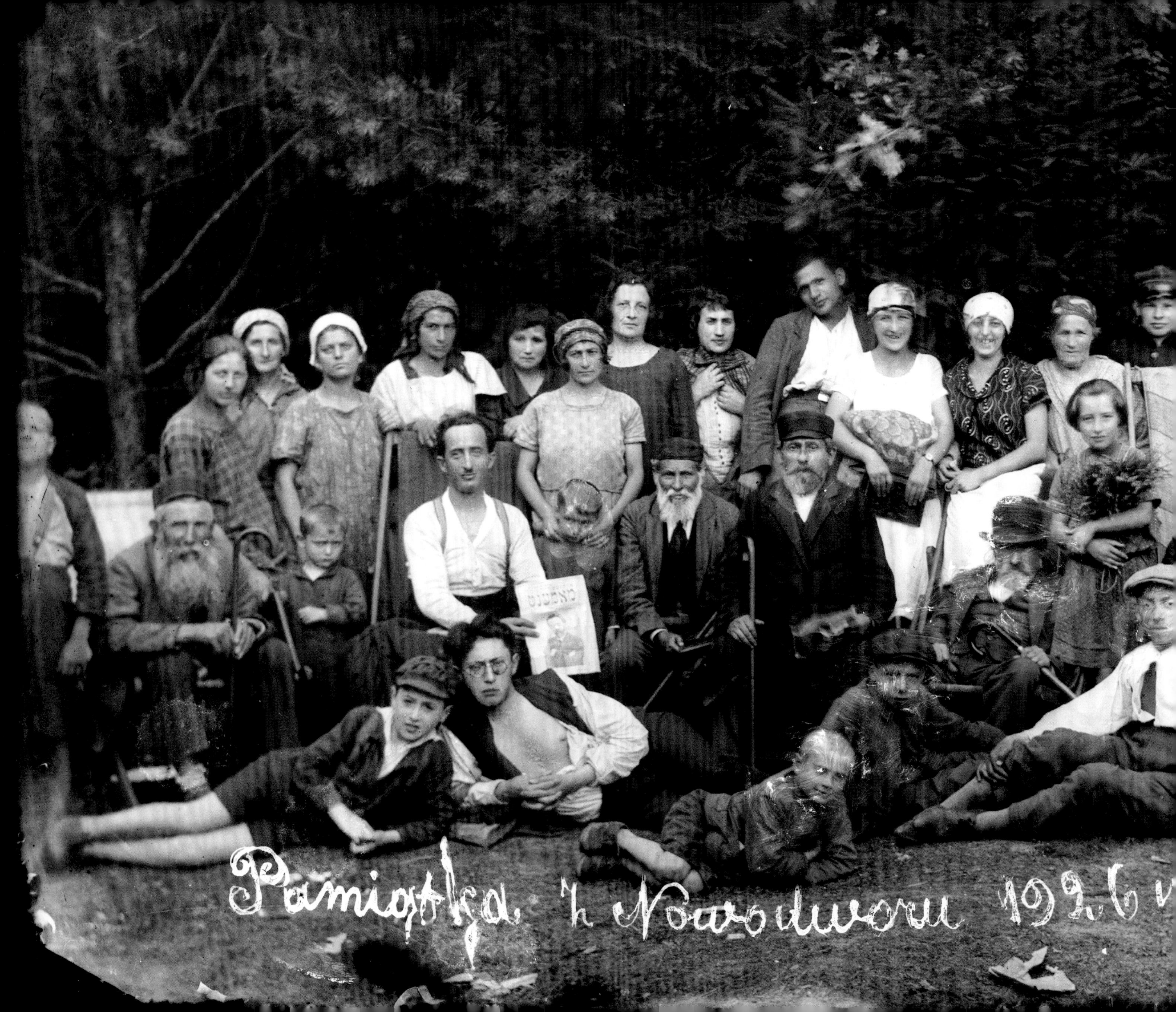
Pamiątka z Nowodworu 1926 r

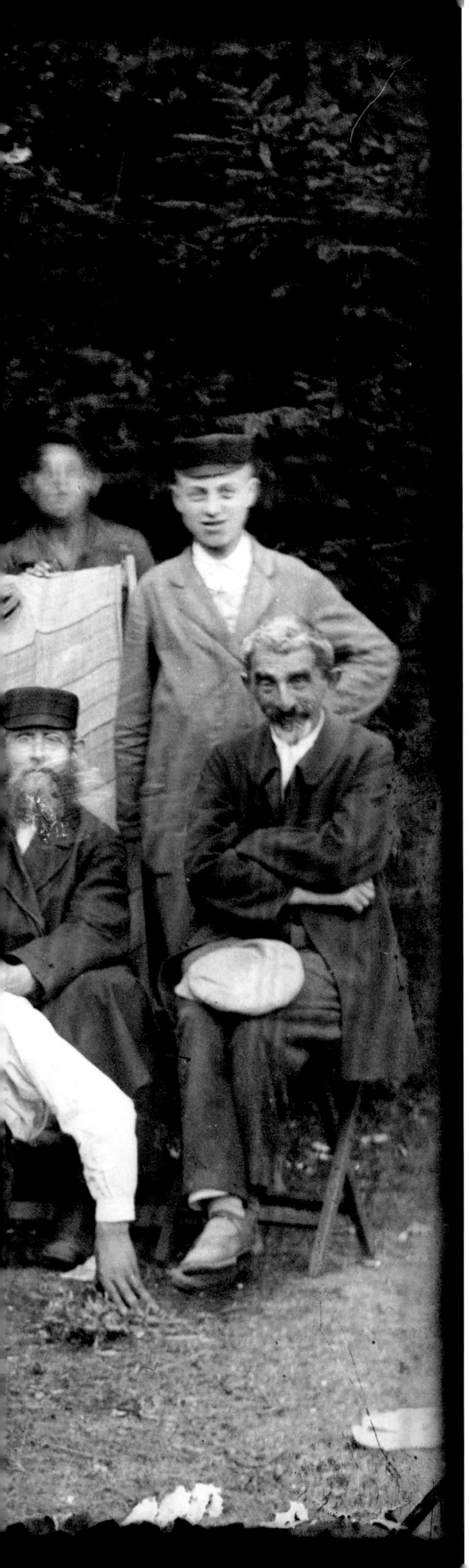

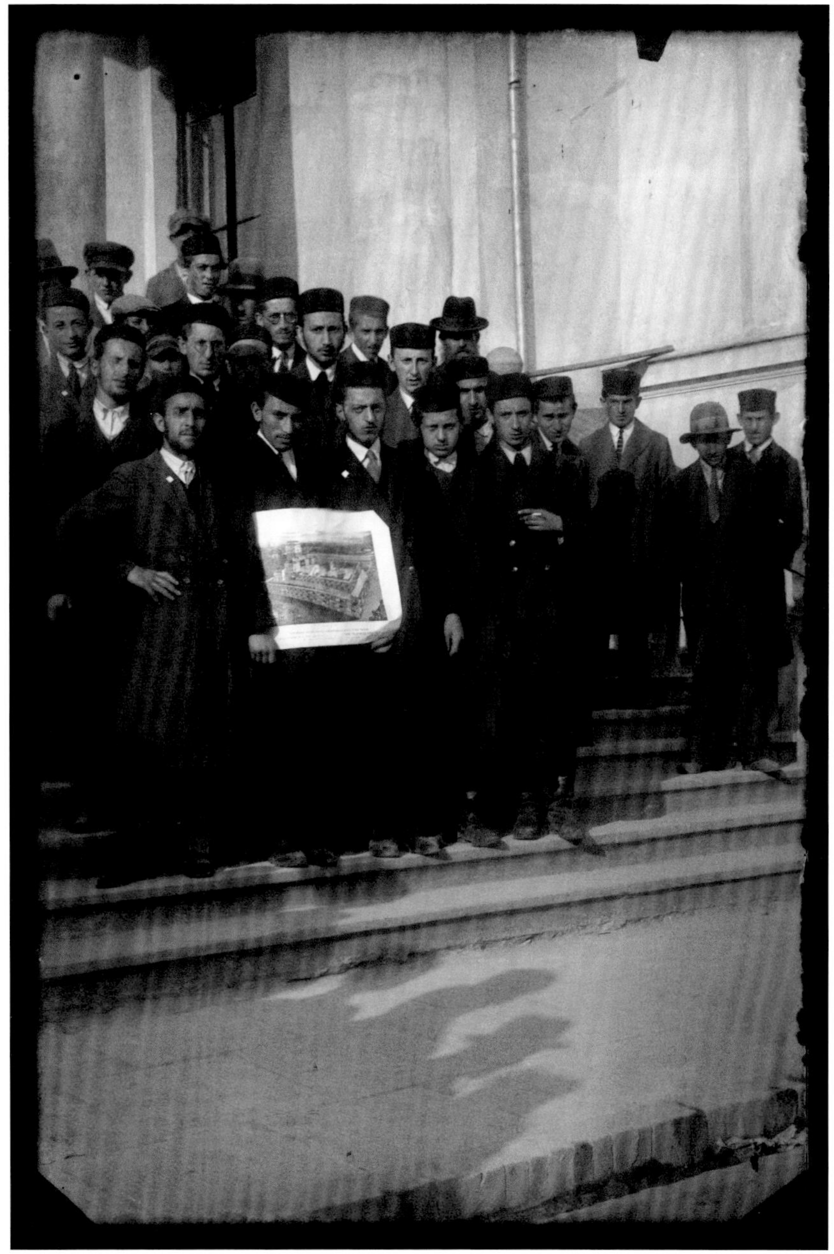

Students of the Lublin yeshiva holding a painting depicting the ancient temple in Jerusalem.

Vacationers in Nowodwór, 1926. A man is holding an issue of *Der Moment*, a Yiddish daily newspaper published in Warsaw between 1910 and 1939.

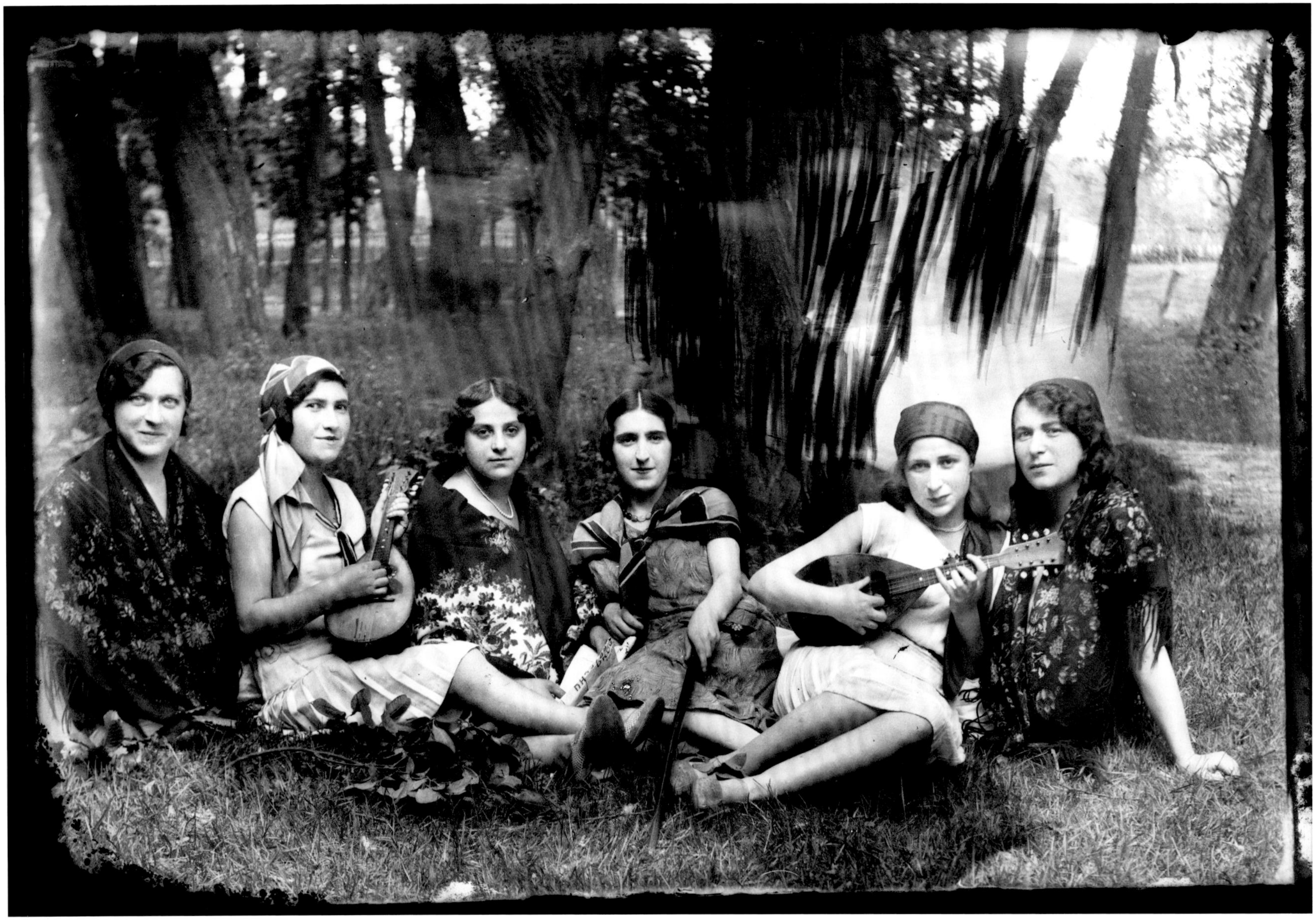

Girls on vacation in Nowodwór or another resort village near Lublin. The third from right was recognized by Shelley Capozzi as one of her aunts—either Maria, Leja, or Chaja Milsztajn.

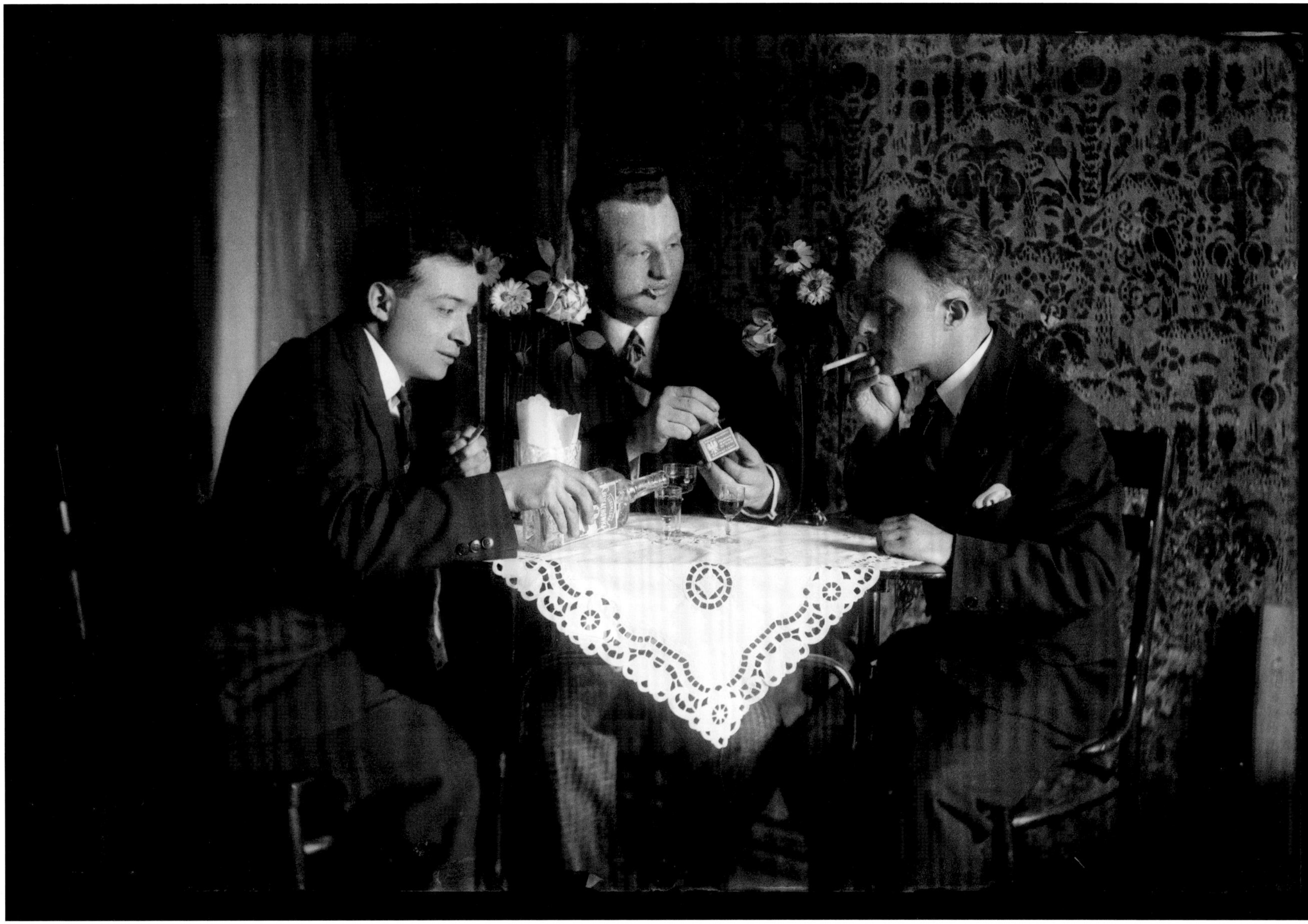

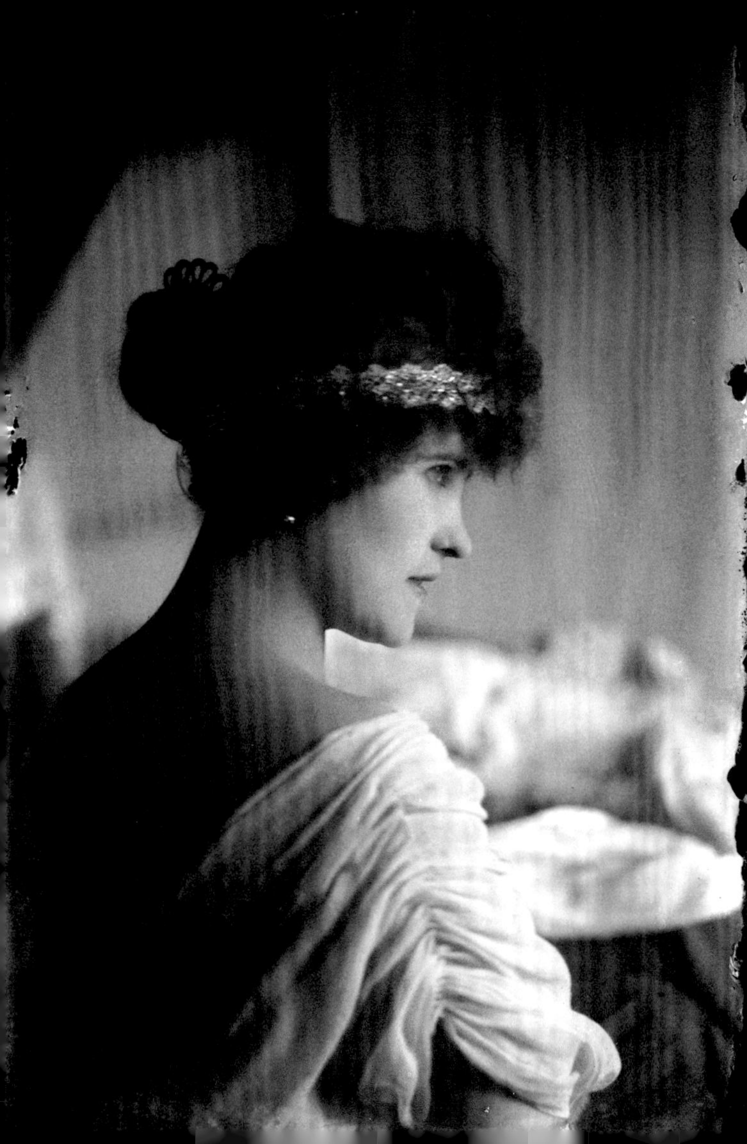

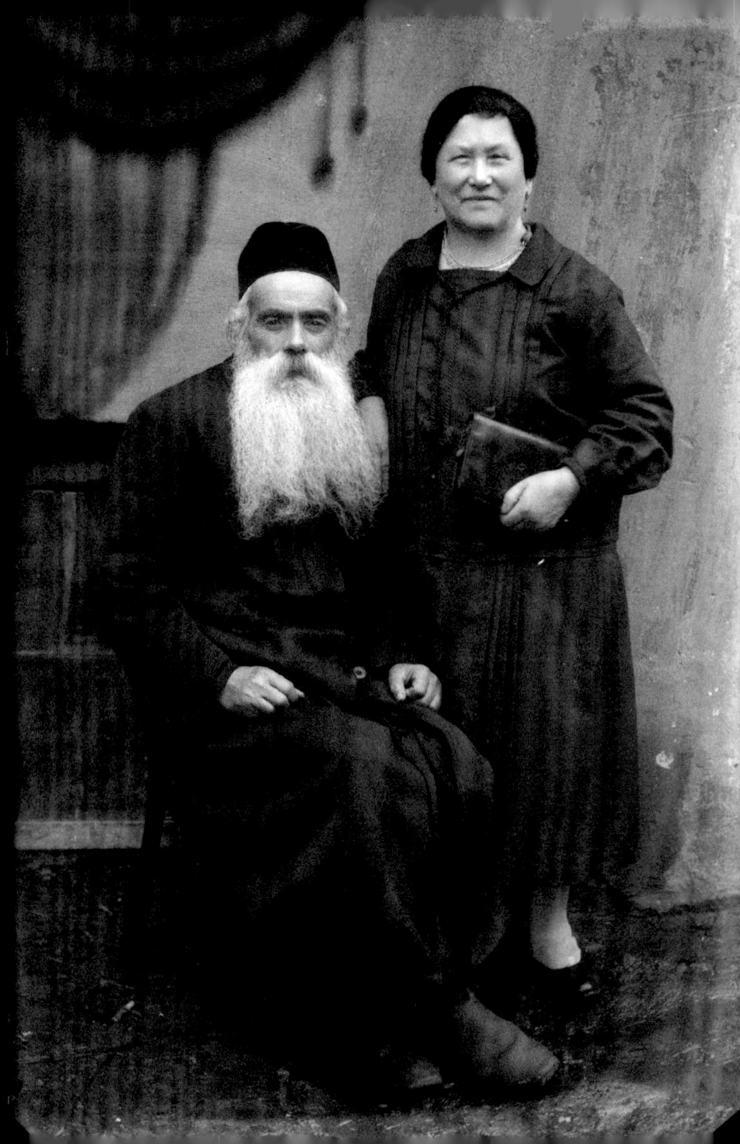

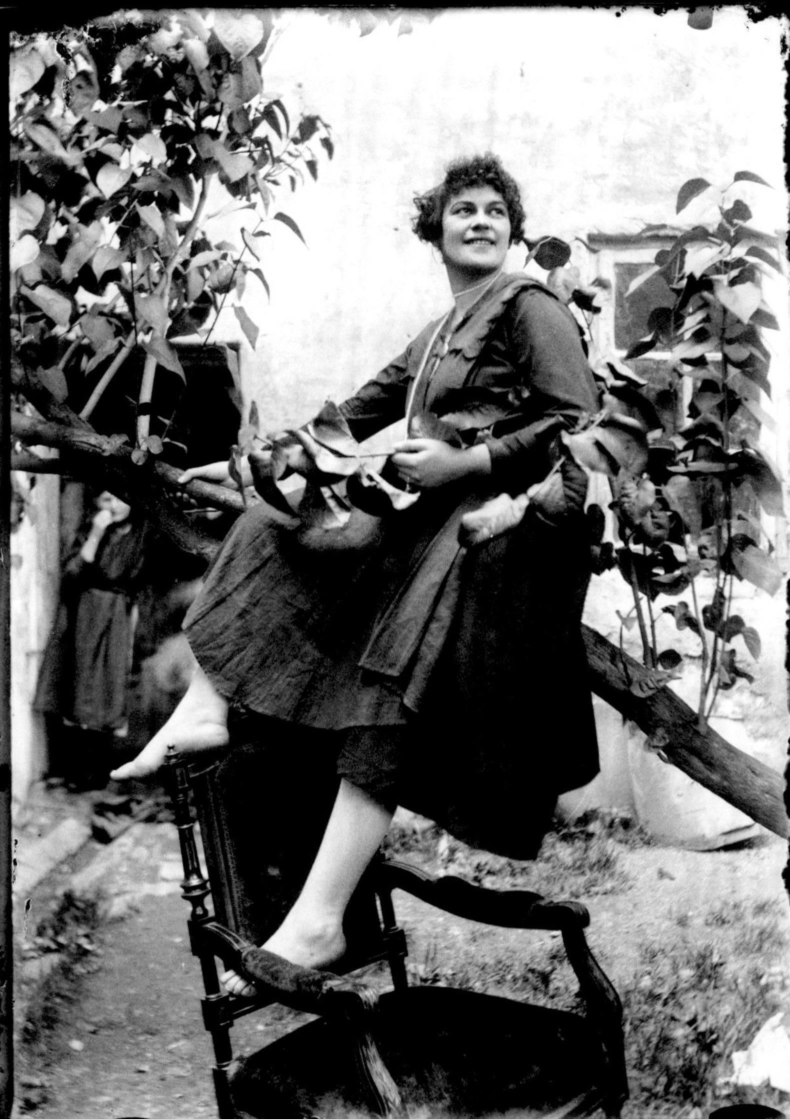

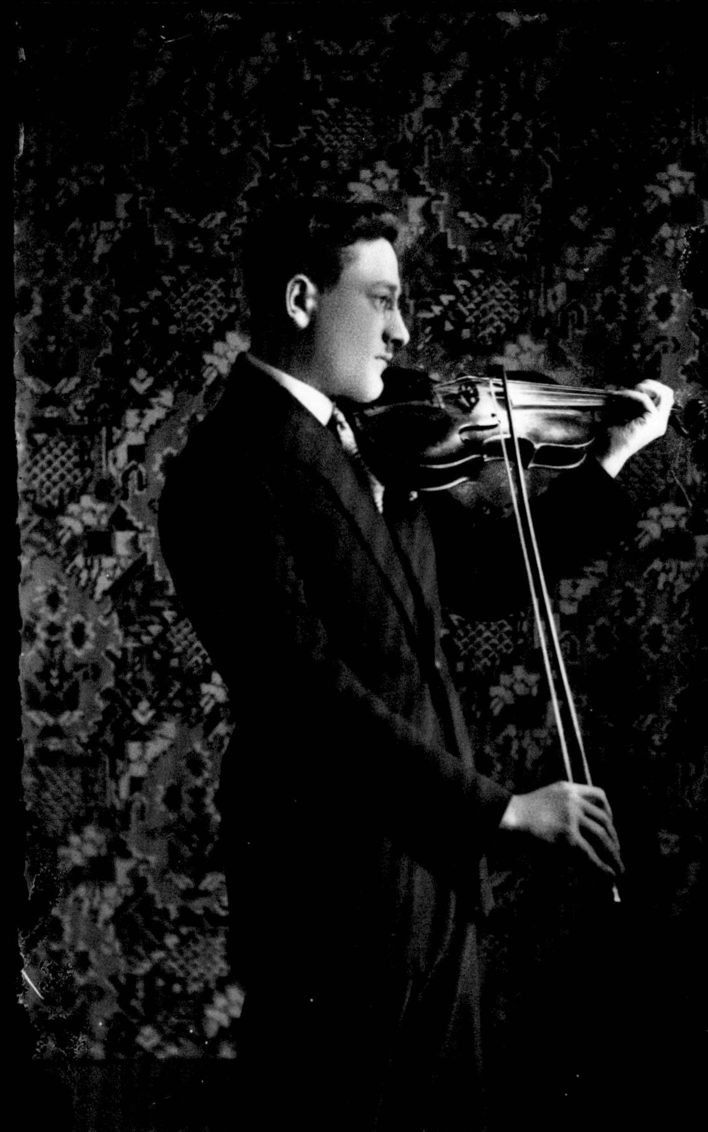

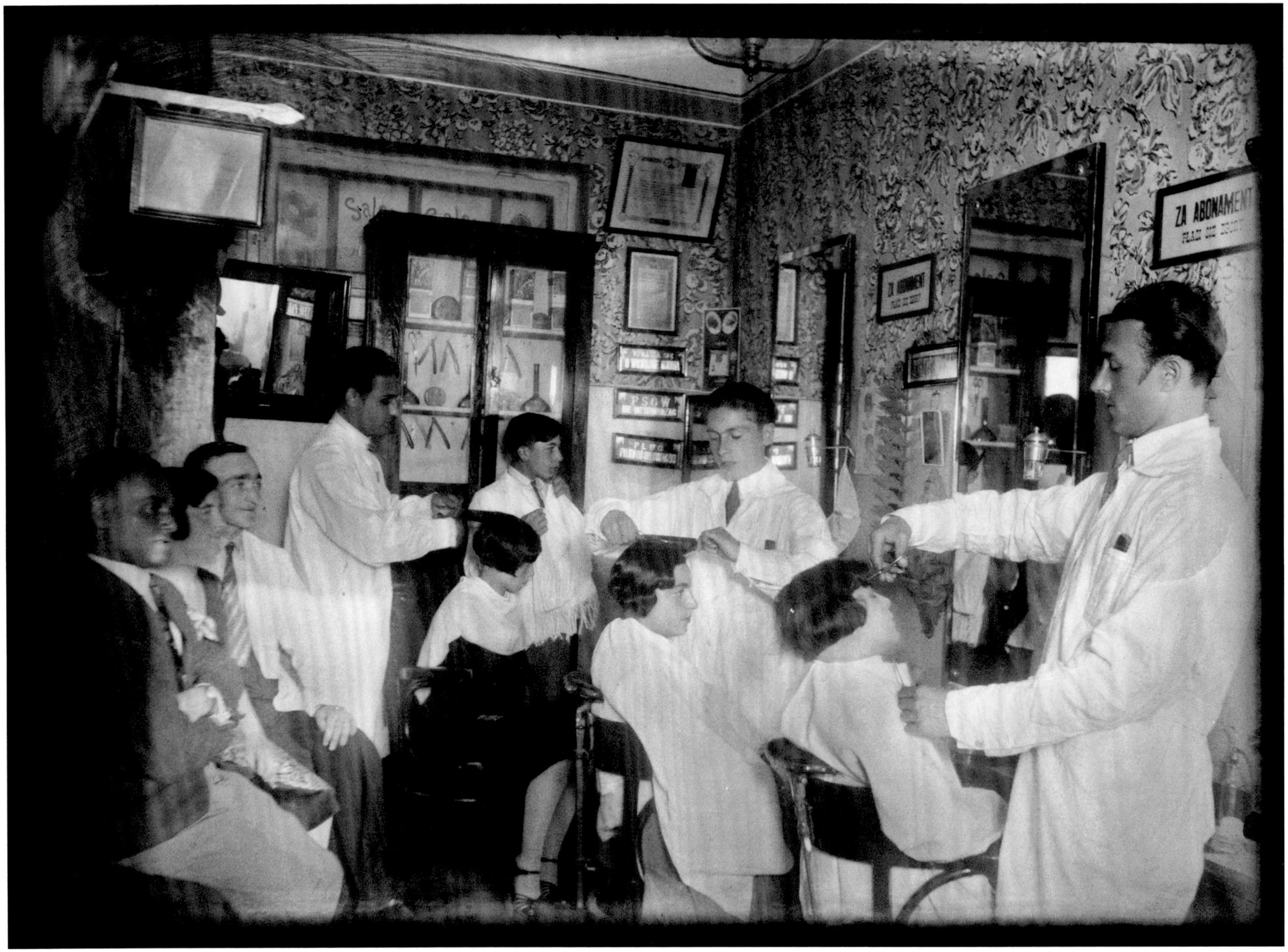

Women in Lublin opt for the latest style
—a break from tradition.

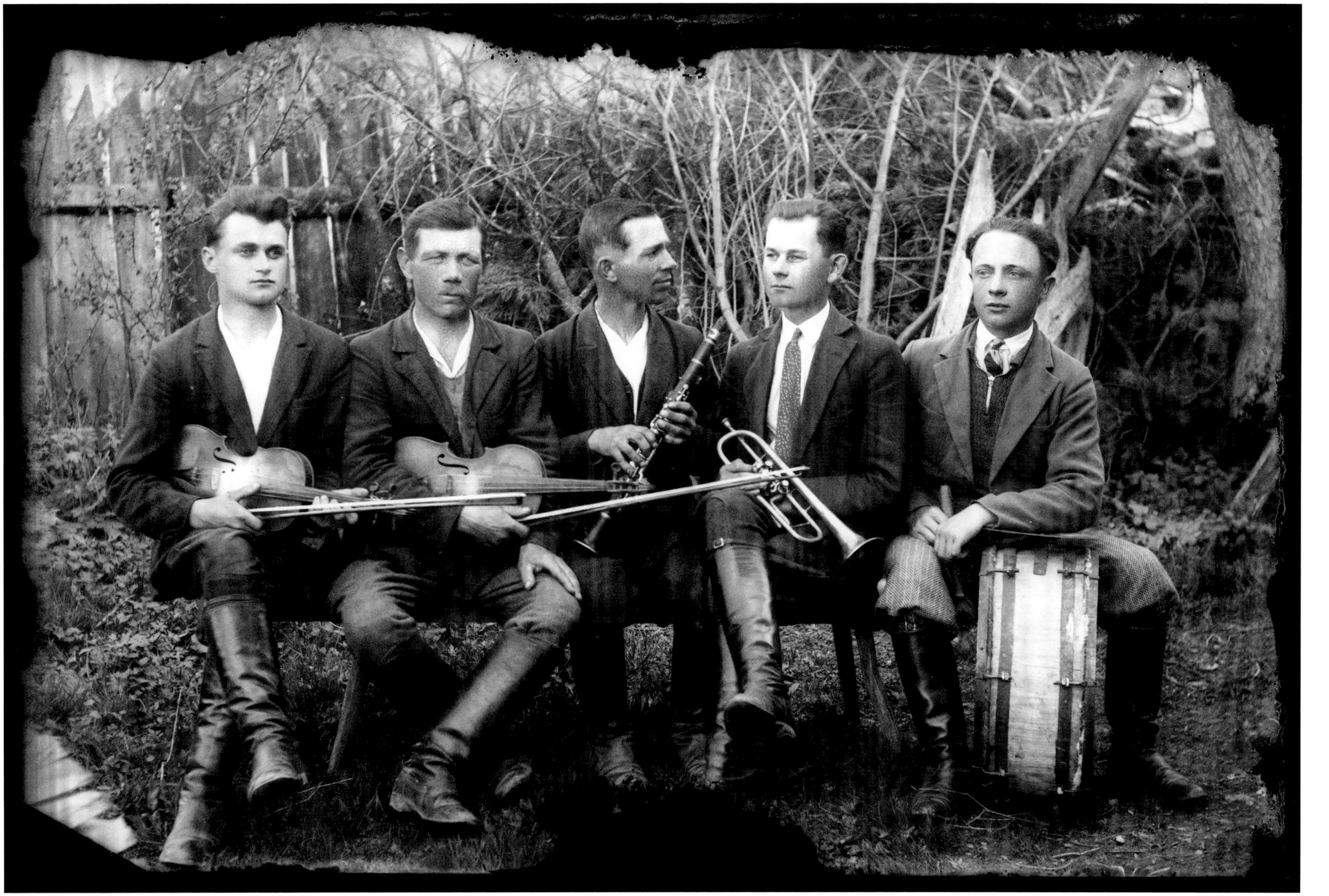

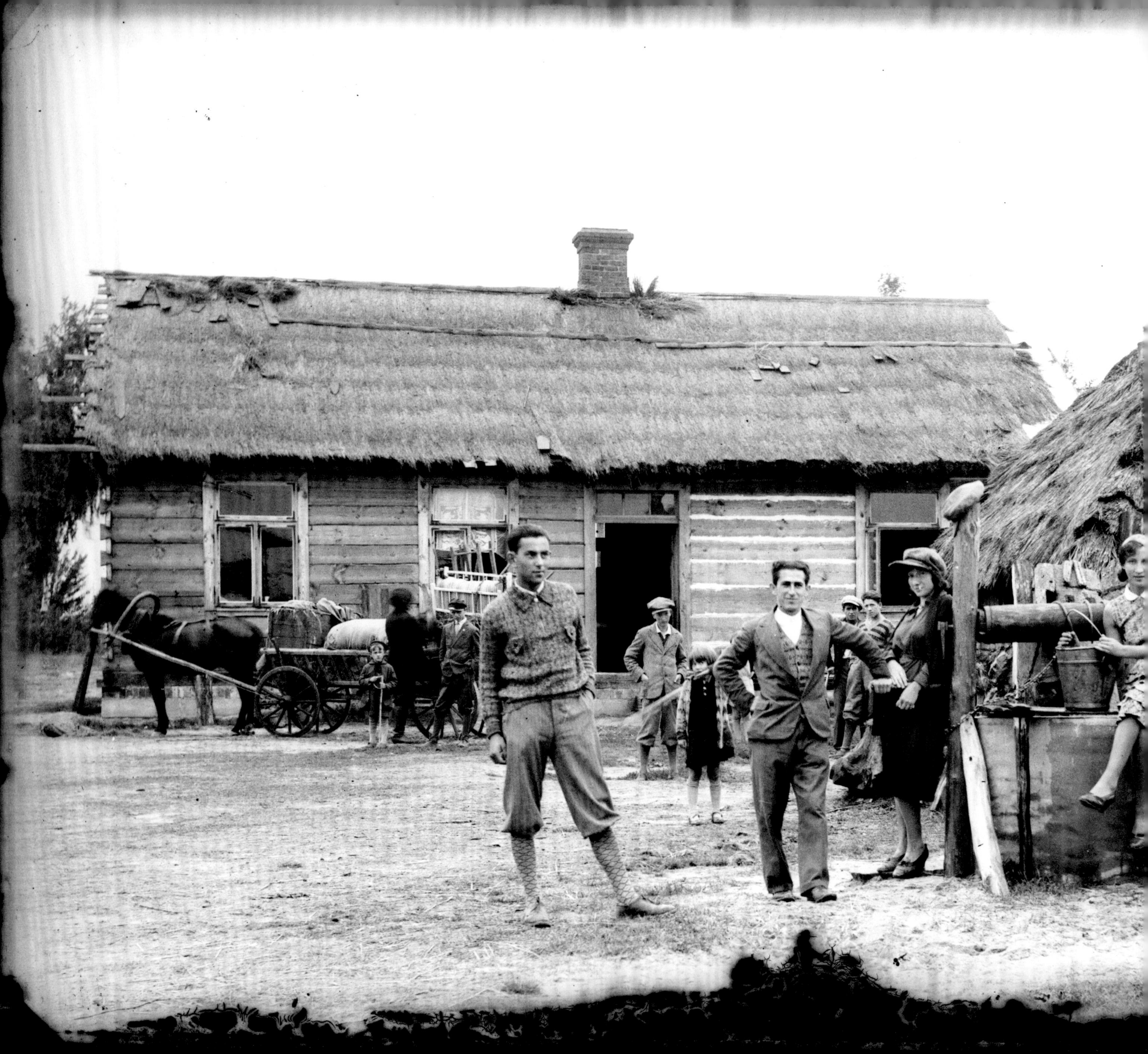

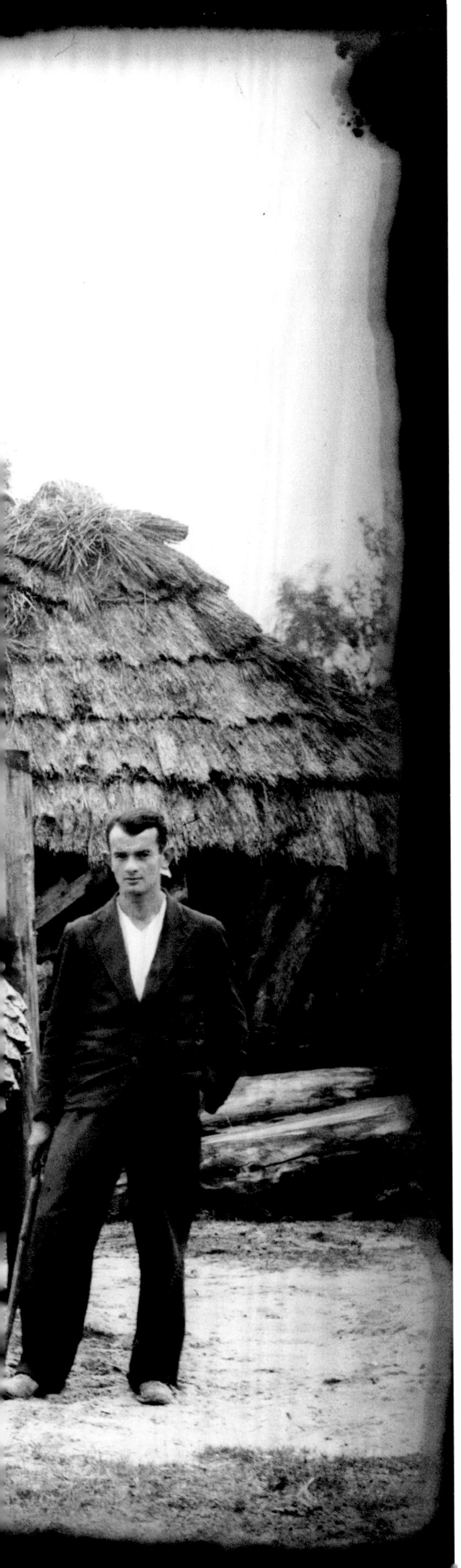

Rural buildings with traditional thatched roofs.

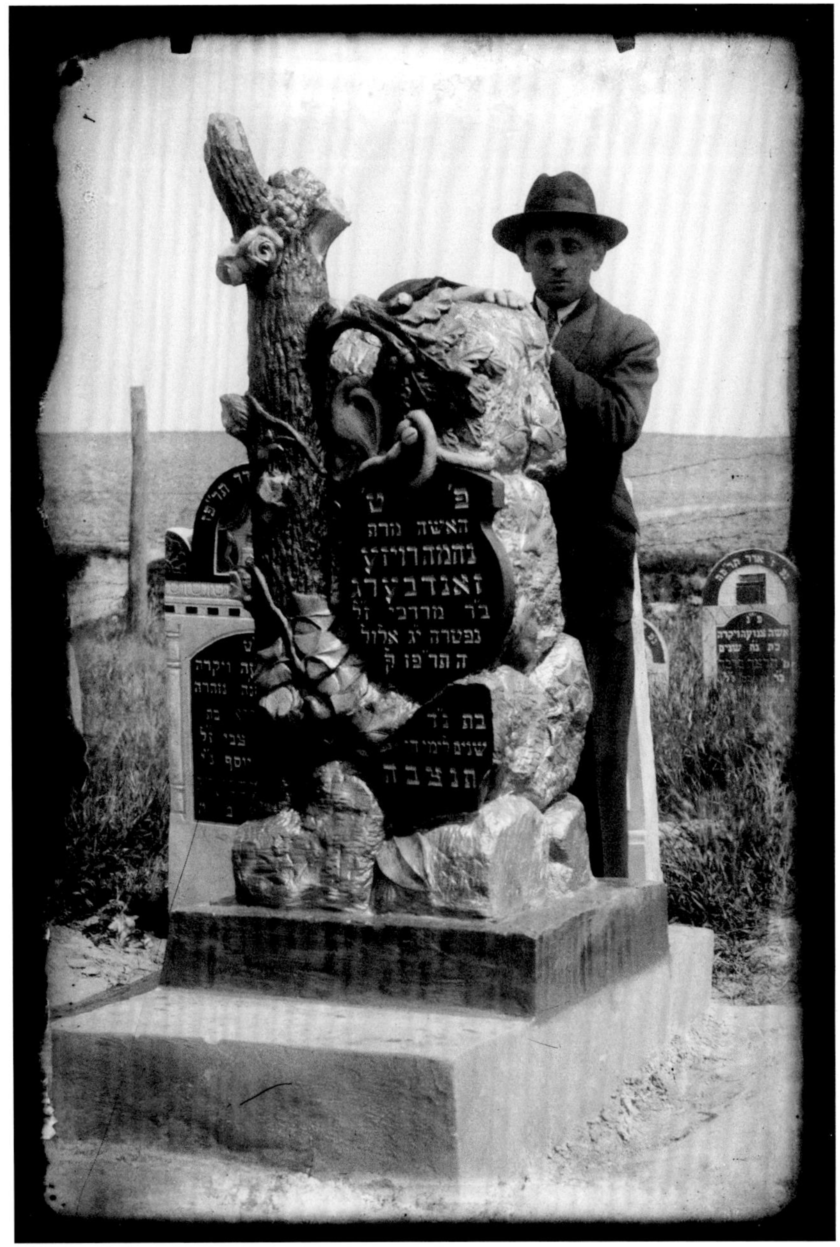

A man standing behind the grave of Nekhame Royze Zandberg. The photo was most likely taken in the New Jewish Cemetery. Like most Jewish cemeteries in Poland, it was almost completely destroyed during the Second World War. Zandberg's unusually shaped *matseyve* (tombstone) was a sign of new design trends that appeared in the 20th century.

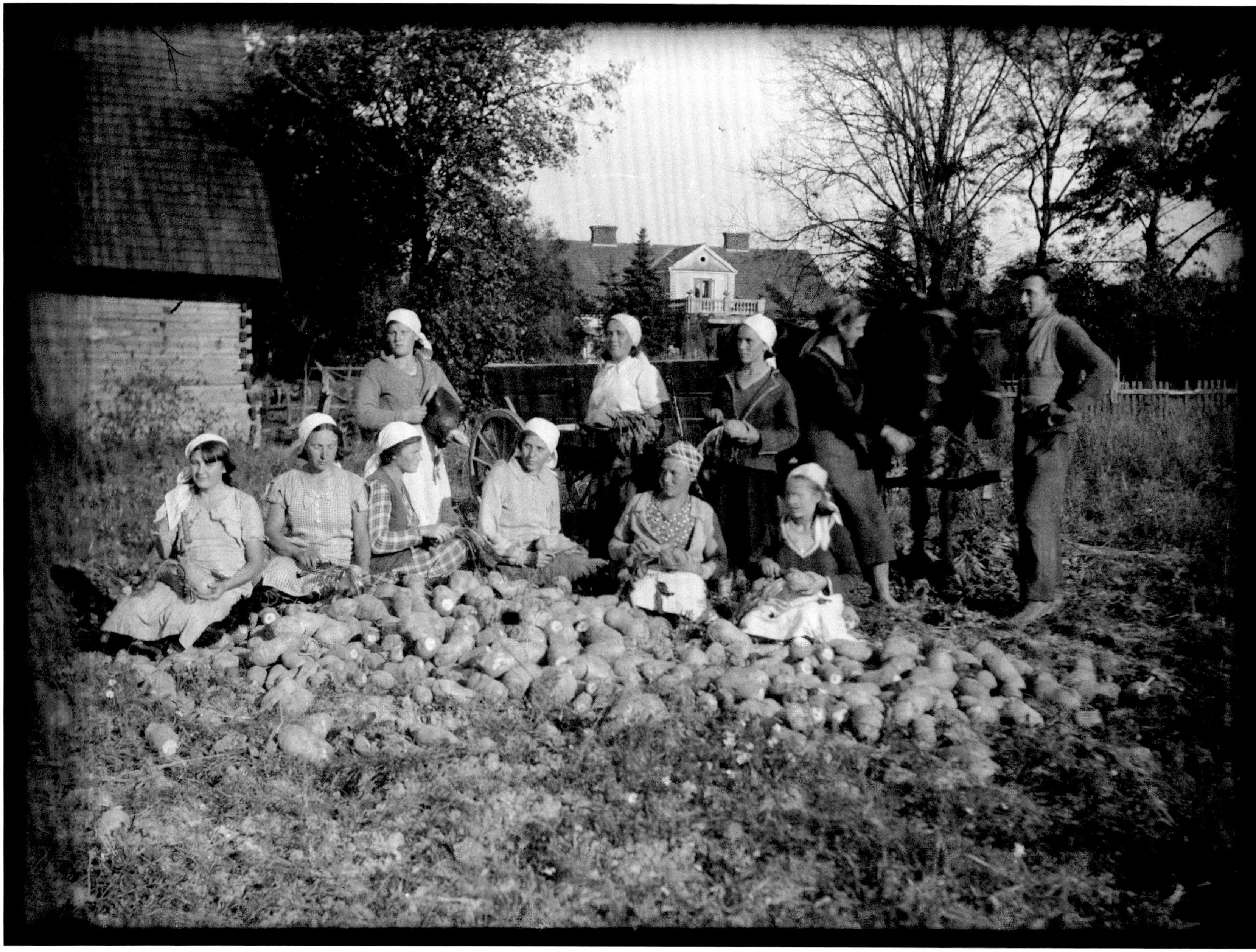

Rural Christians during the harvest of
root crops, likely rutabagas or sugar beets.

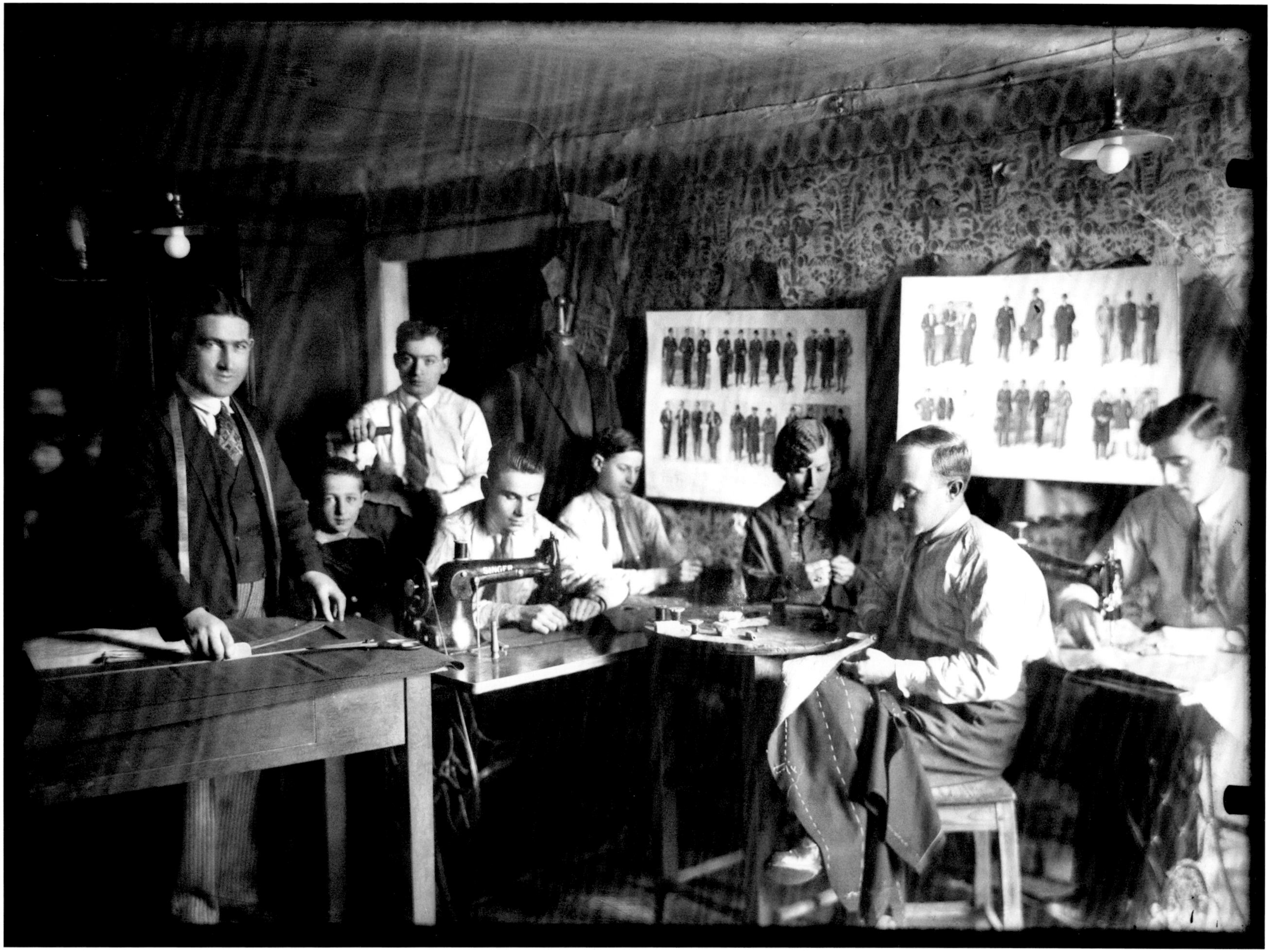

A tailor shop in Lublin.

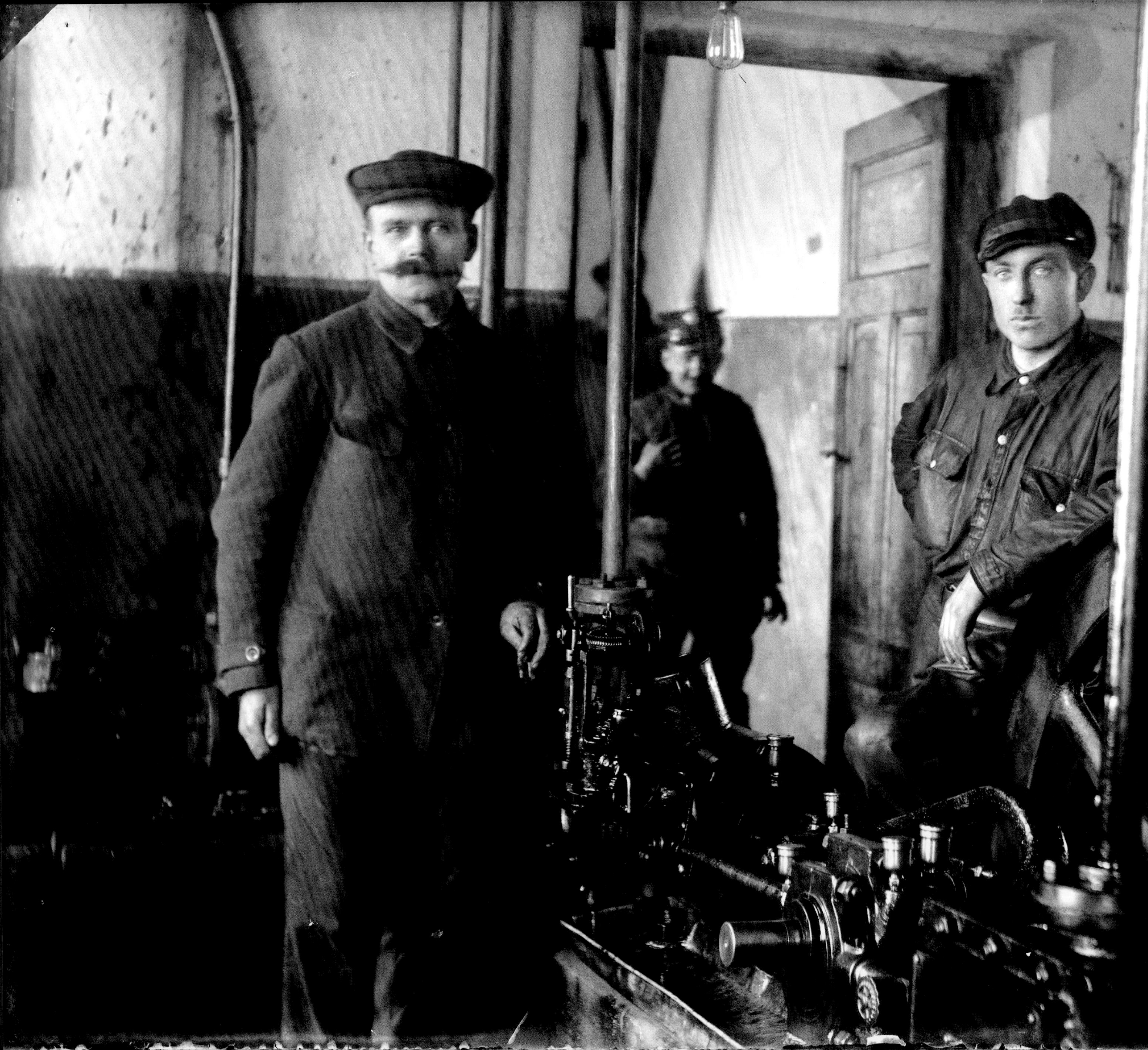

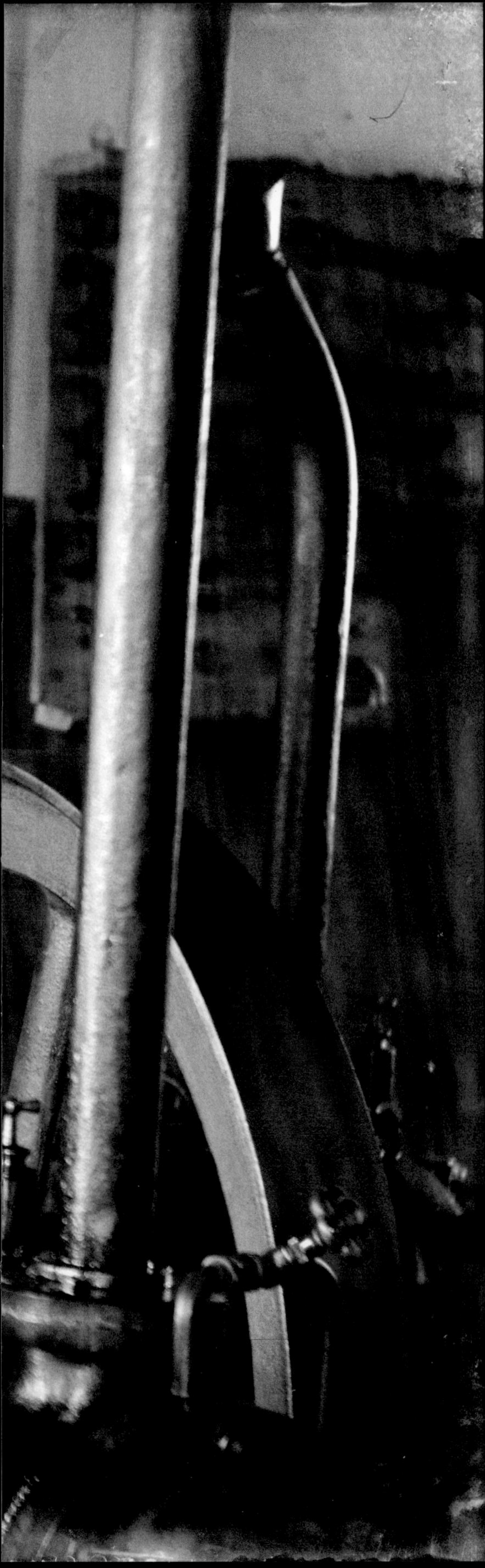

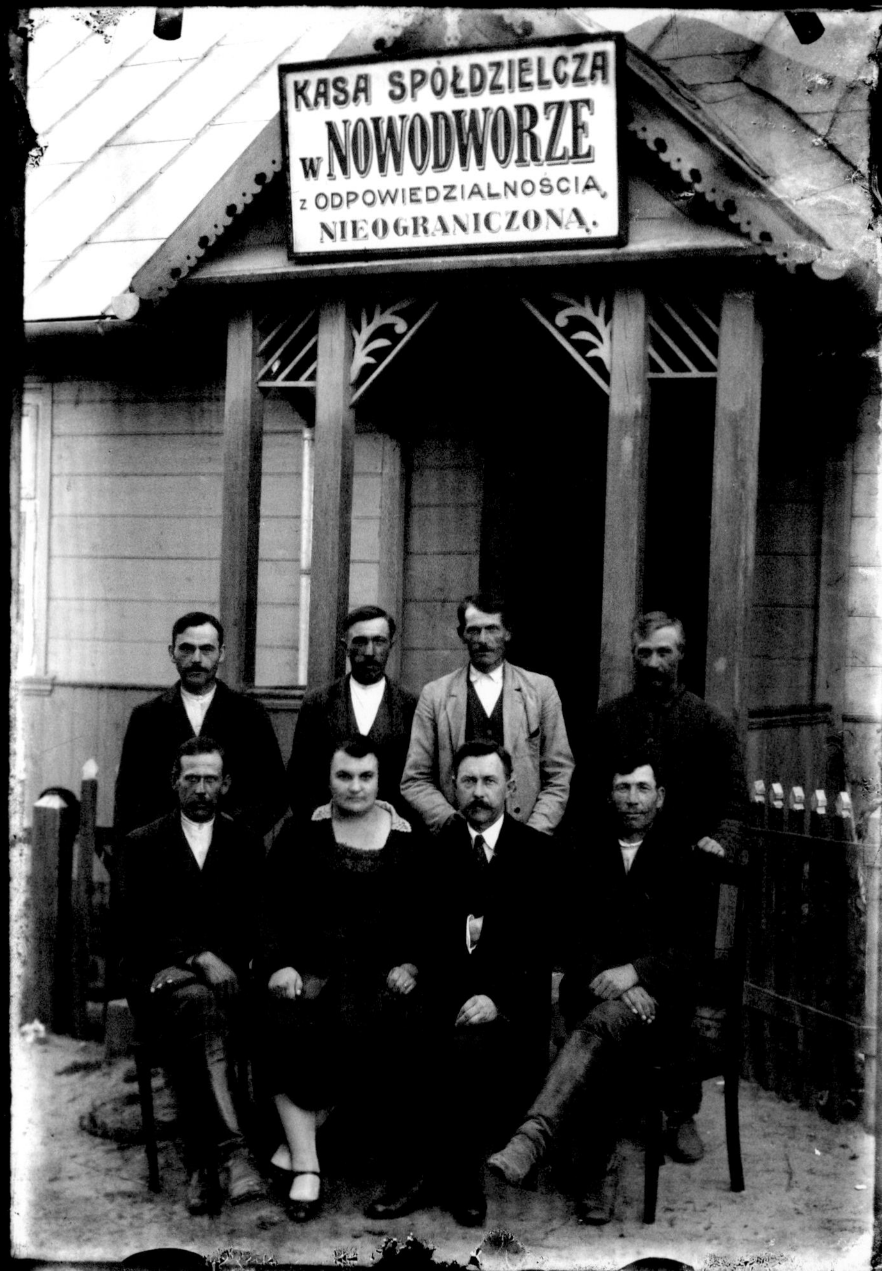

A cooperative credit union in Nowodwór.

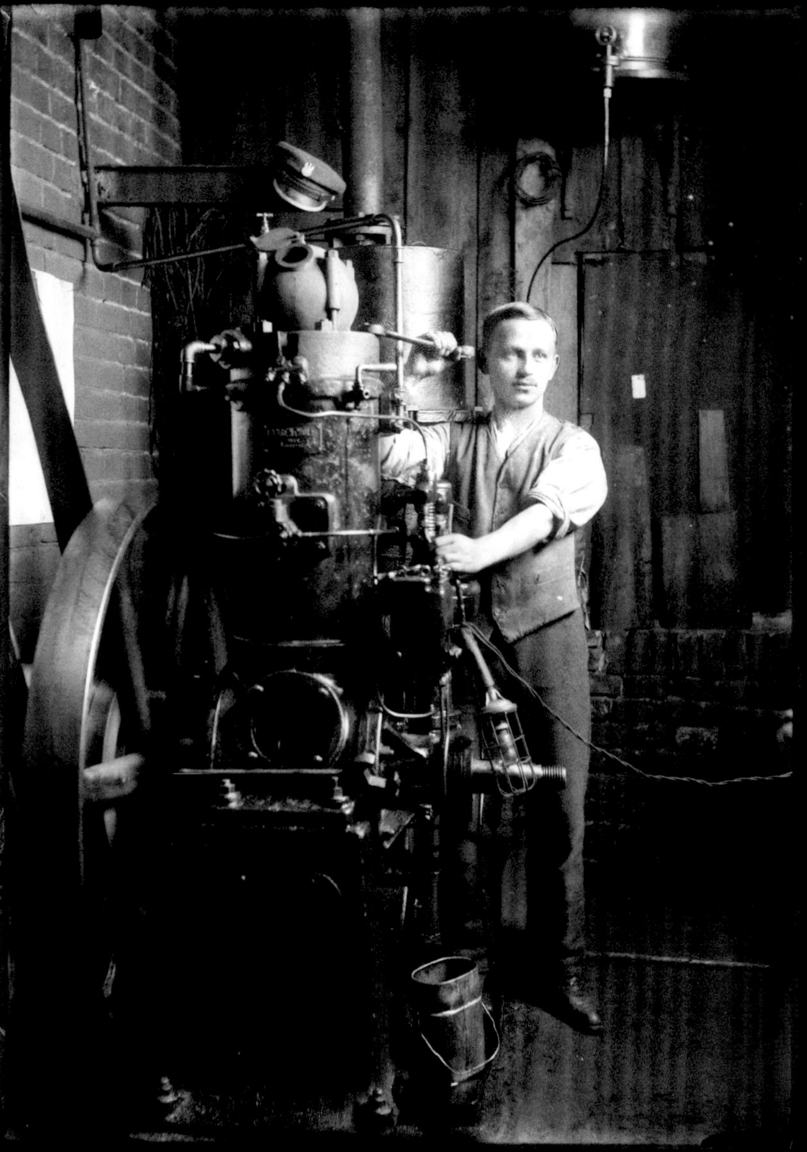

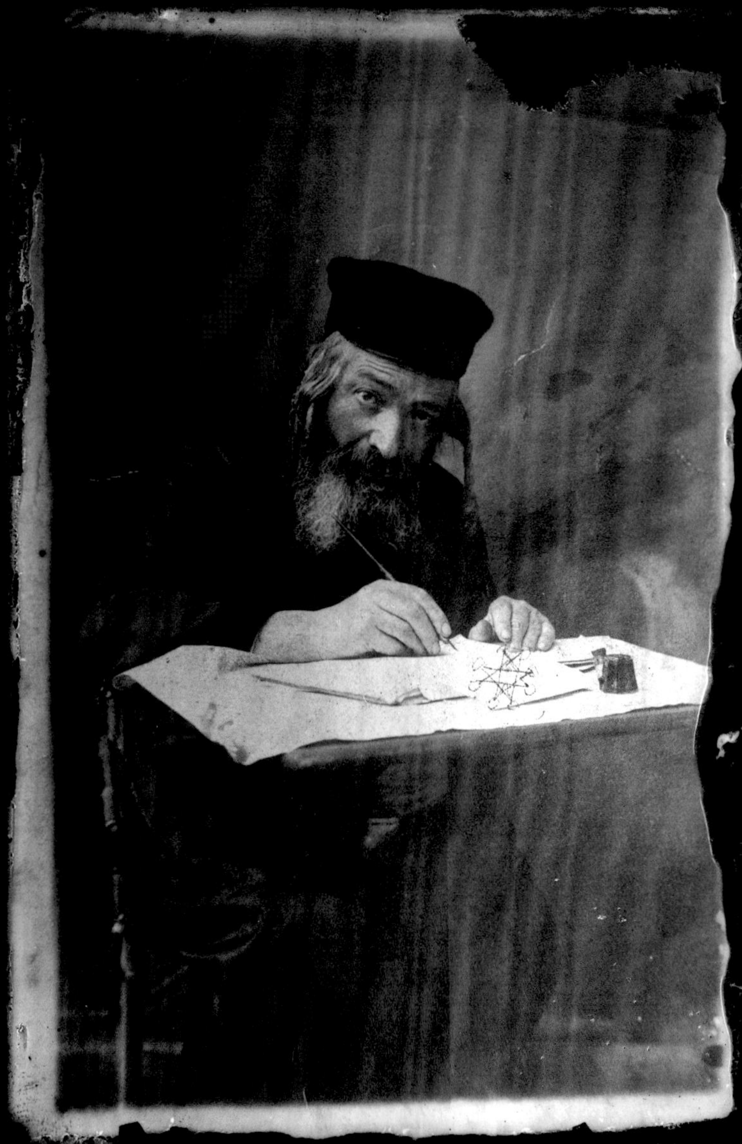

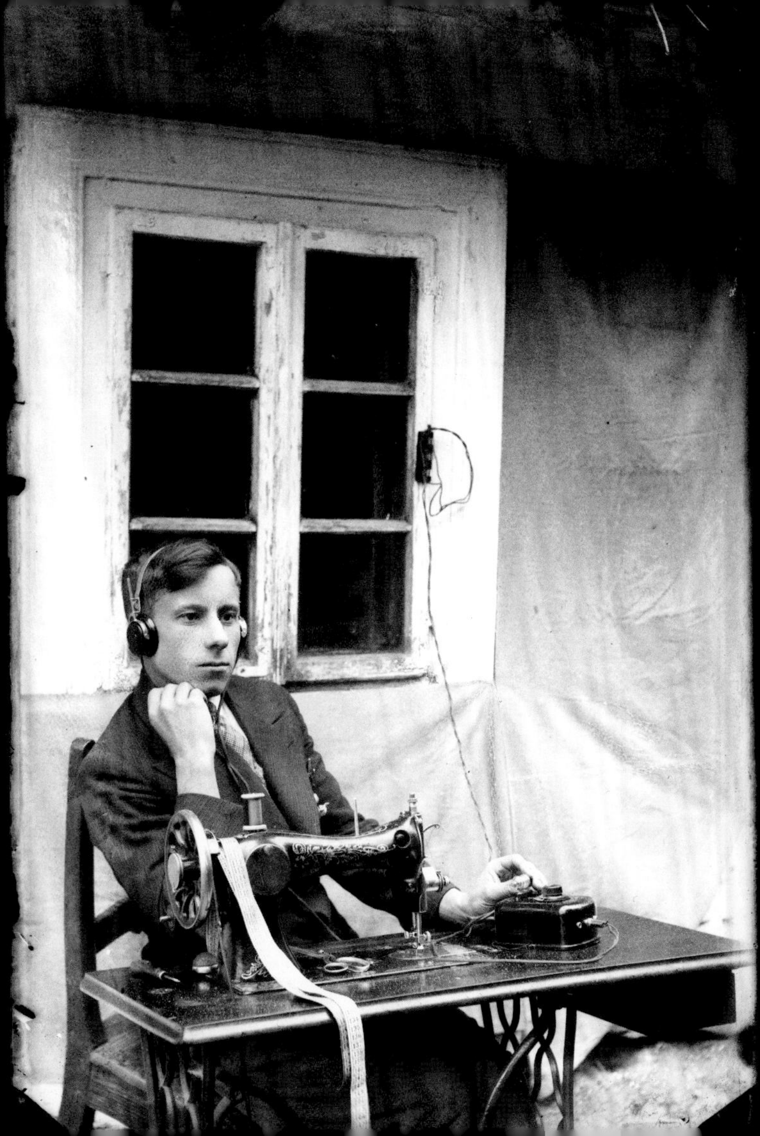

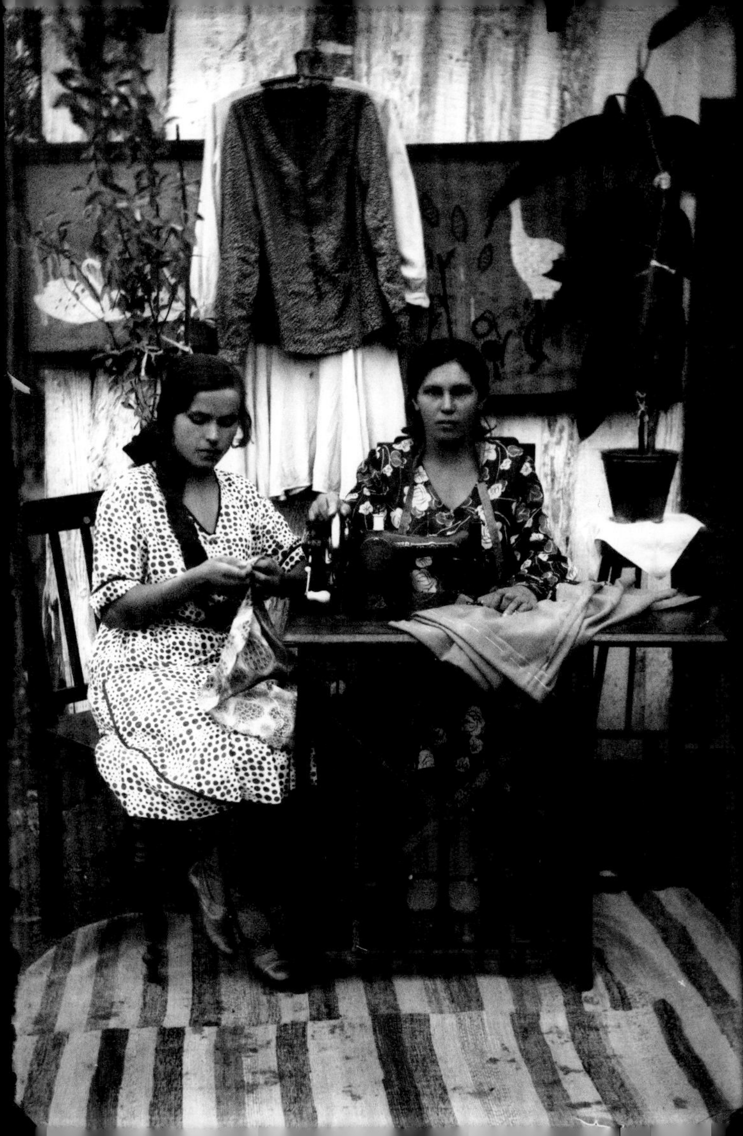

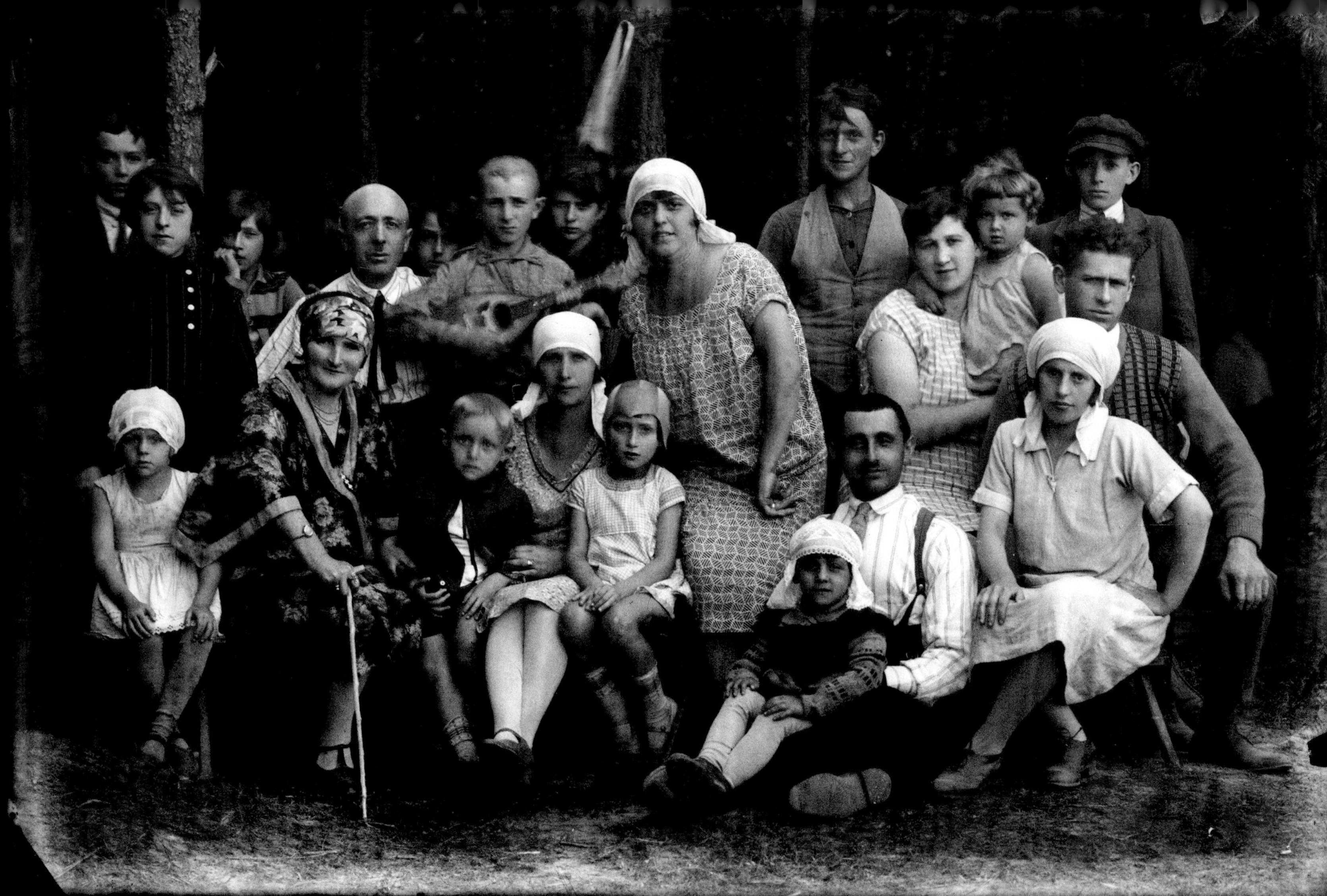

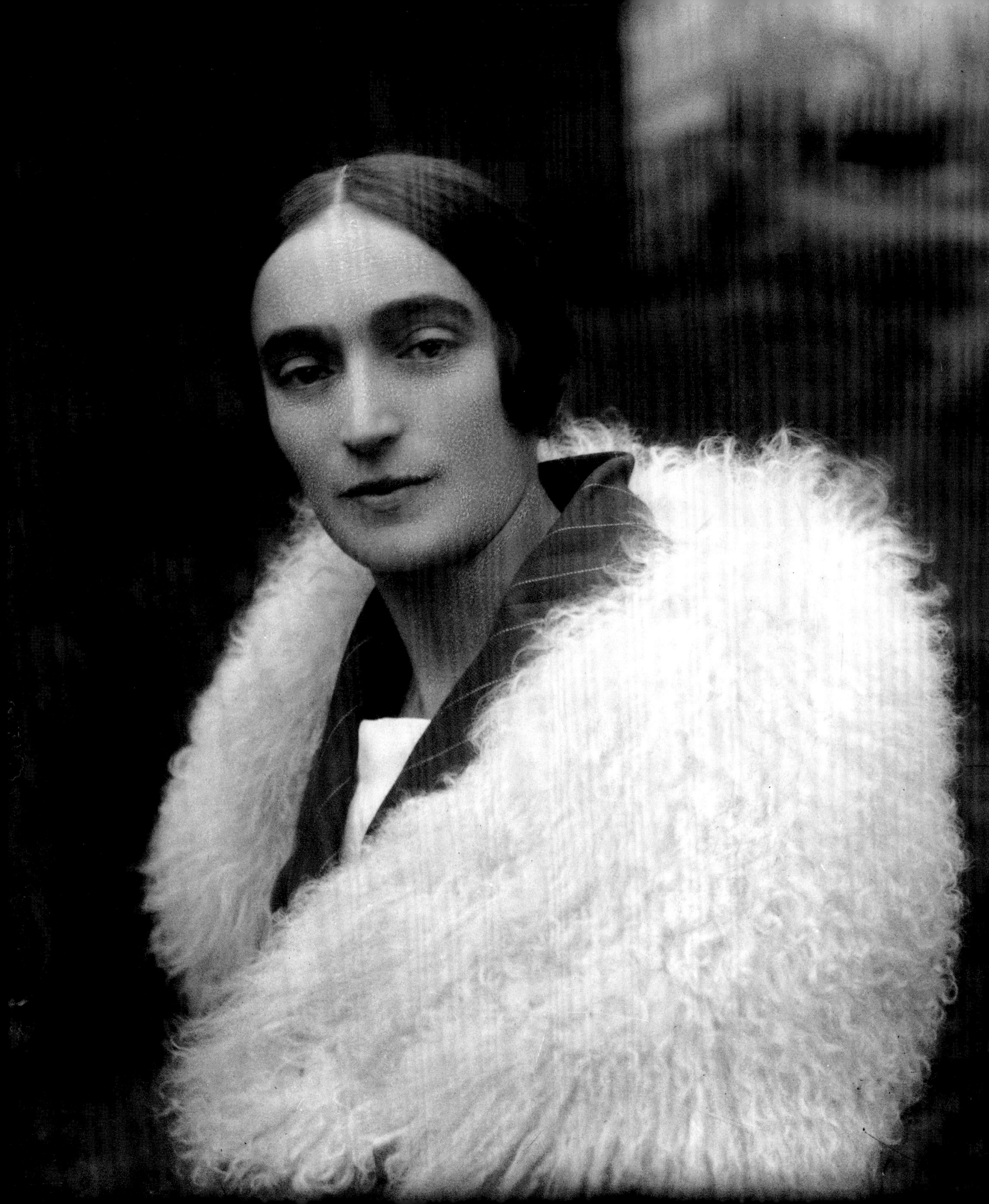

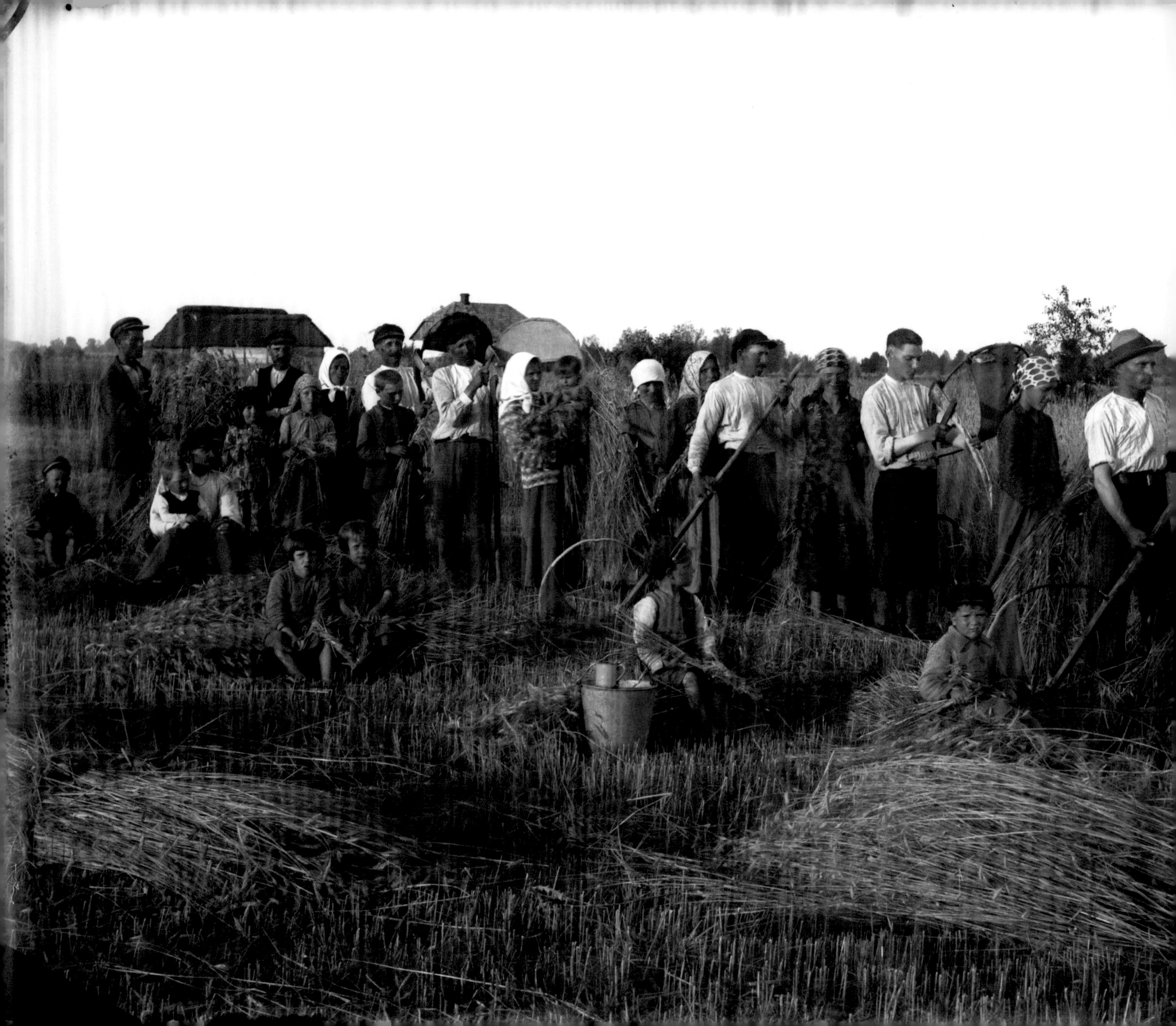

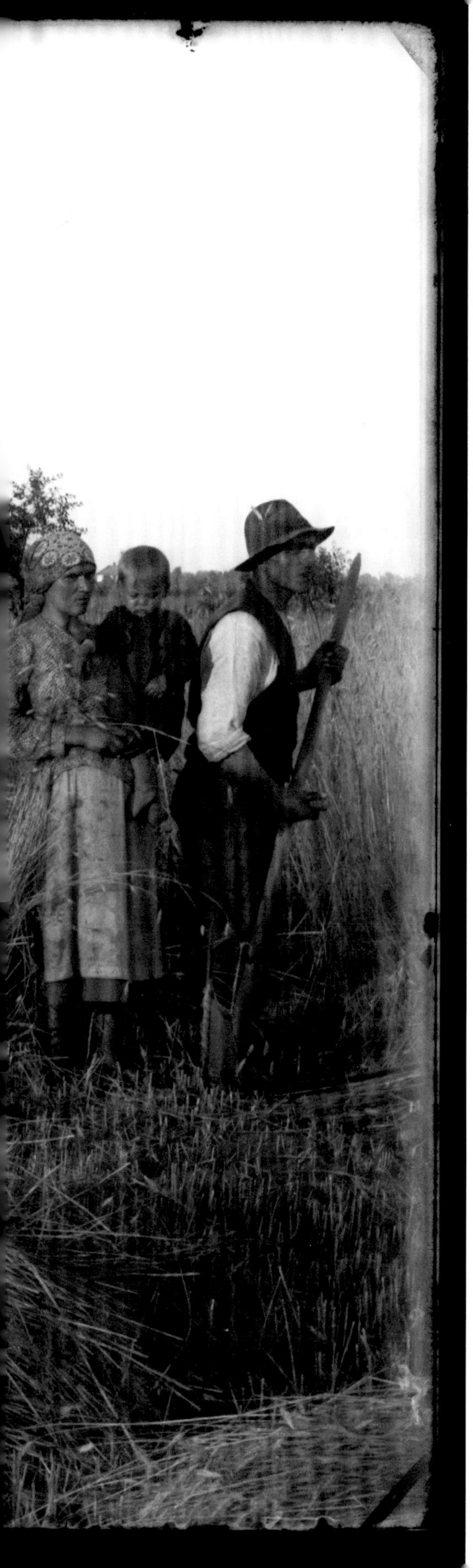

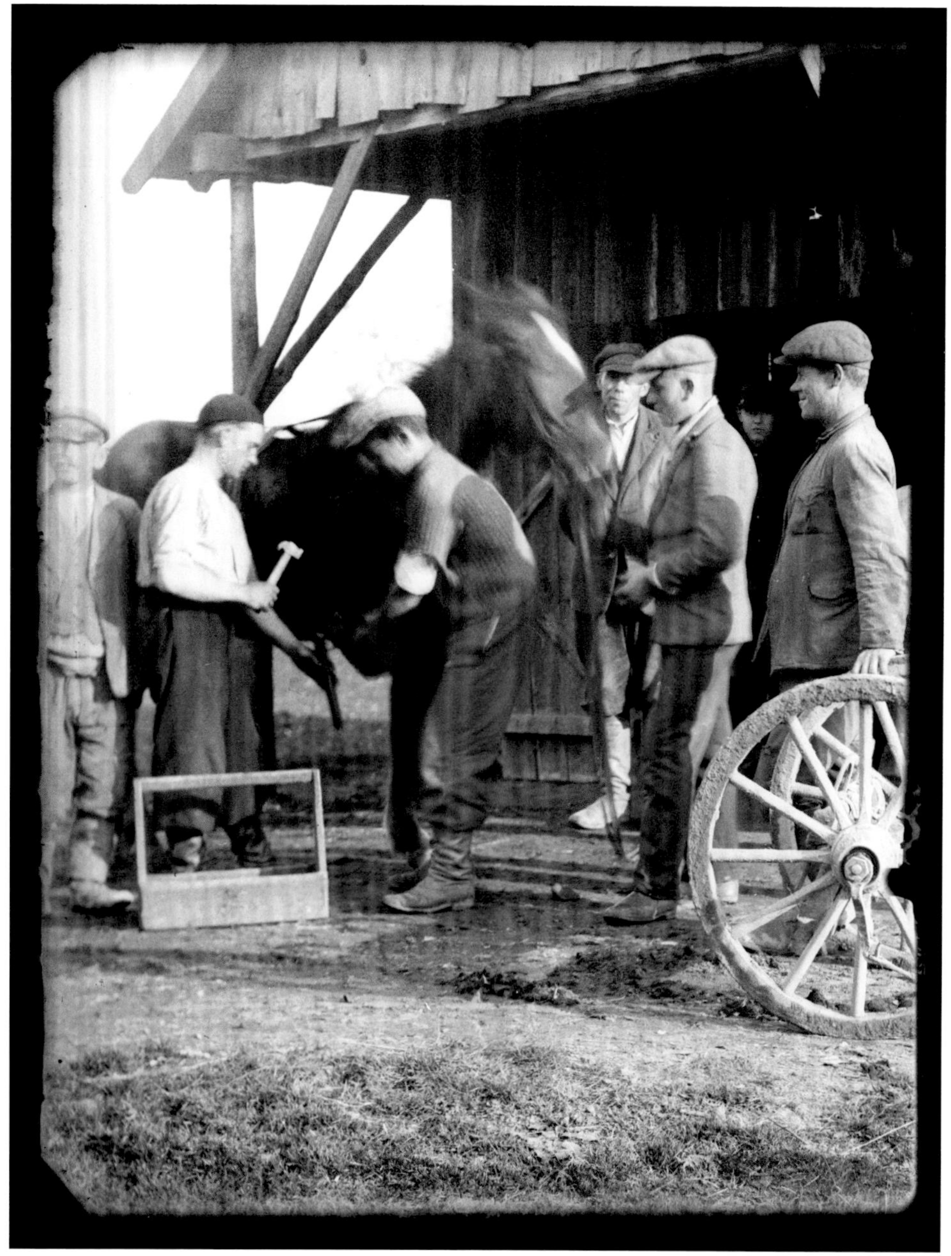

A group of men shoeing a horse. Blacksmithing was a common Jewish occupation.

Haymaking in an unknown village near Lublin.

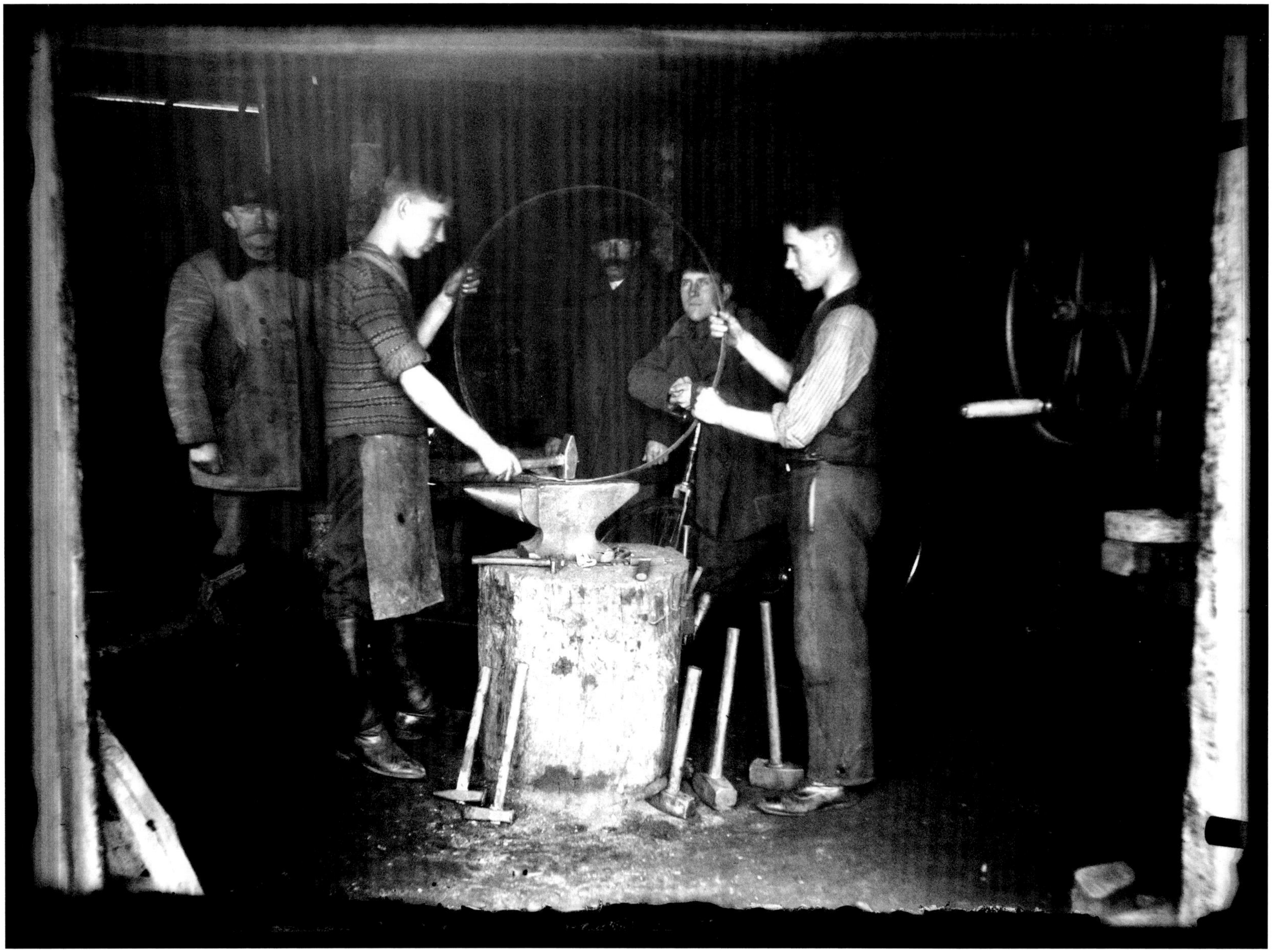

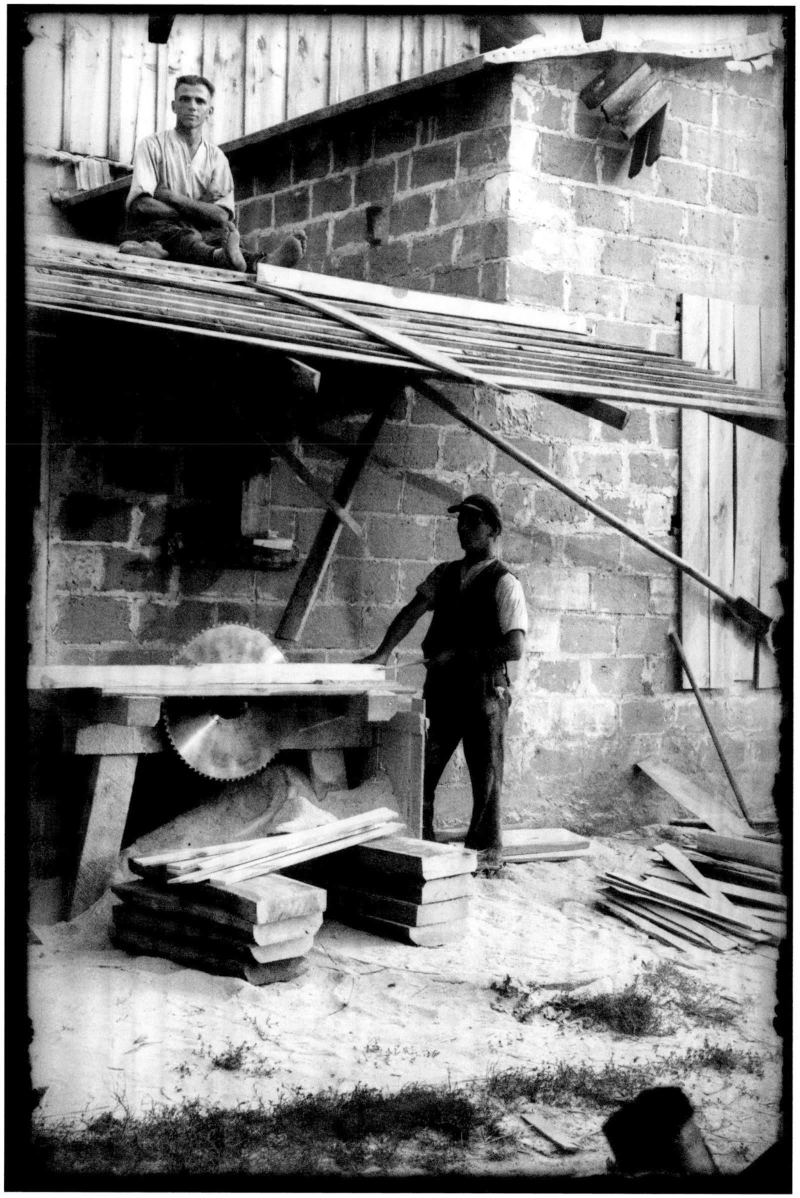

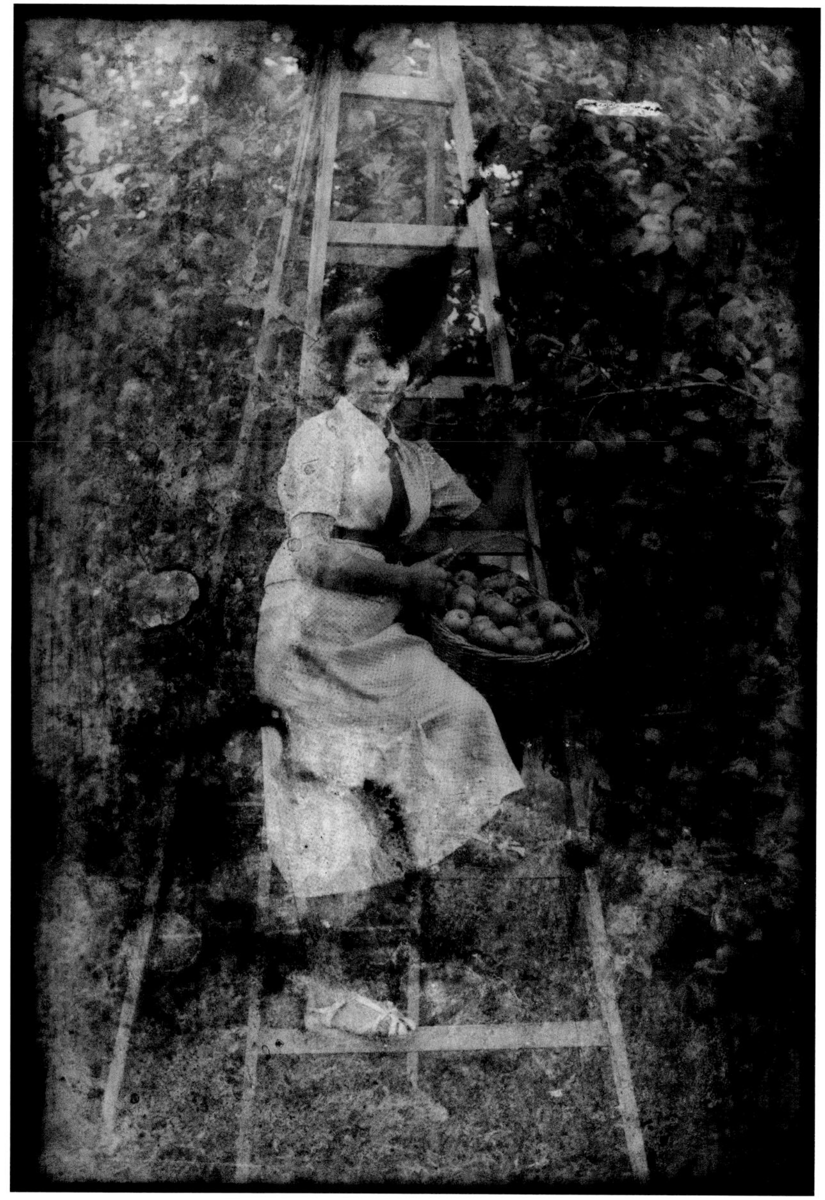

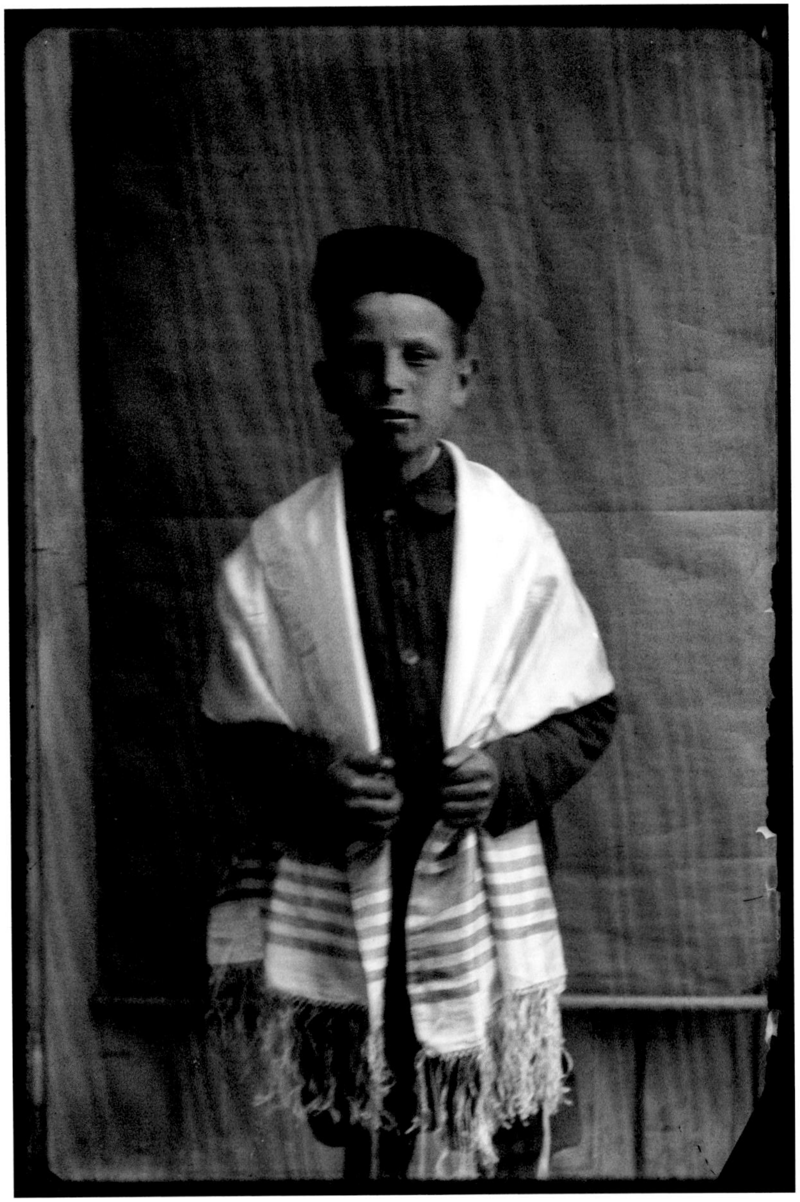

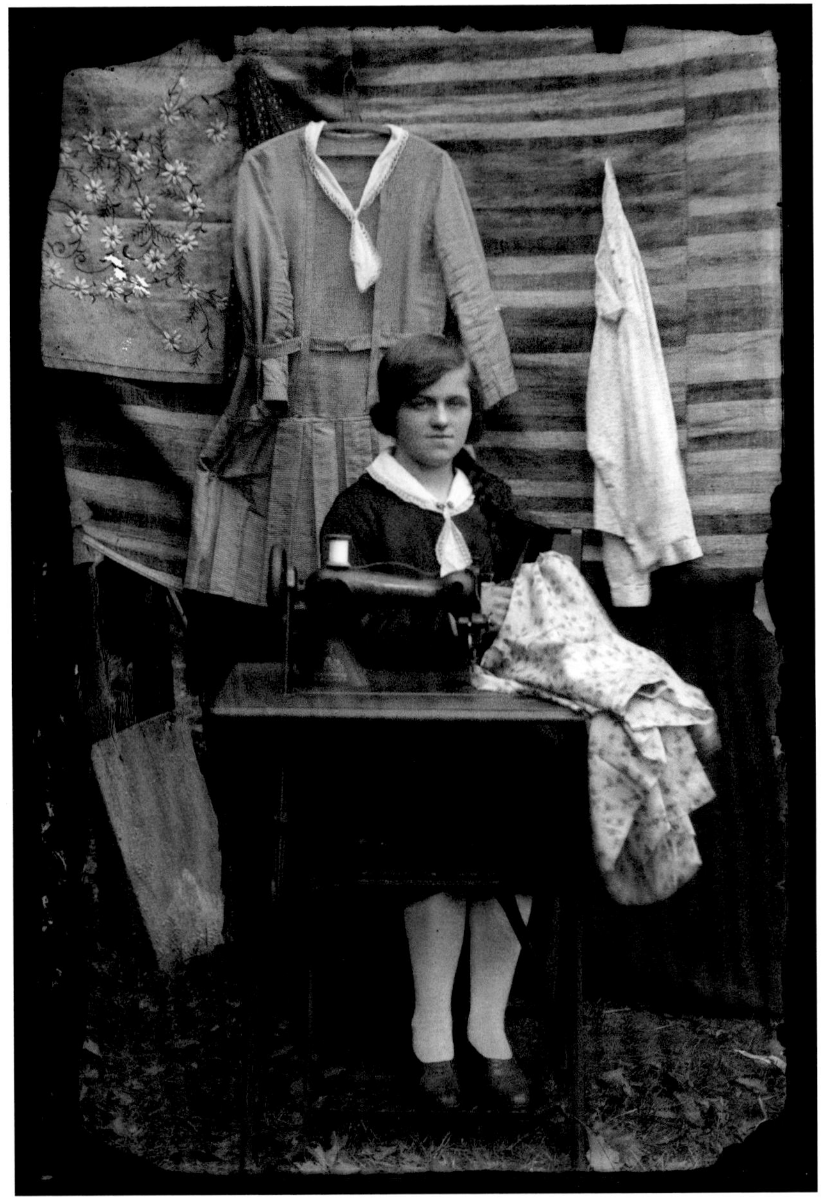

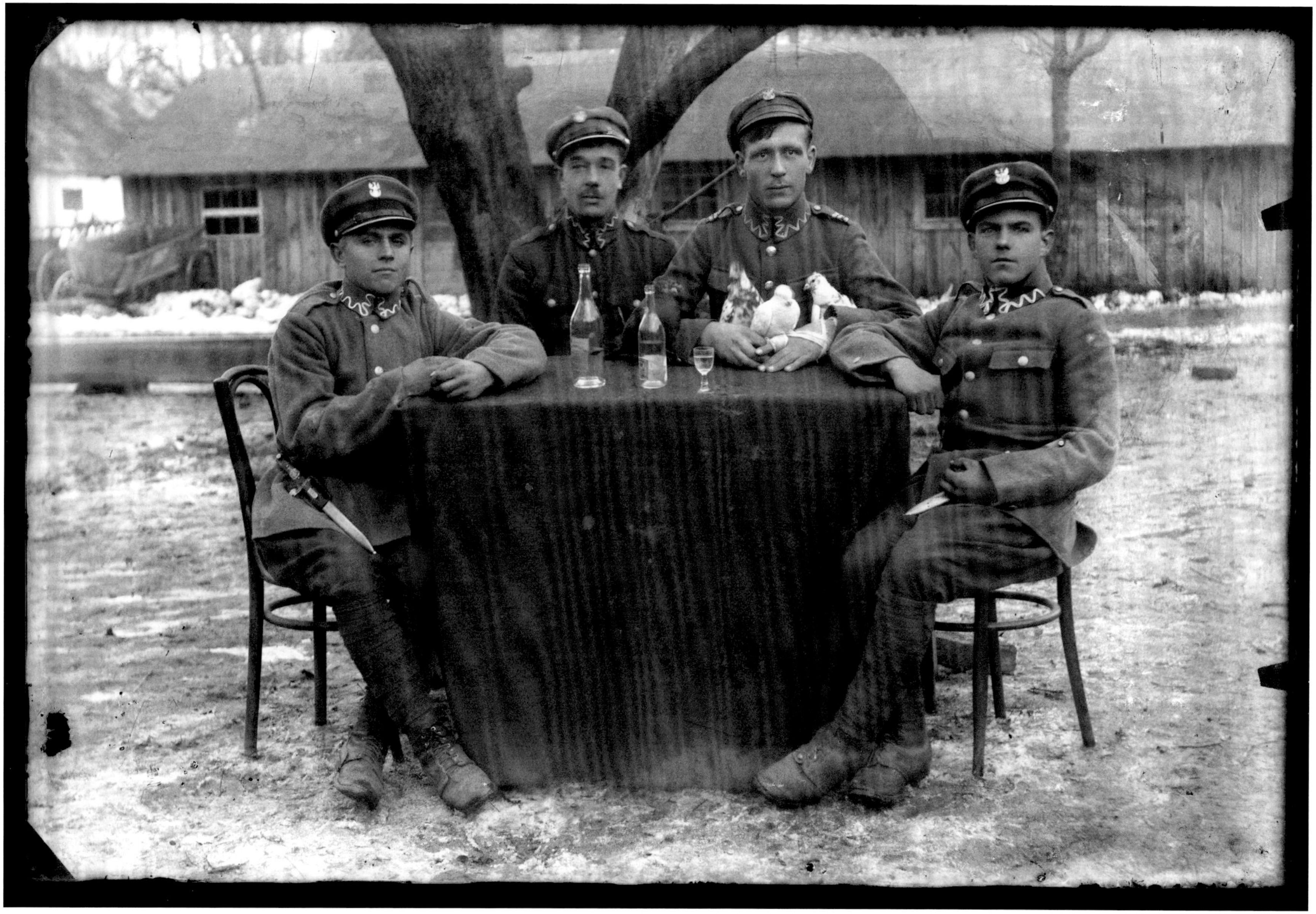

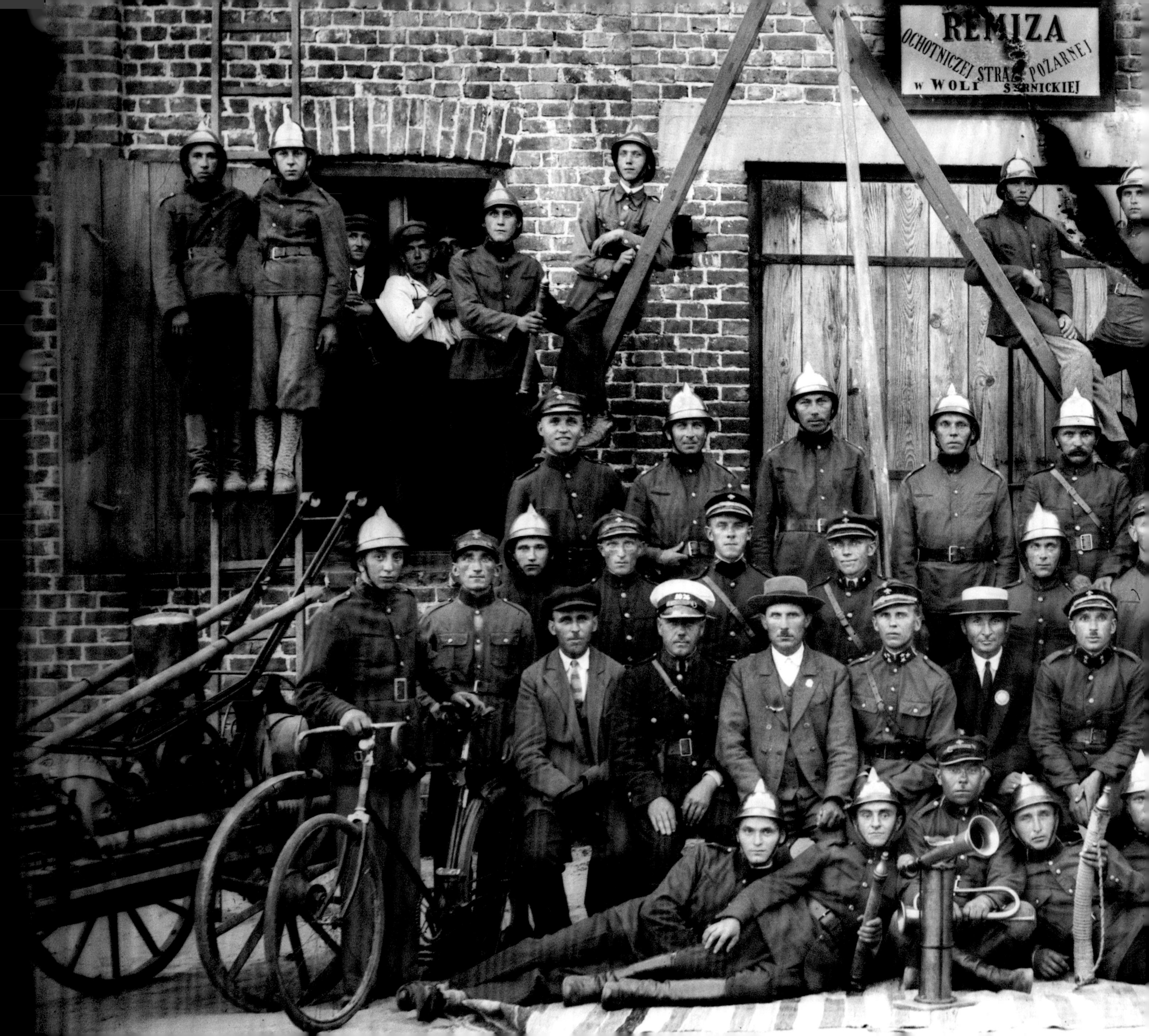
REMIZA
OCHOTNICZEJ POŻARNEJ
W WOLI

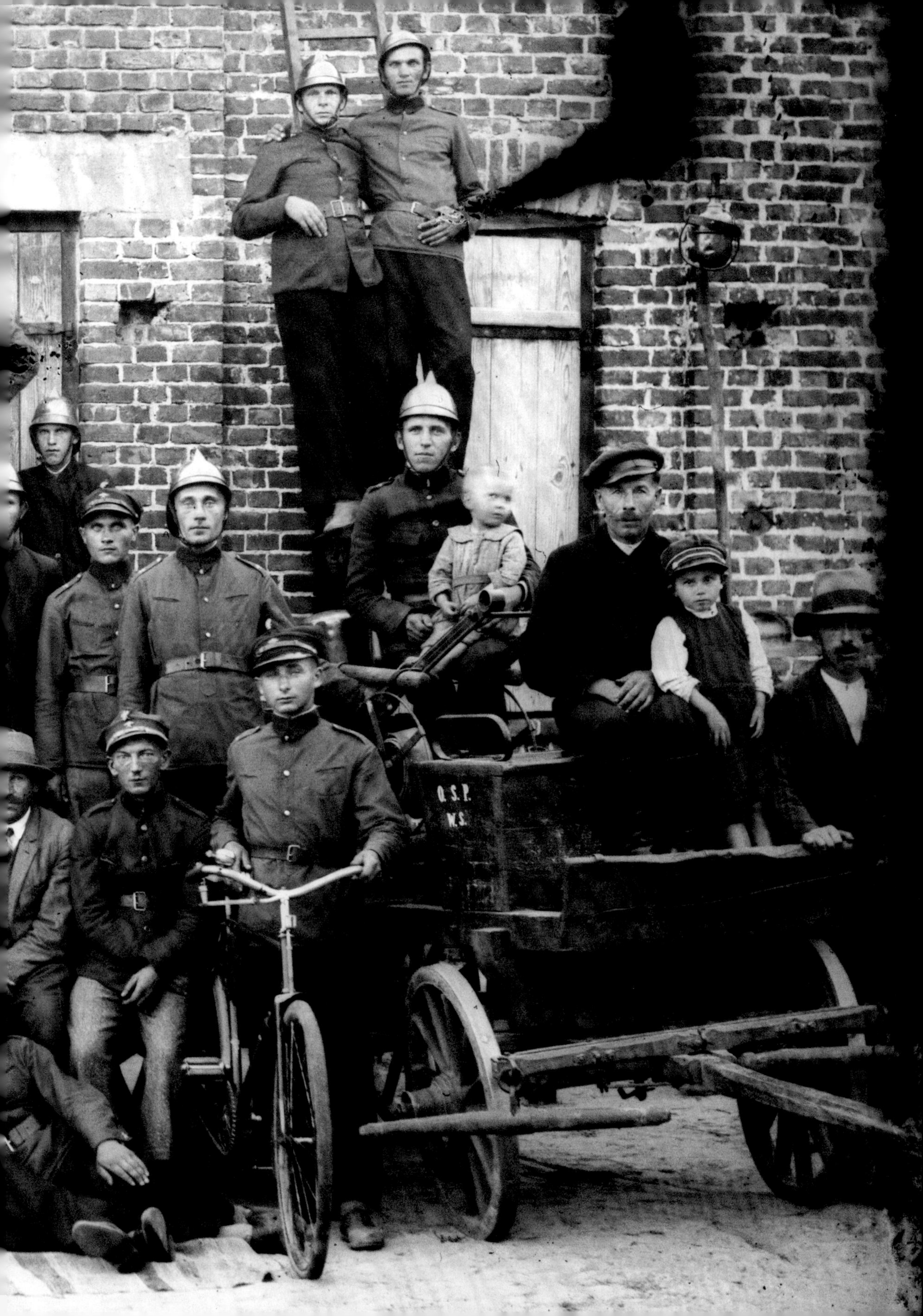

Volunteer firefighters in the village of
Wola Sernicka near the town of Lubartów.

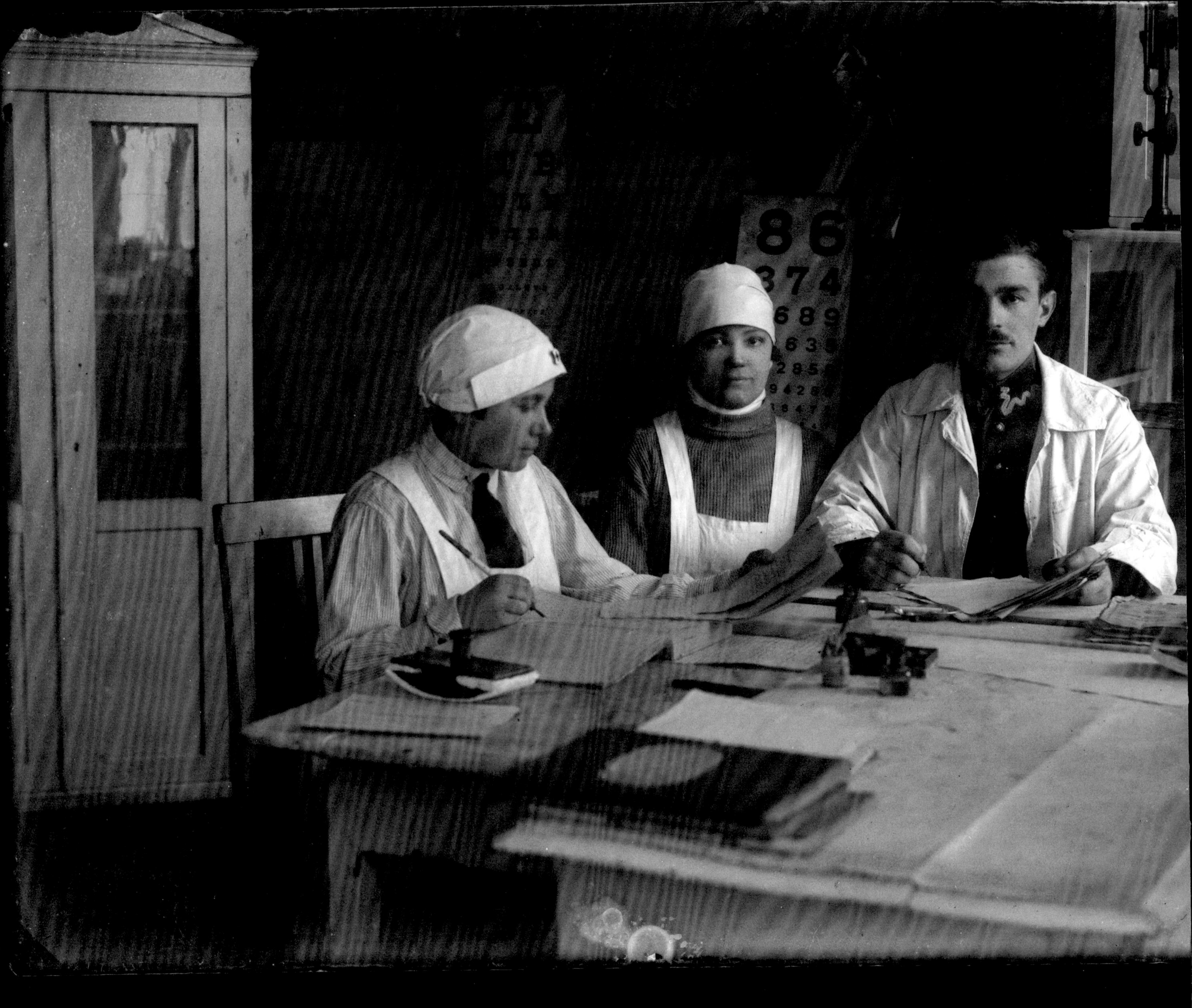
86
374

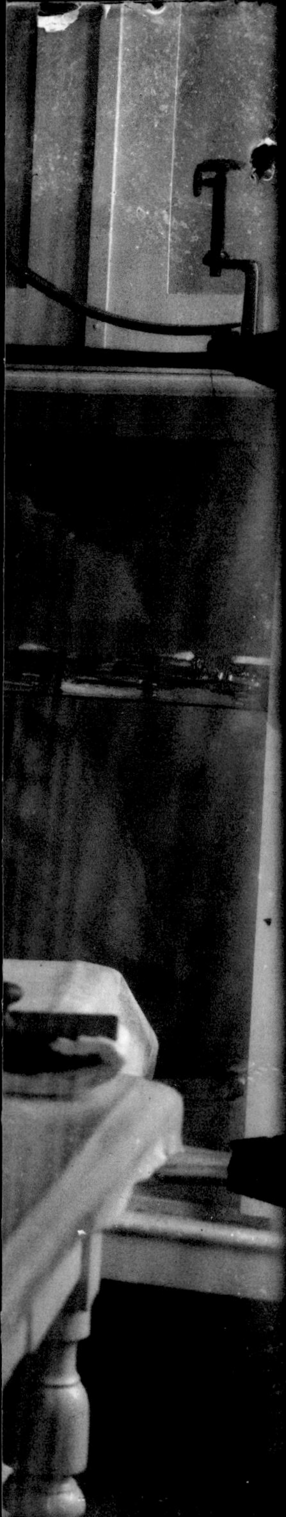

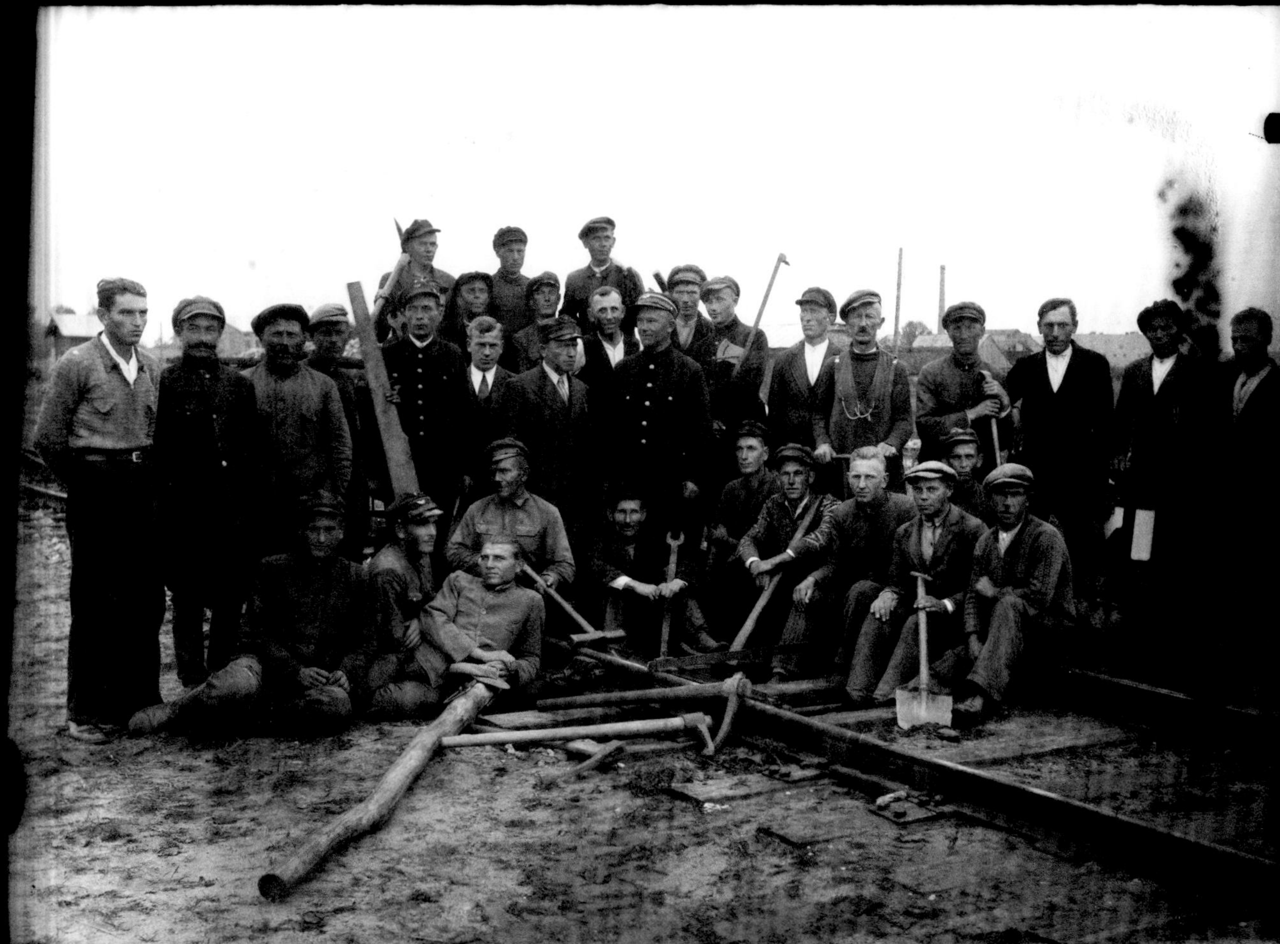

Workers constructing a railroad.

Staff of a hospital in Chełm, the town famous in Yiddish folktales for its fools.

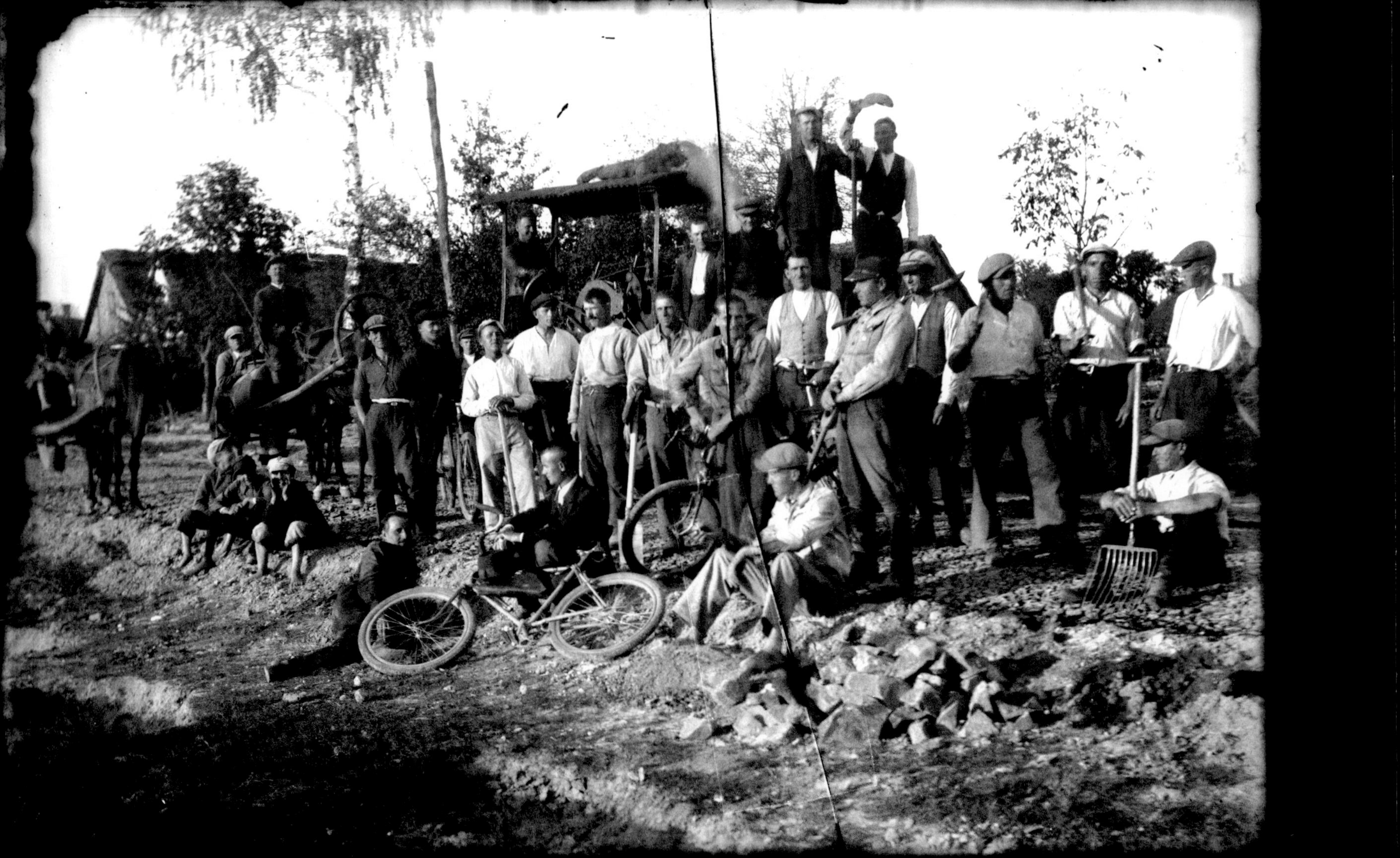

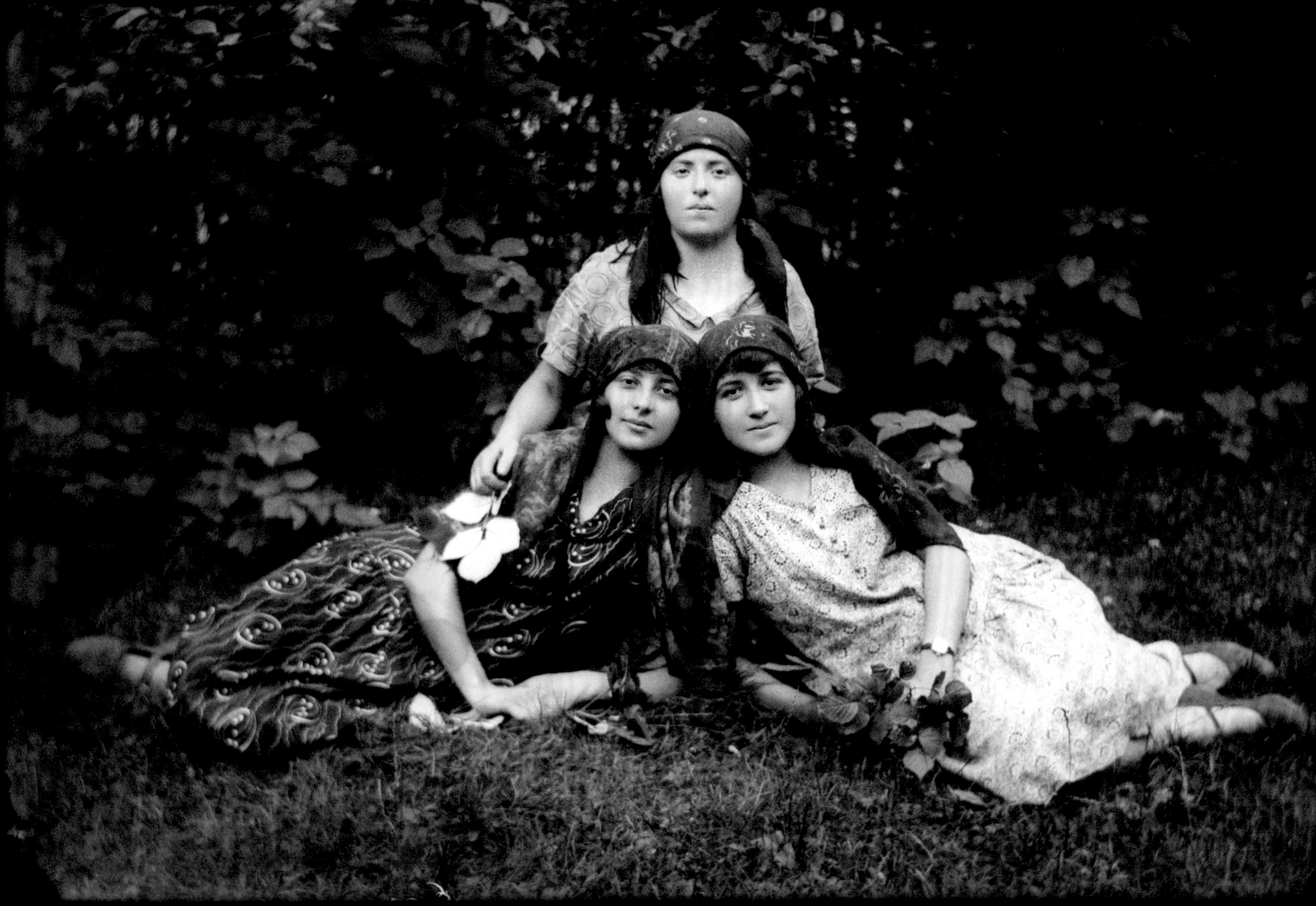

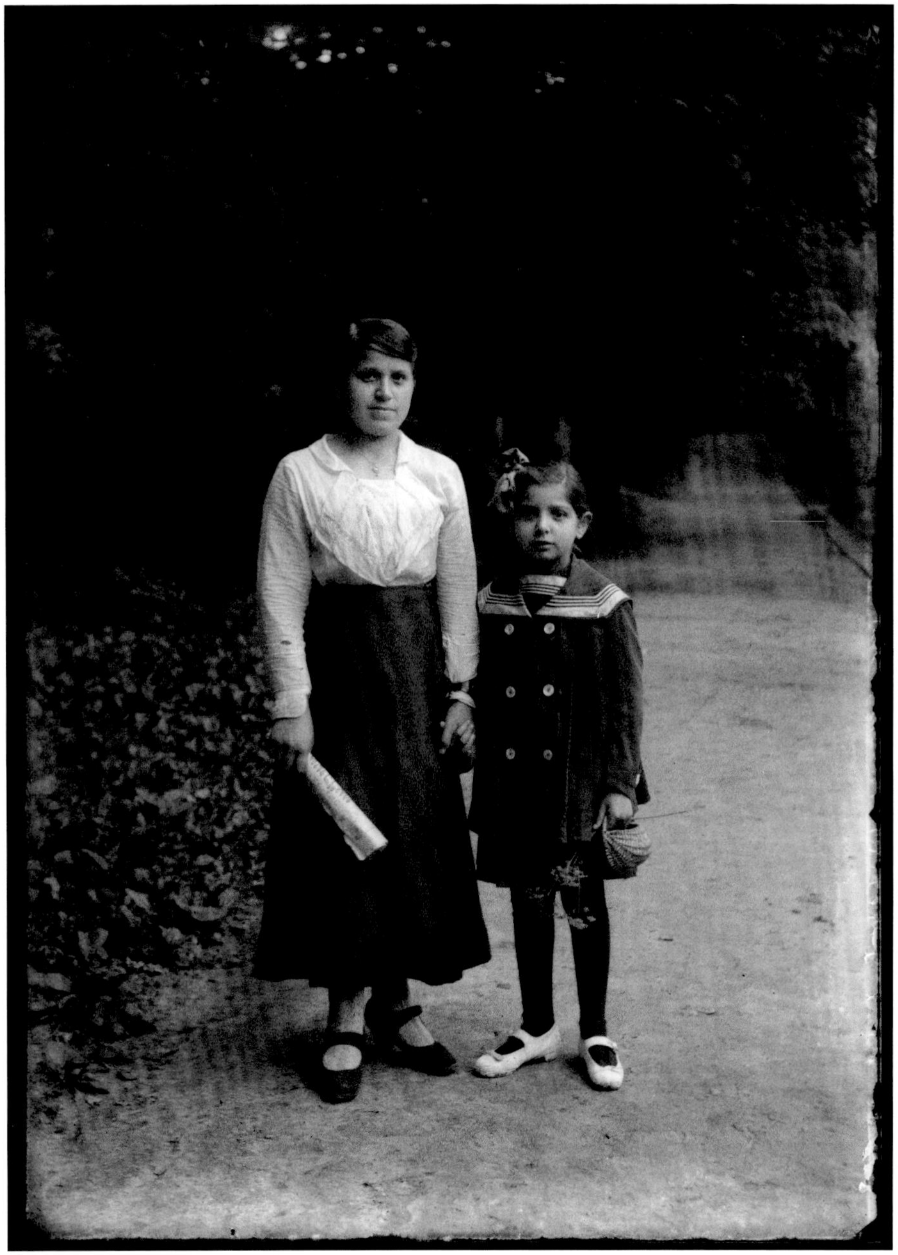

Visitors in Saxon Garden. The older is holding *Lubliner togblat*, an important Yiddish daily newspaper, published from 1918 to 1939. The photo was probably taken before 1928, when the newspaper changed its design.

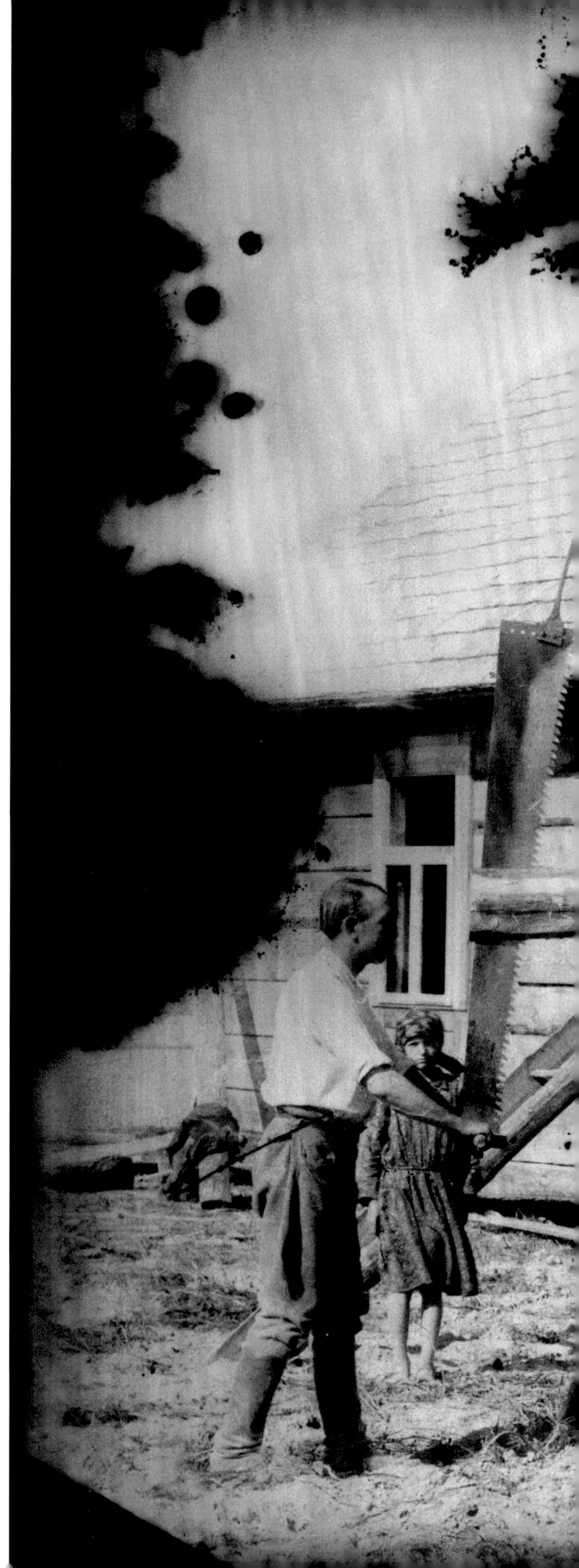

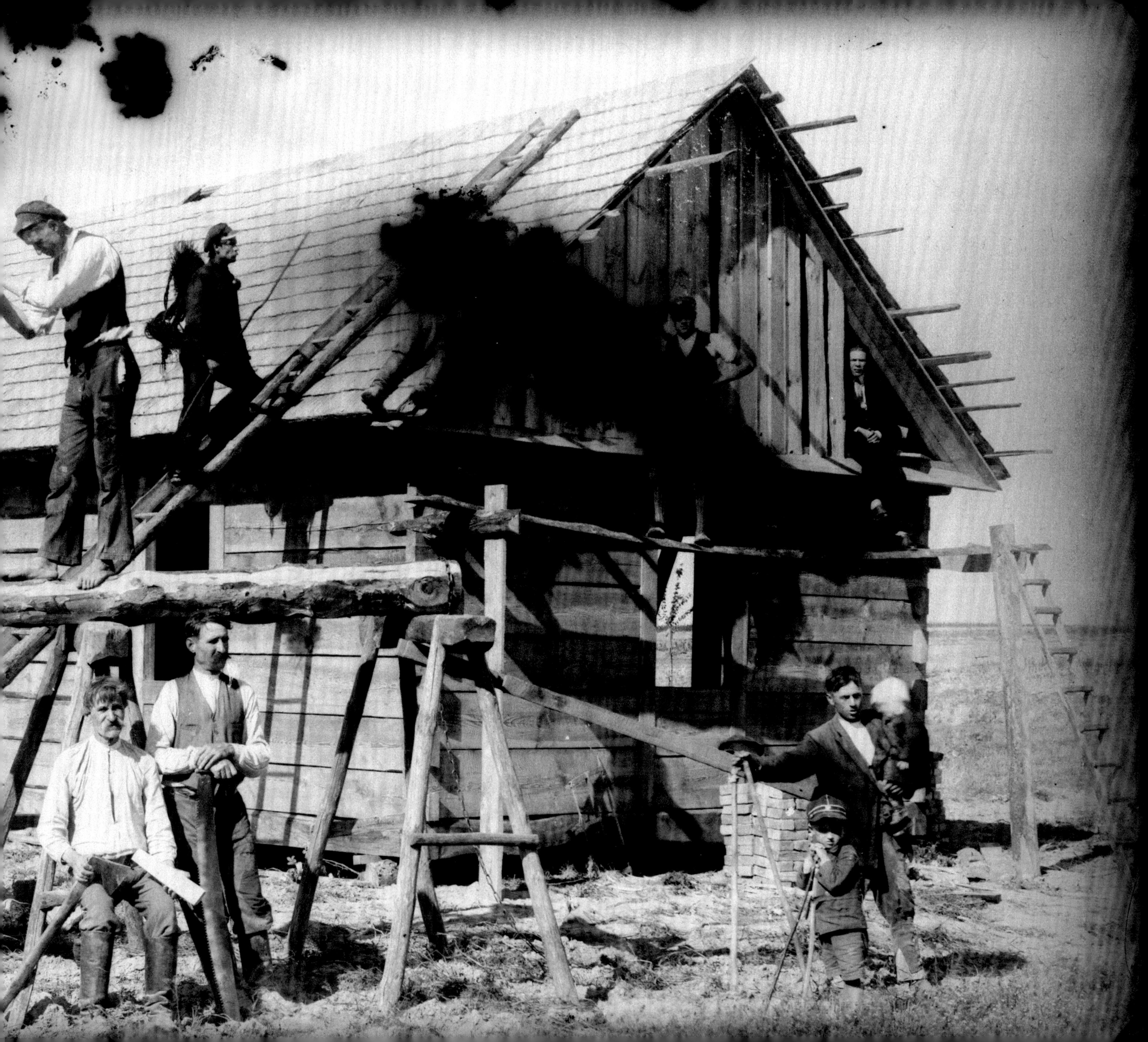

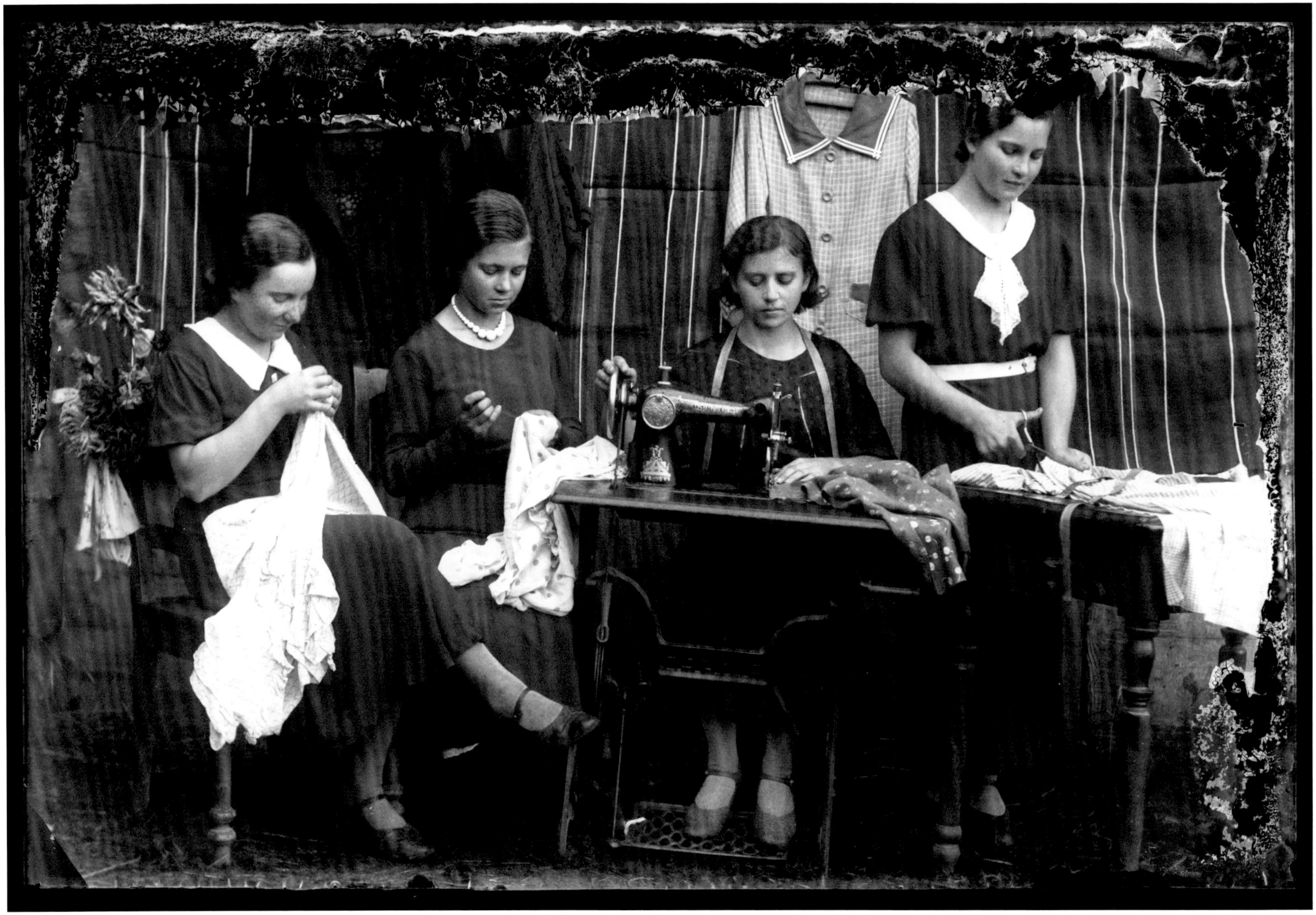

Seamstresses at work.

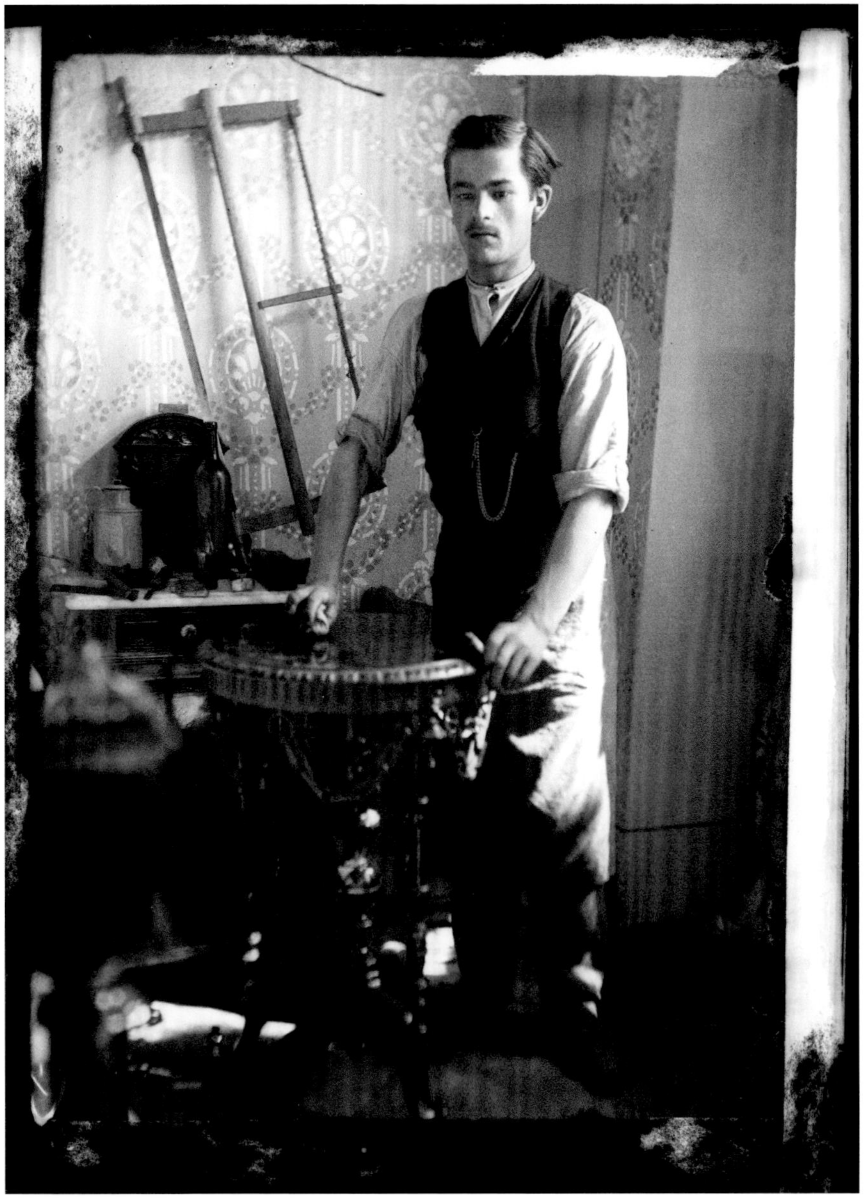

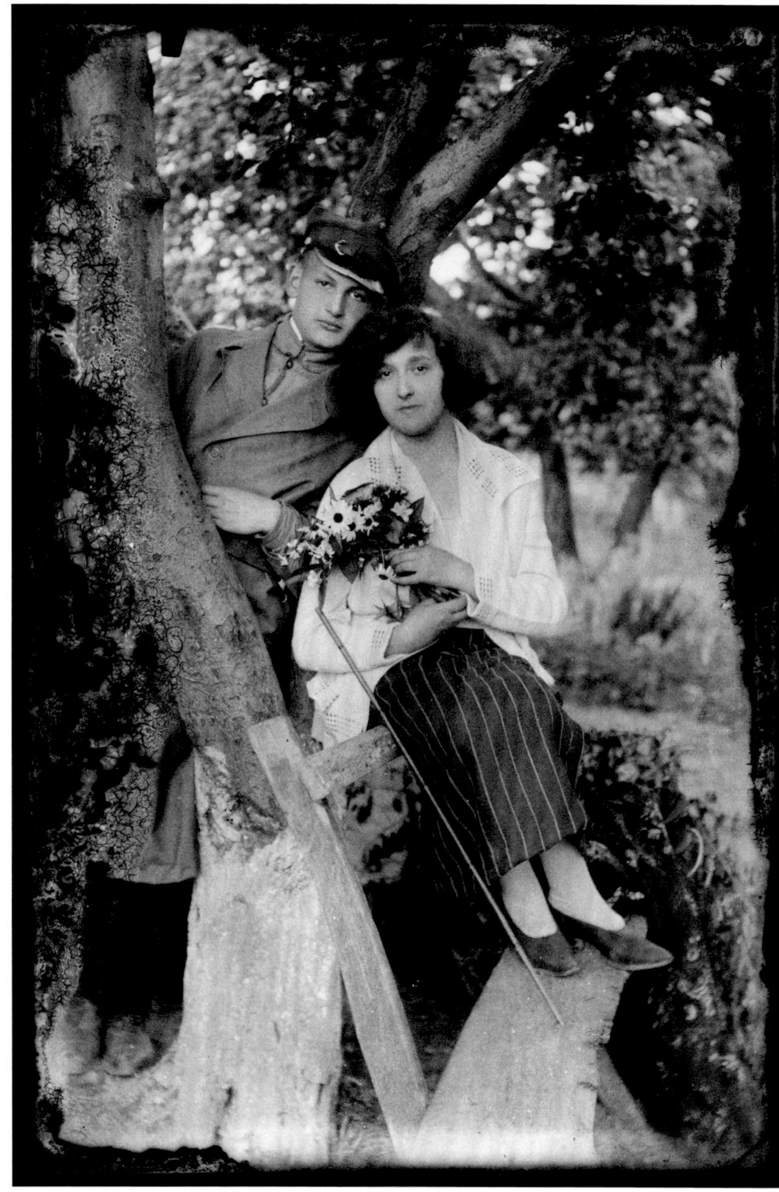

A carpenter at work.

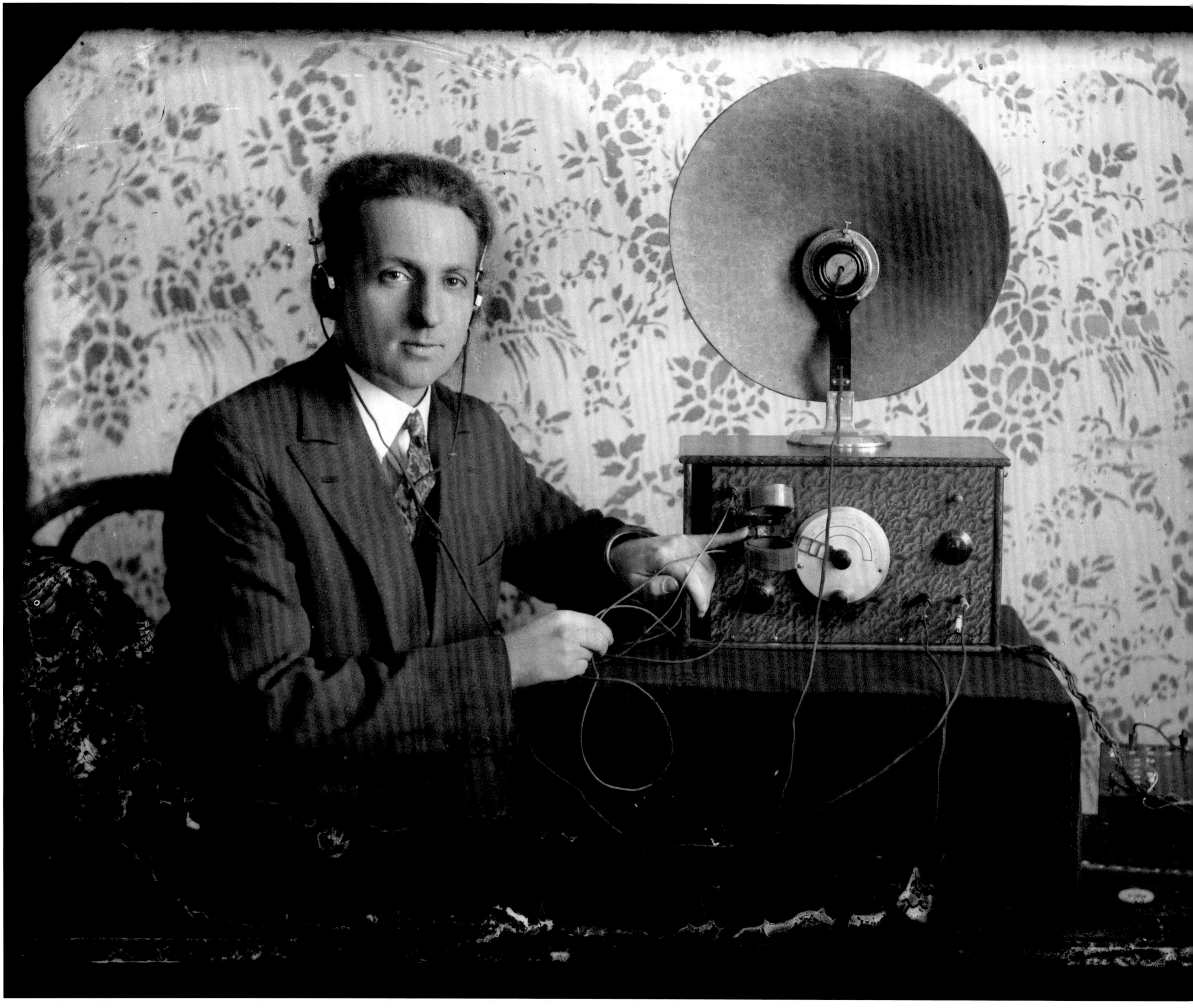

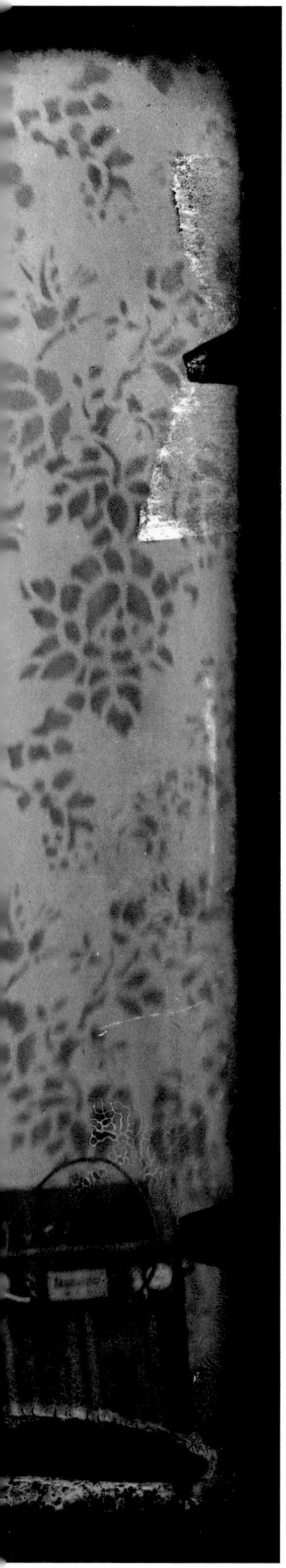

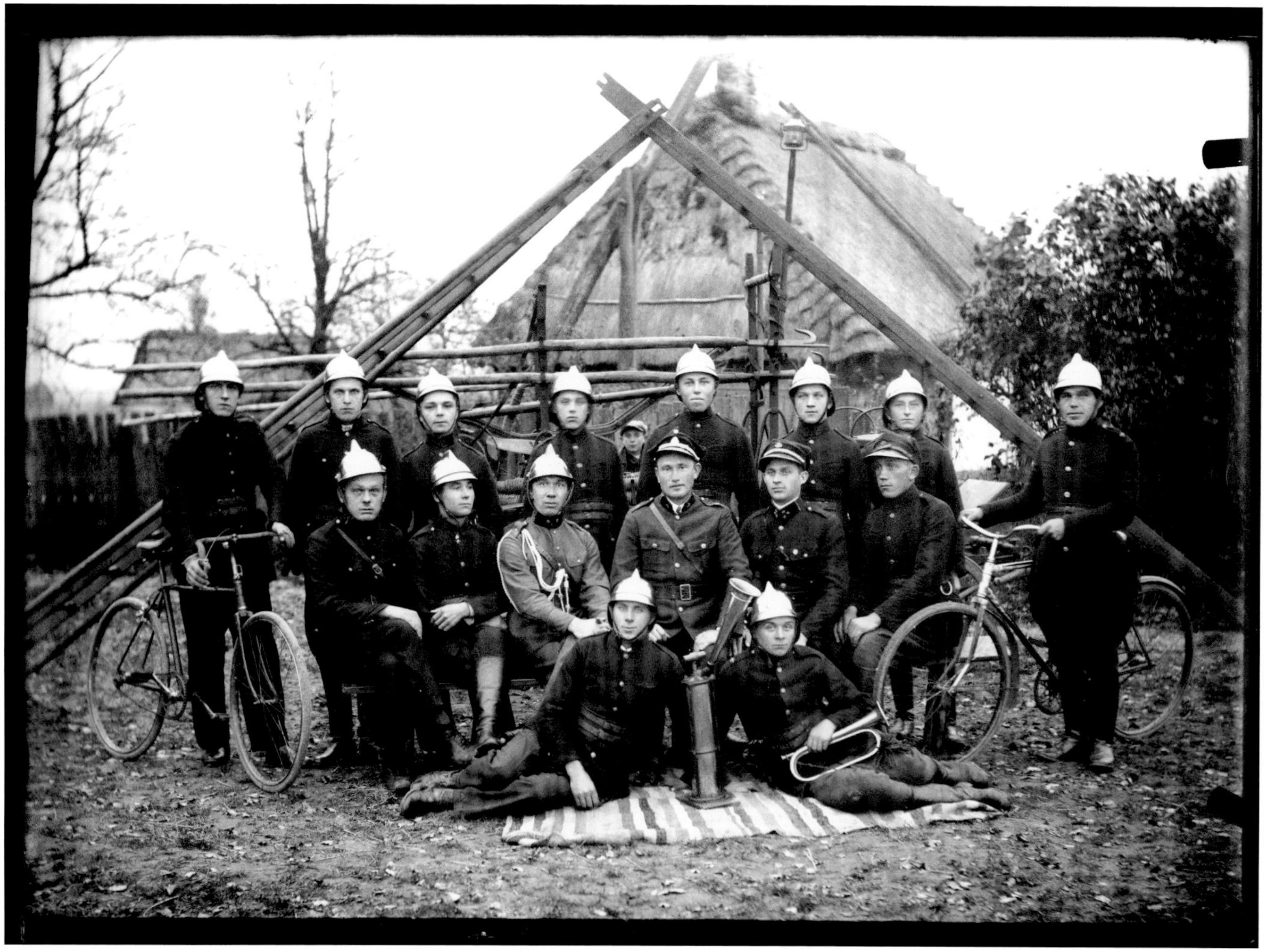

A group of firefighters.

Listening to the radio.

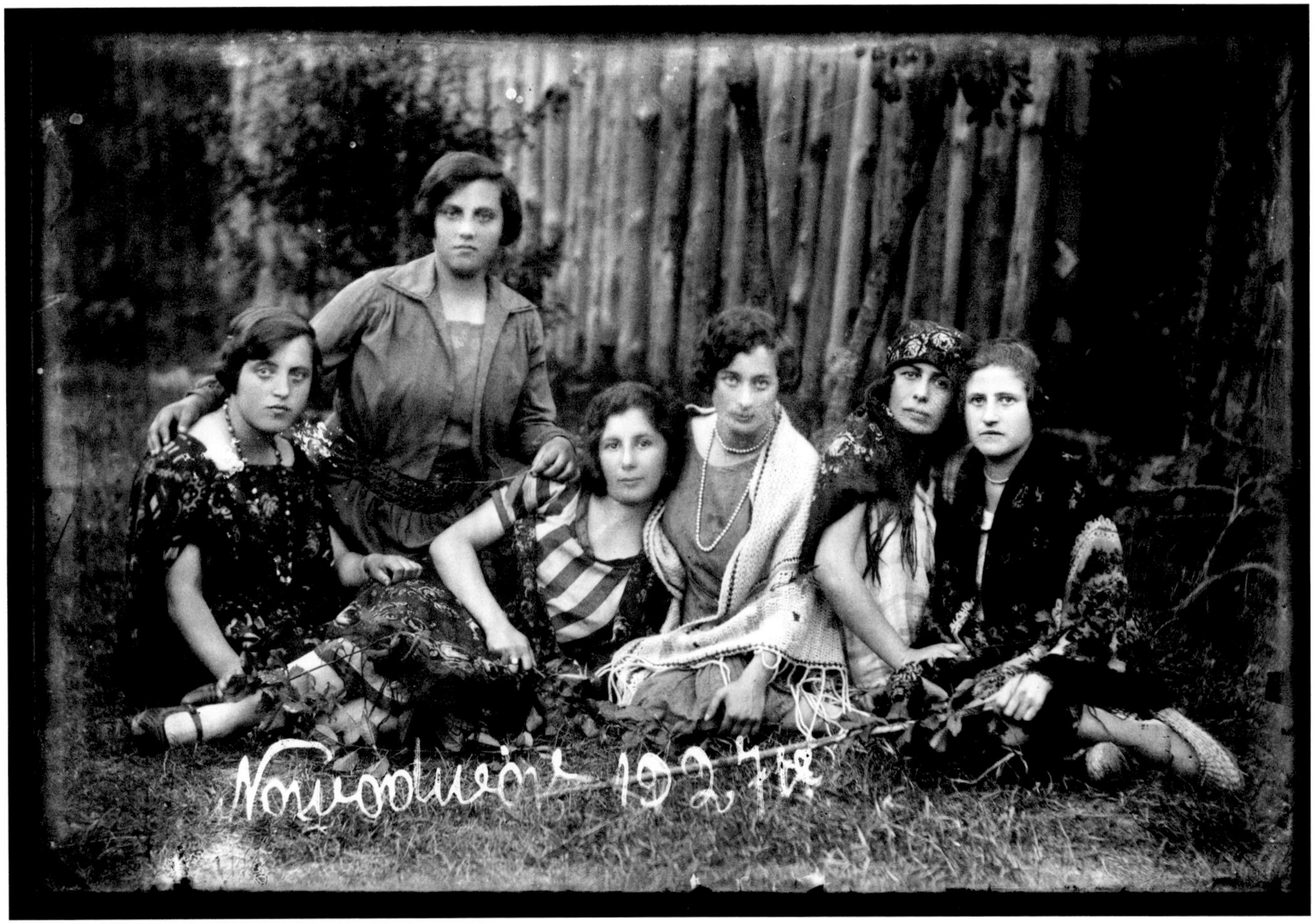

A group of friends in Nowodwór, 1927.

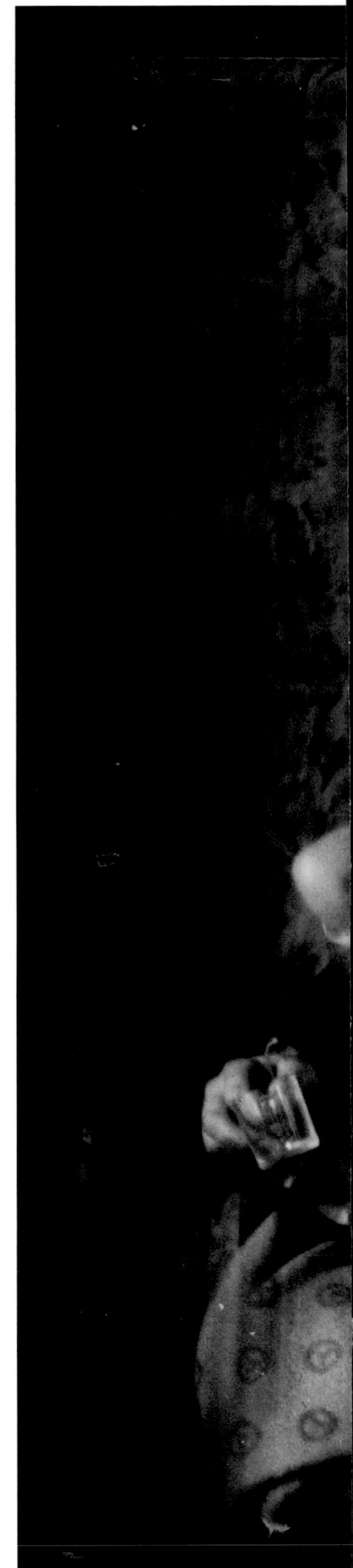

A Jewish family apartment.

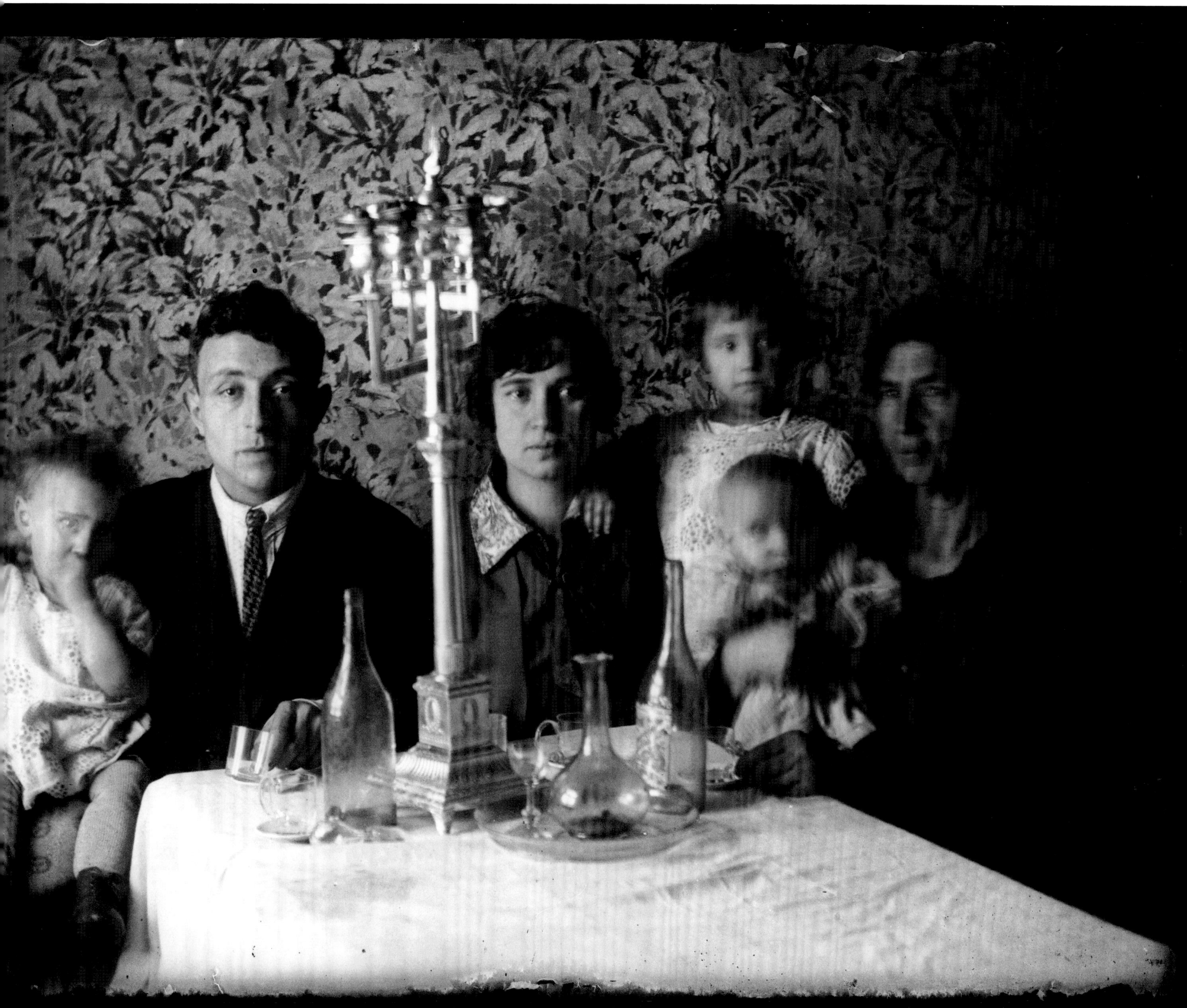

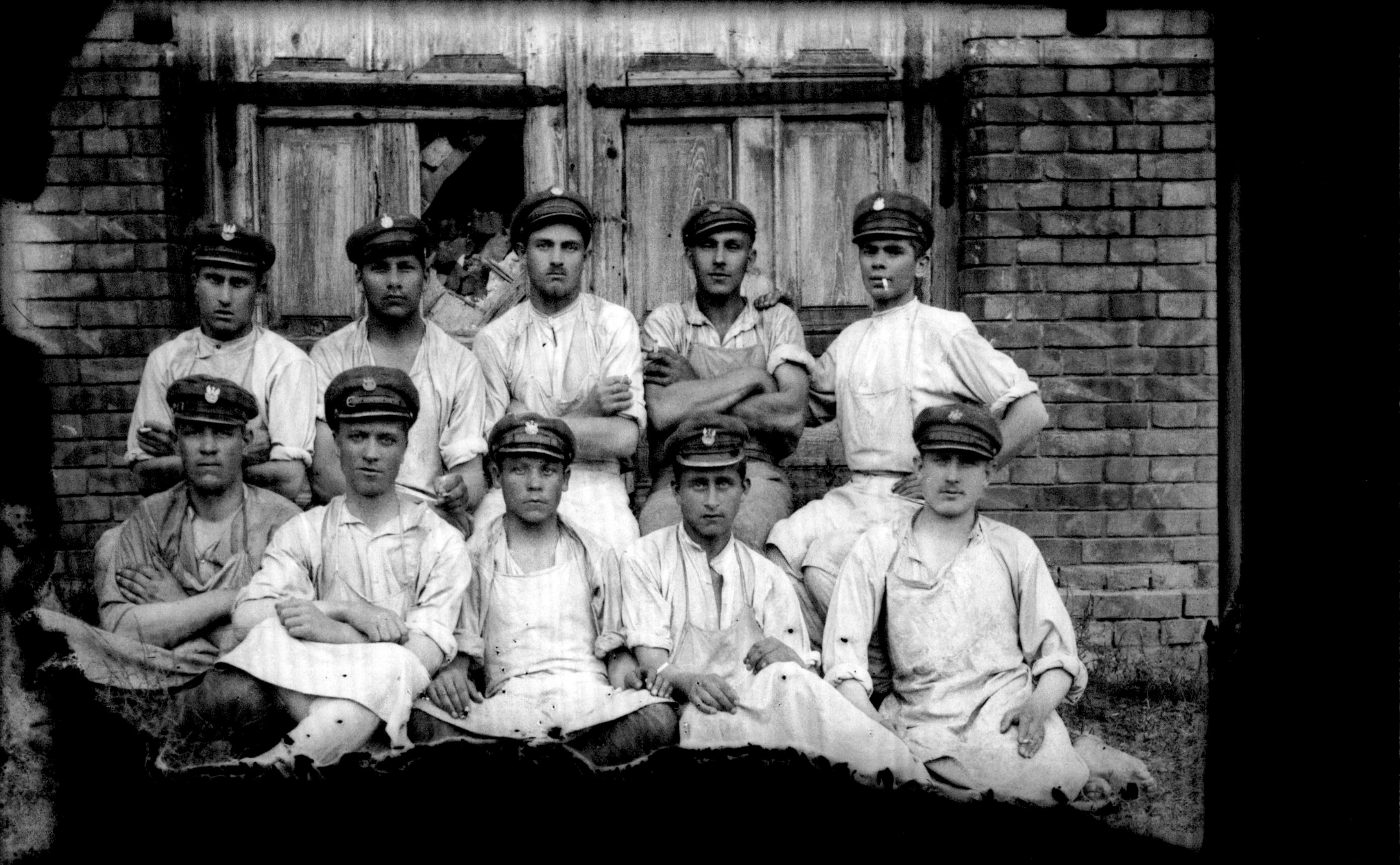

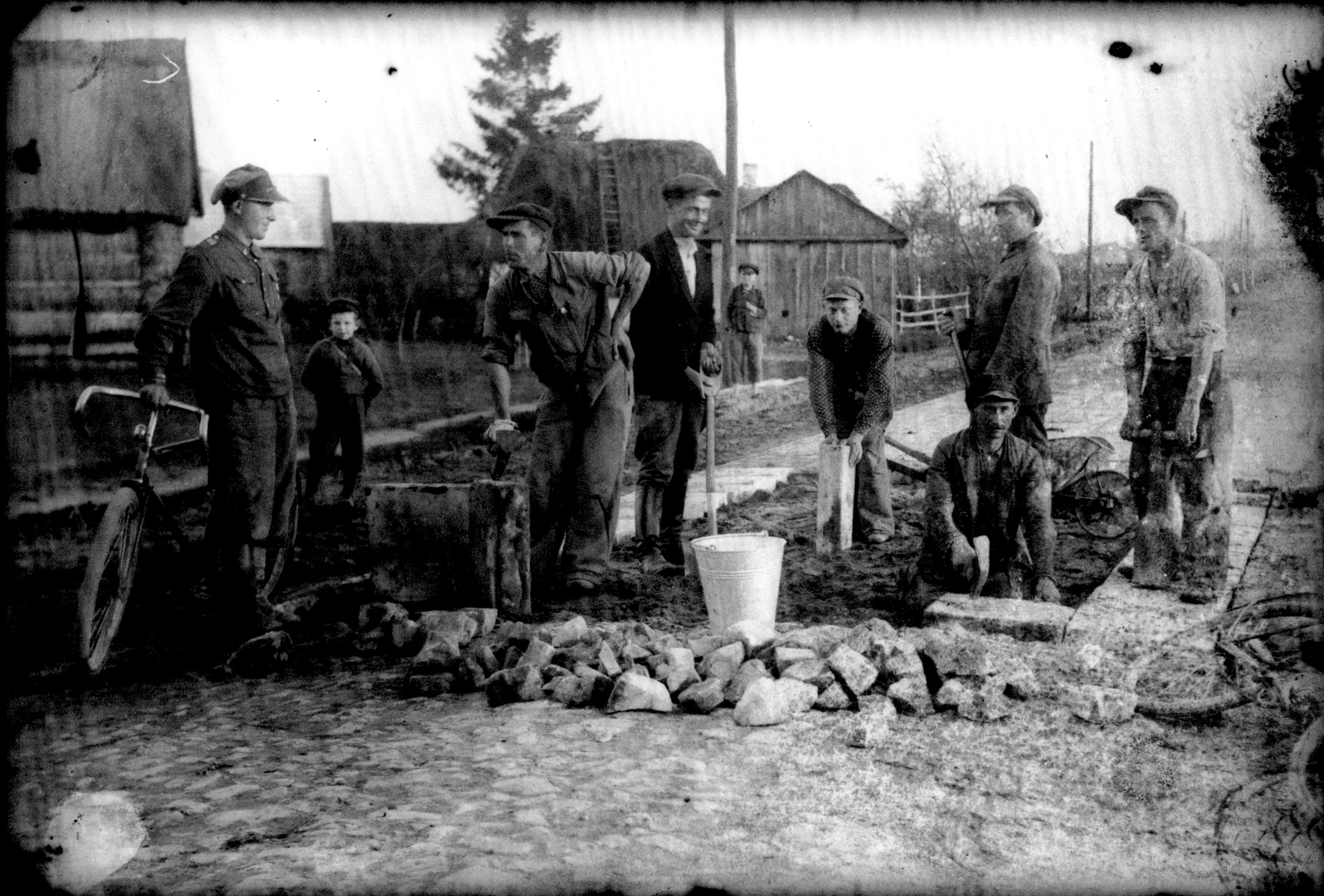

Workers paving a rural road.

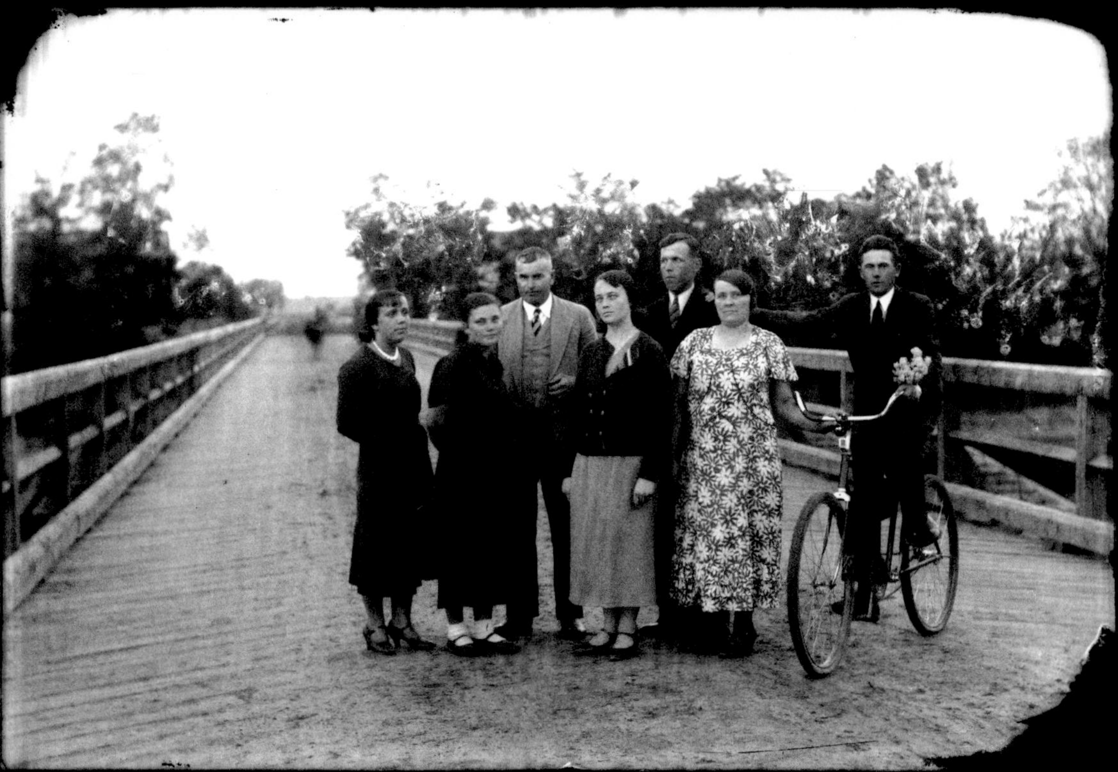

A group of friends on a wooden bridge.
Such structures can still be found in Poland.

A hospital in Chełm.

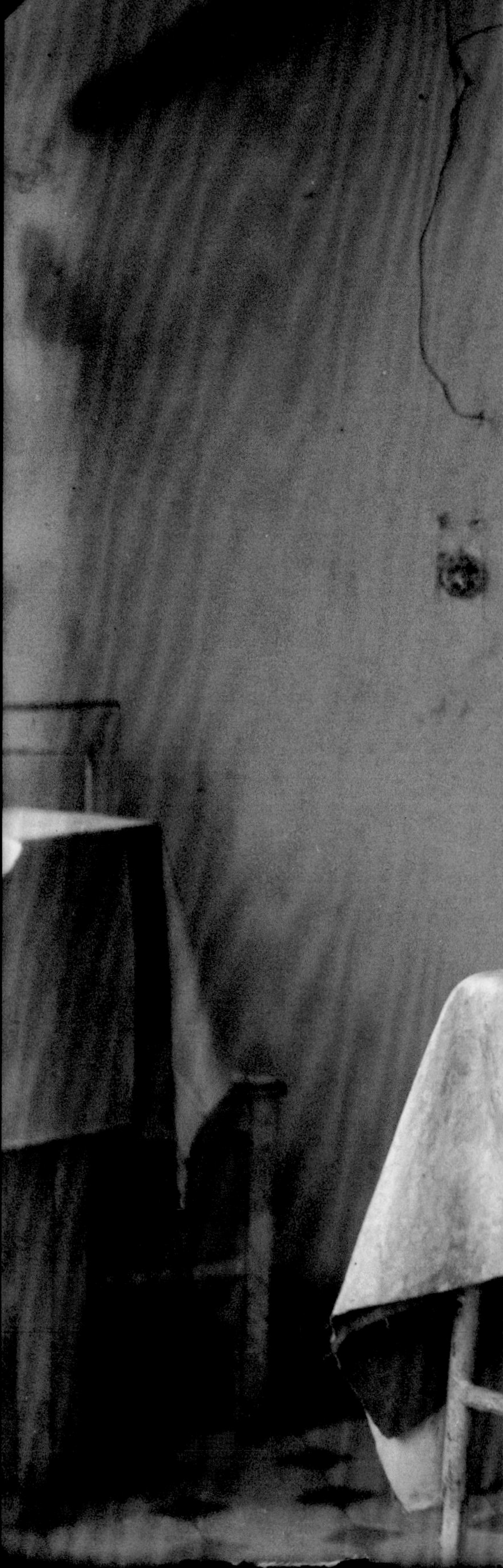

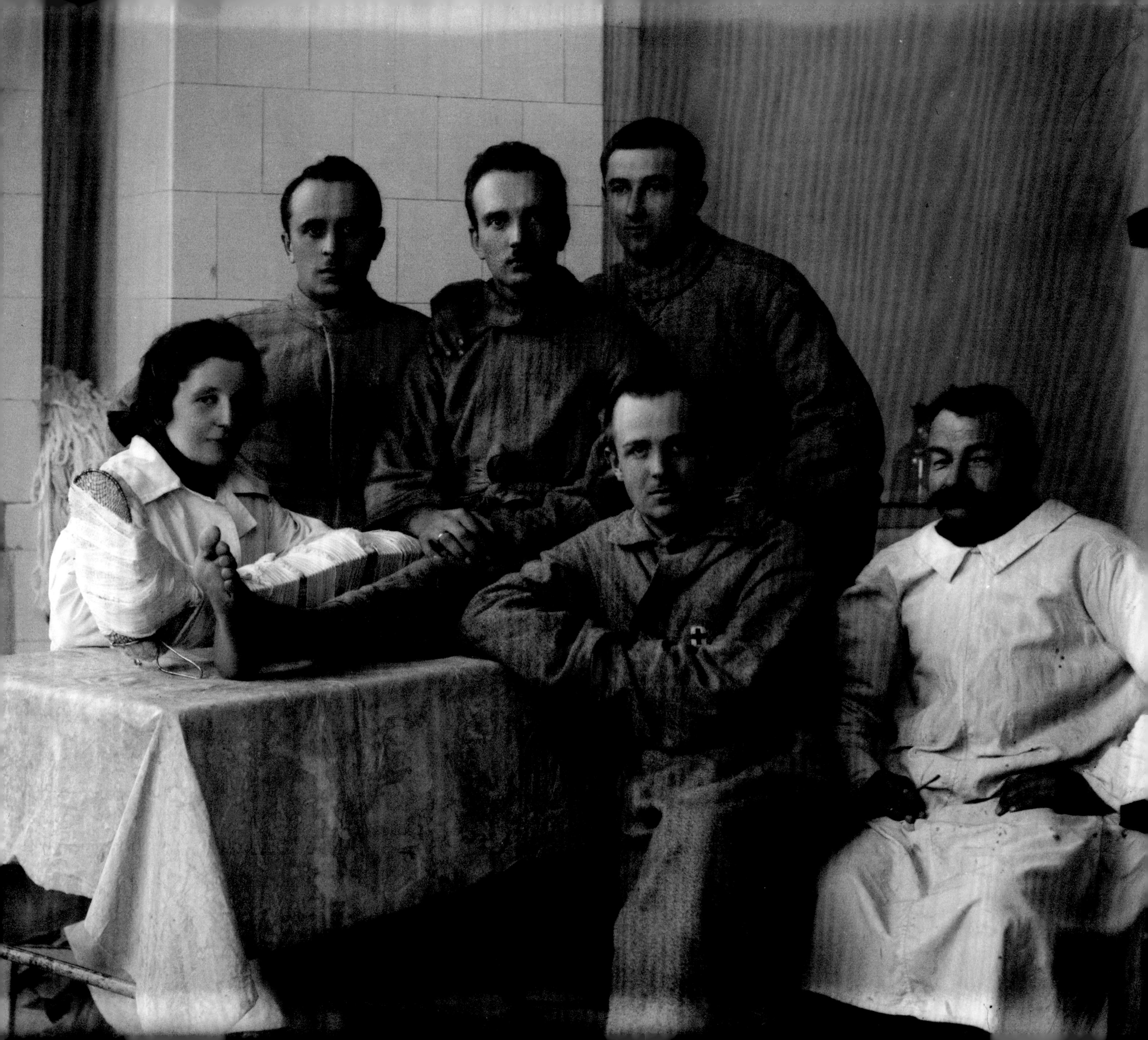

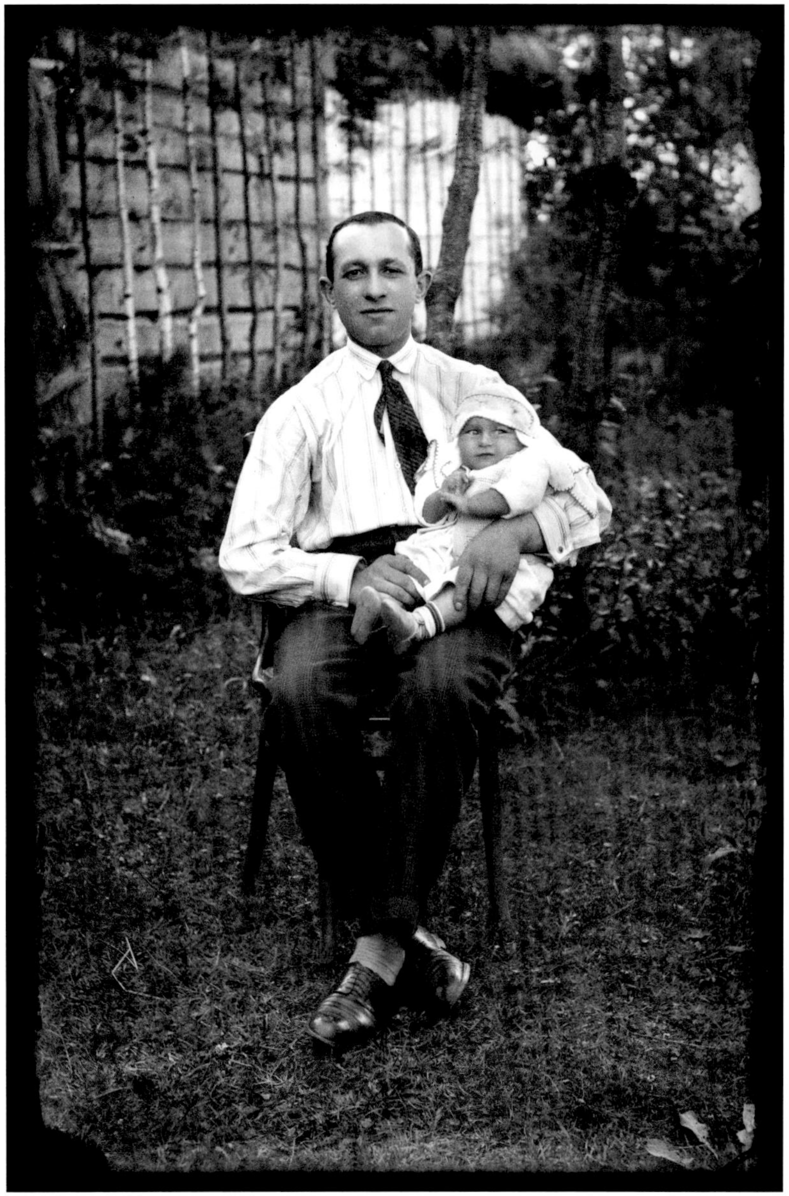

Possibly a wicker farm.

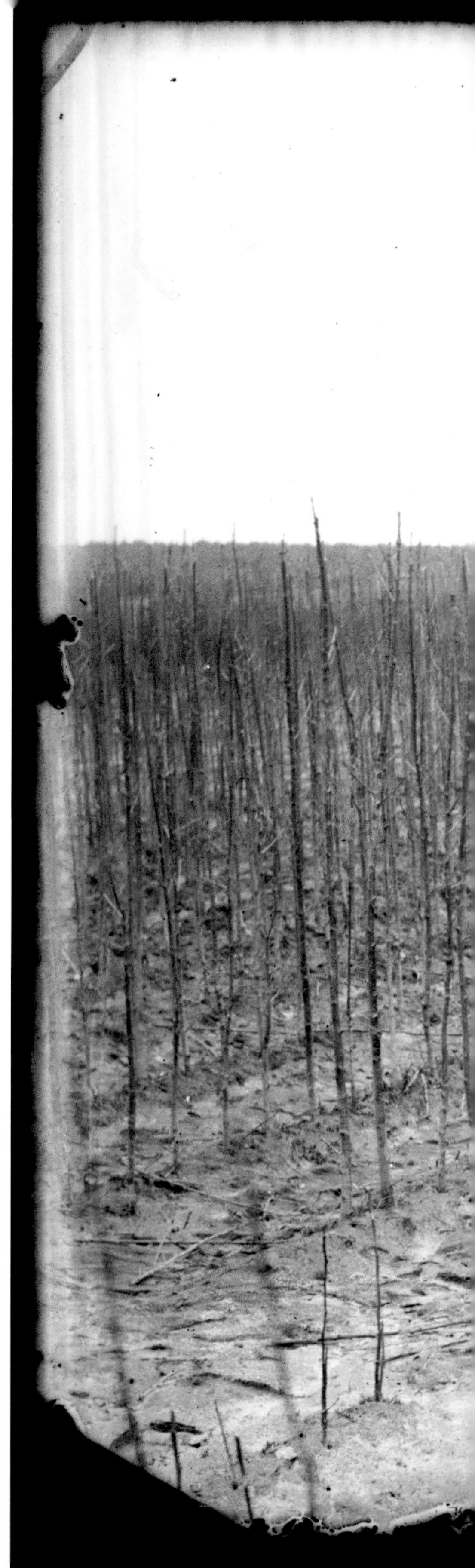

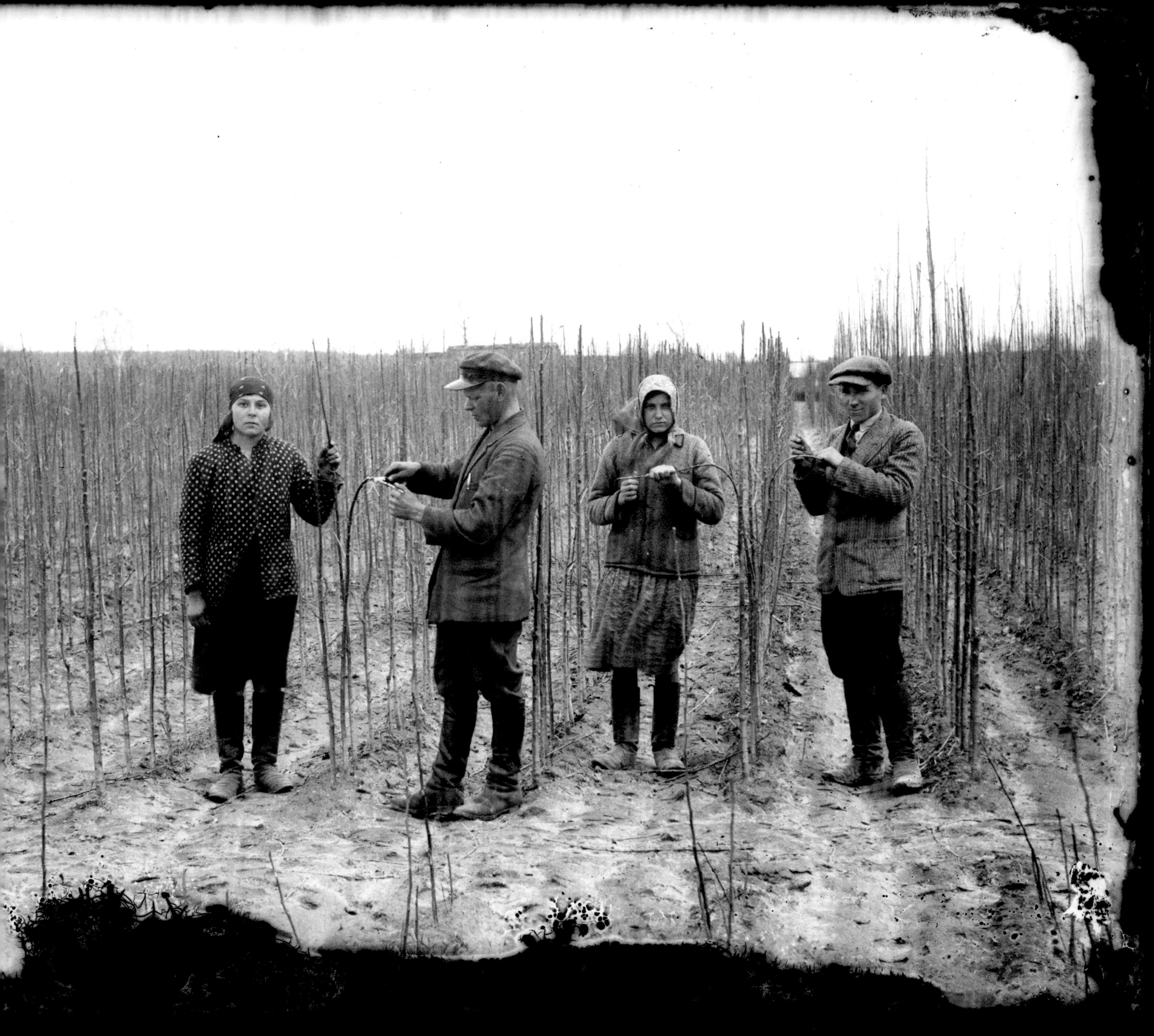

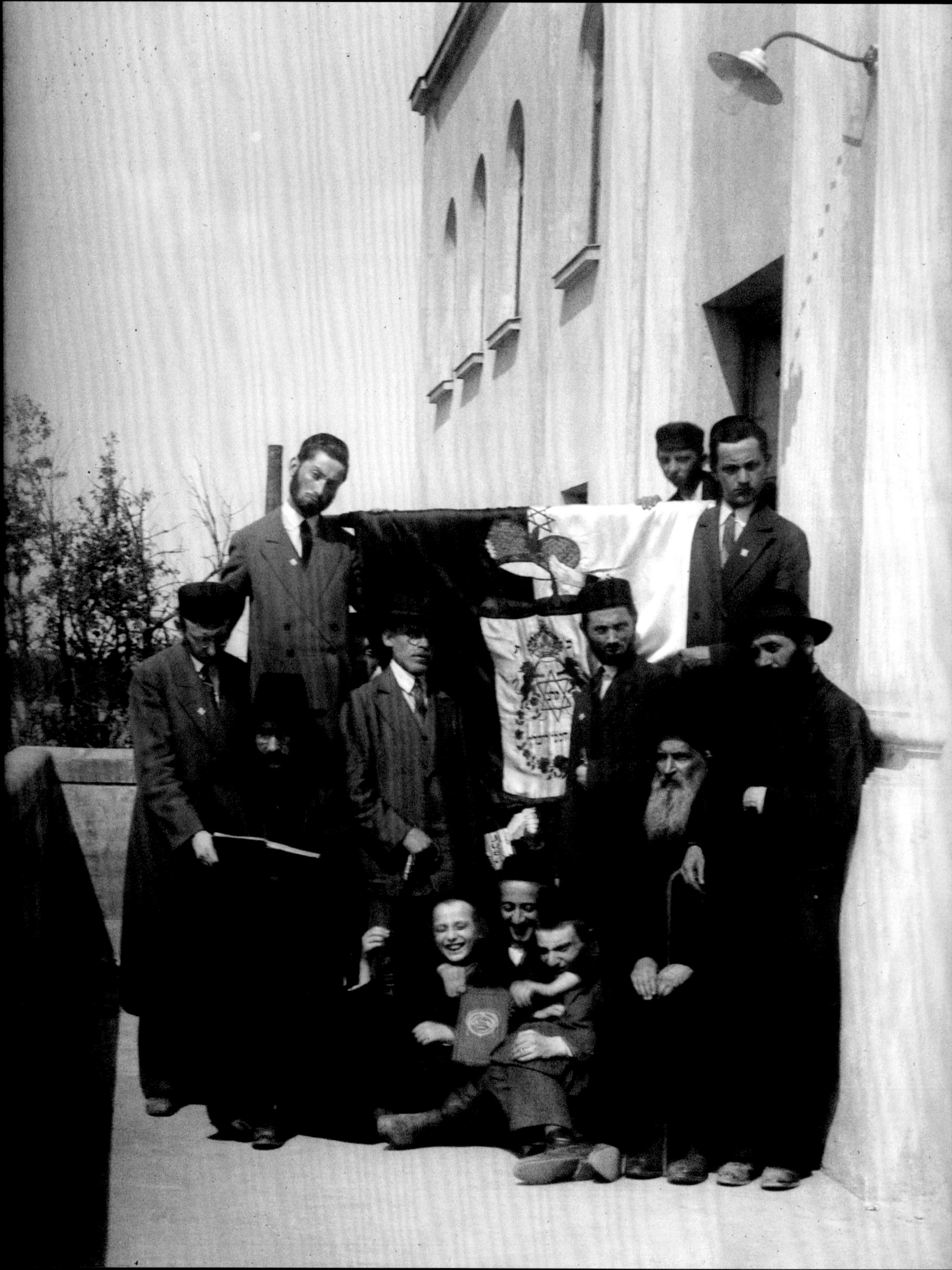

Students and teachers on the main balcony of the new Lublin yeshiva, holding the yeshiva's flag—a crowned Torah scroll on a Polish white-red background. The photo was probably taken during the opening ceremony (June 24, 1930).

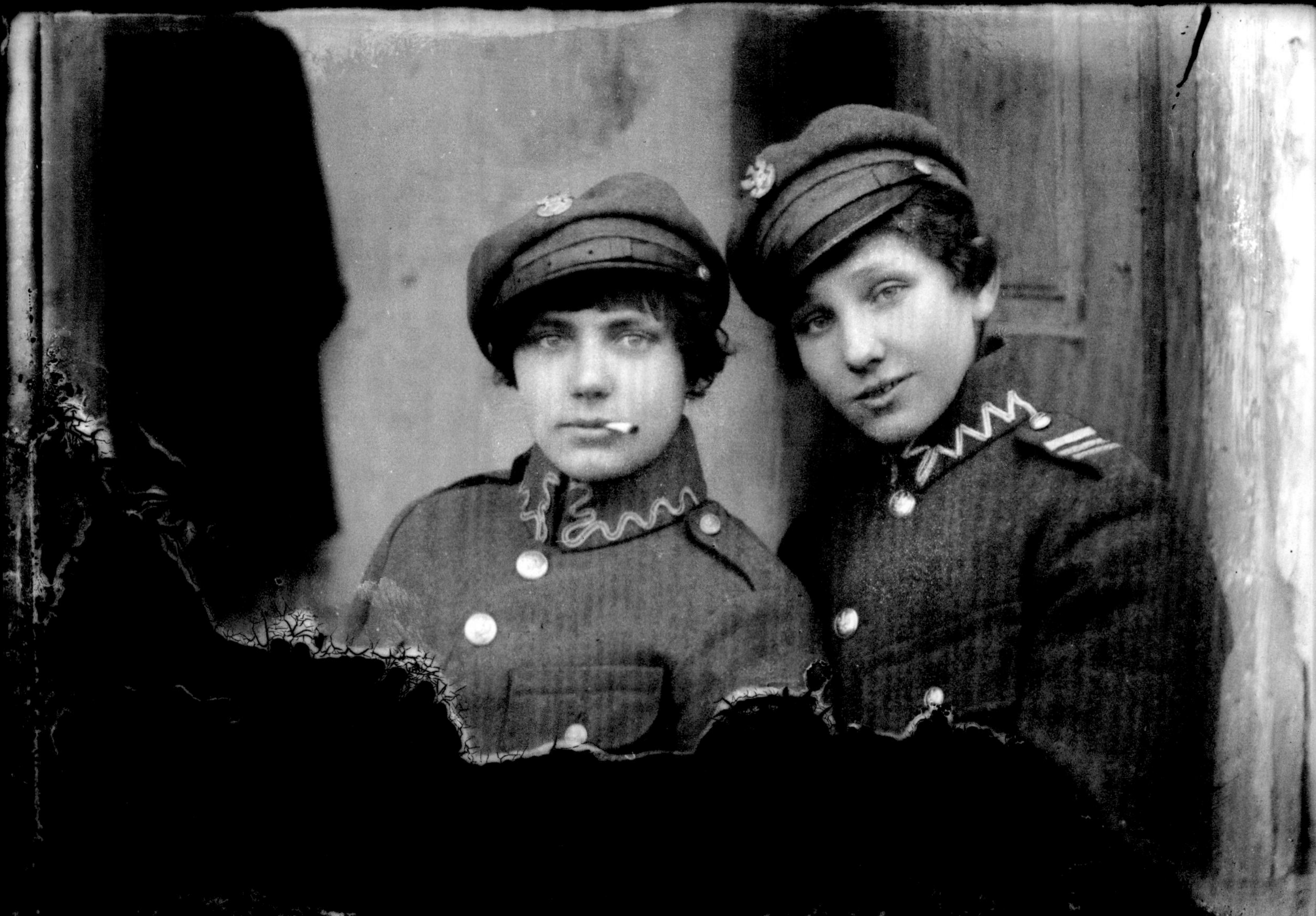

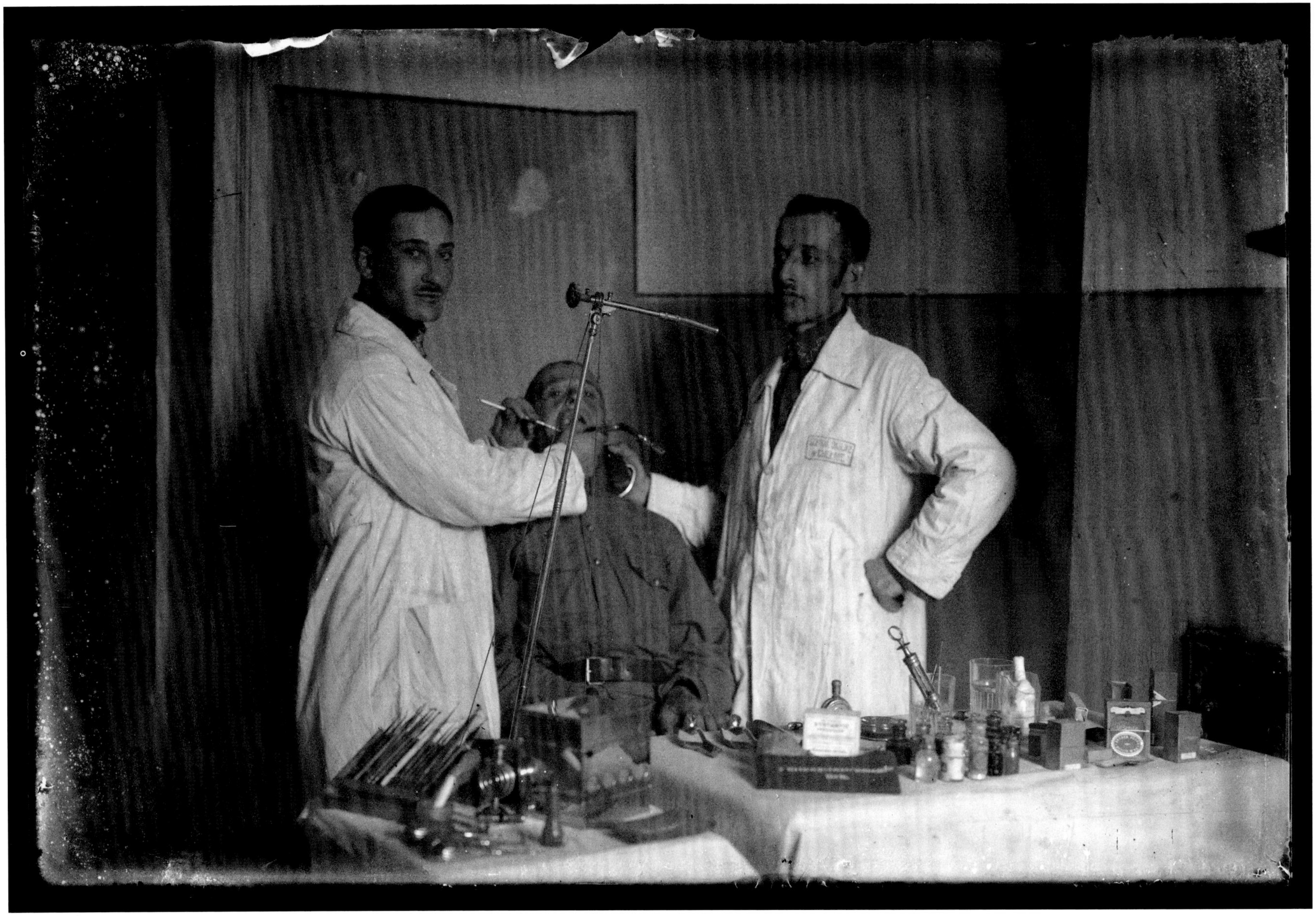

Dentists, probably in a hospital in Chełm.

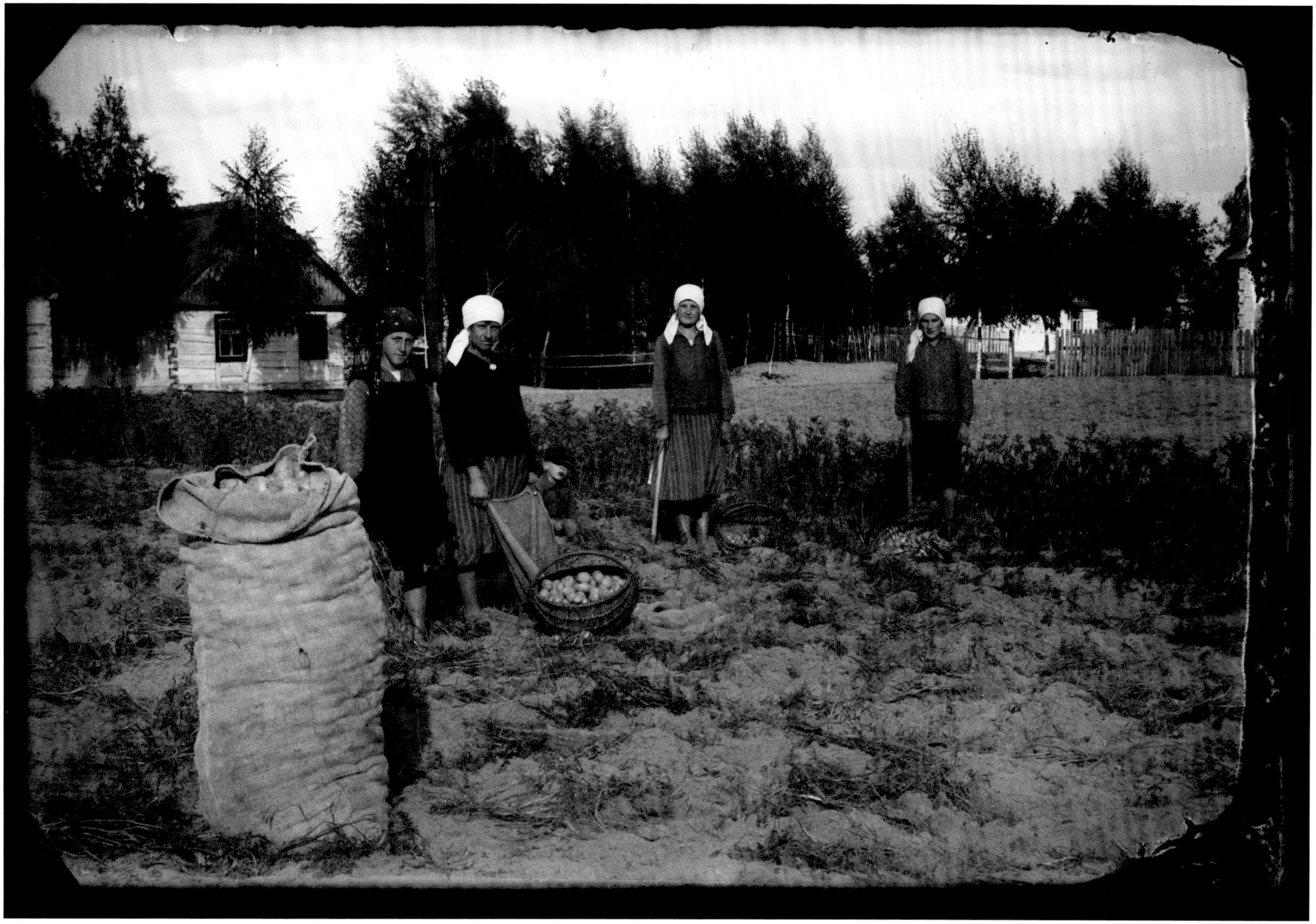

Peasant women during
the potato harvest.

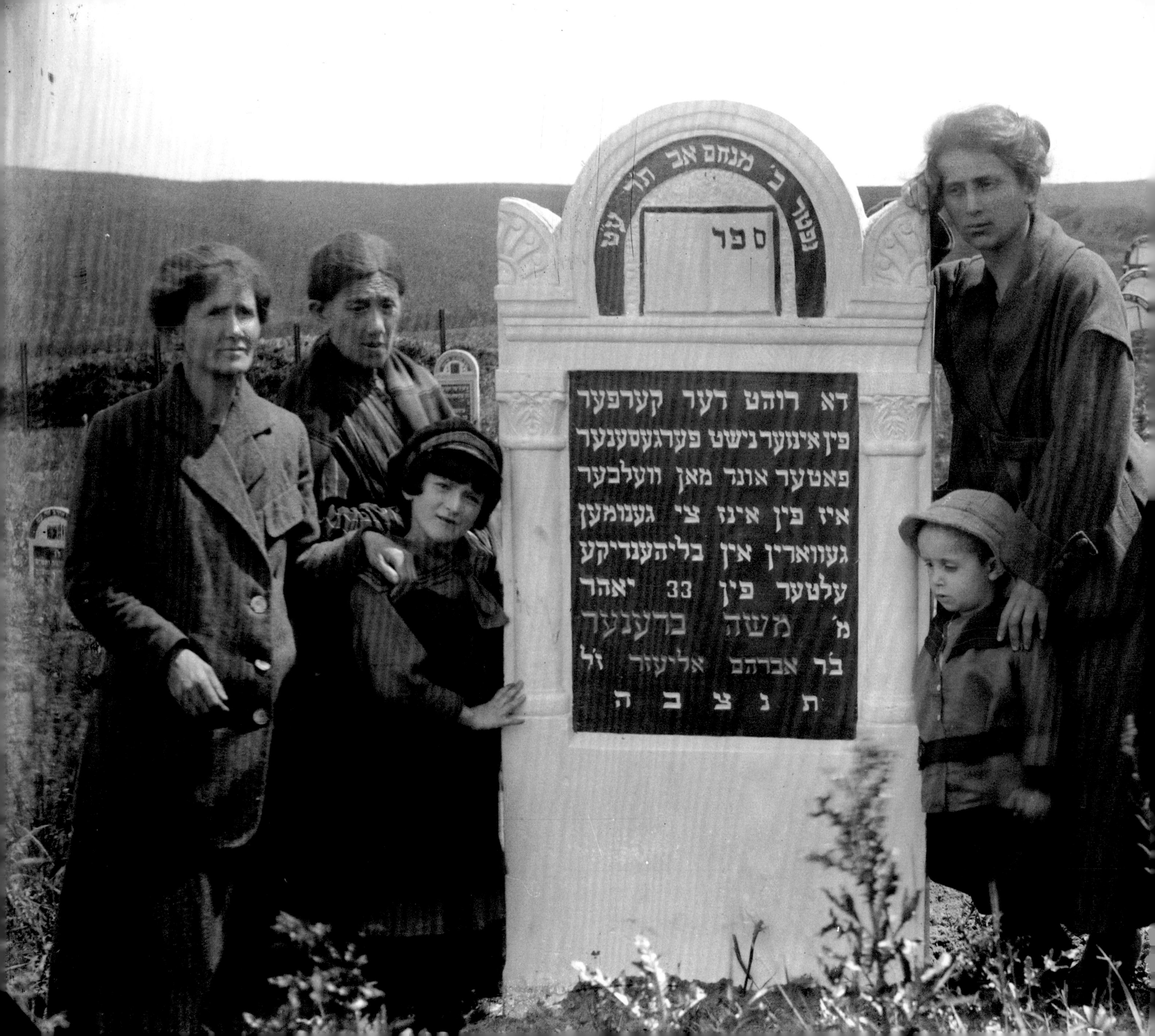
נפטר כ׳ מנחם אב תרפ״ג
ספר
דא רוהט דער קערפער
פין אינזער נישט פערגעסענער
פאטער אונד מאן וועלכער
איז פין אינז צי גענומען
געווארין אין בליהענדיקע
עלטער פין 33 יאהר
מ׳ משה ברענער
בר אברהם אליעזר ז׳ל
ת נ צ ב ה

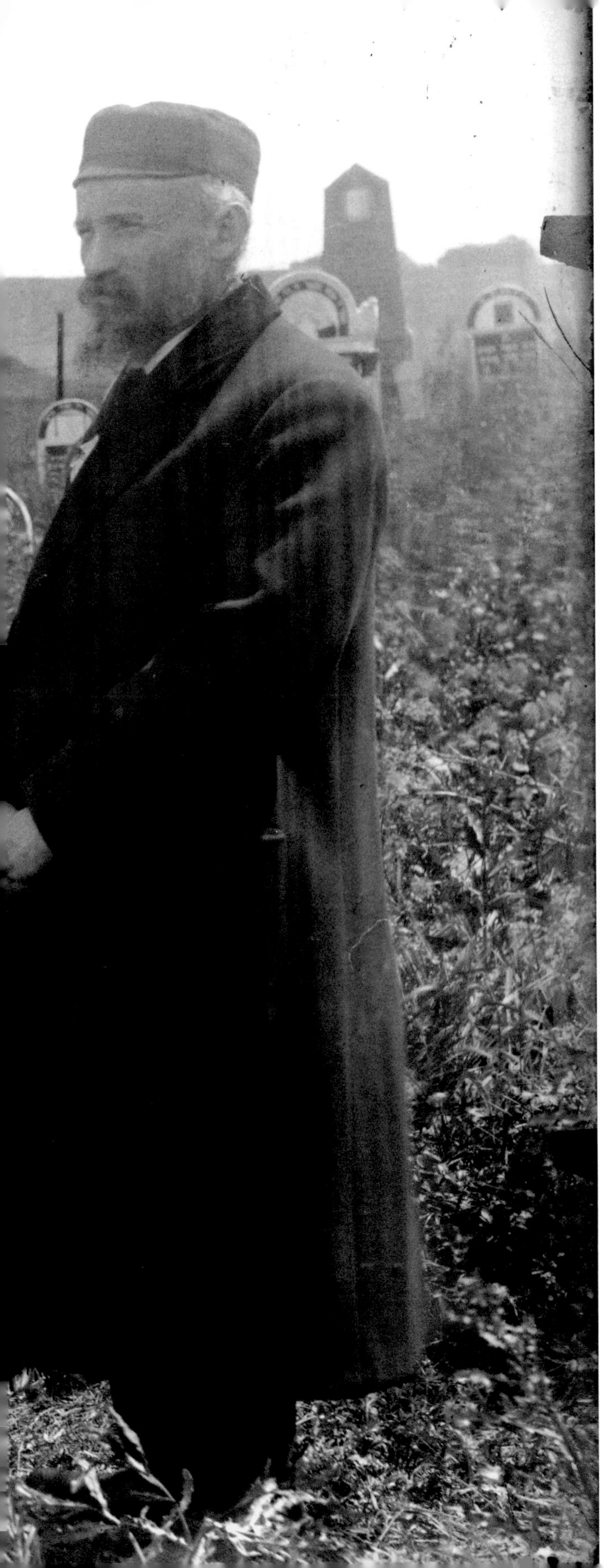

A family standing next to the grave of Moyshe Brener, who died at the age of 33. The photograph was likely taken in the New Jewish Cemetery.

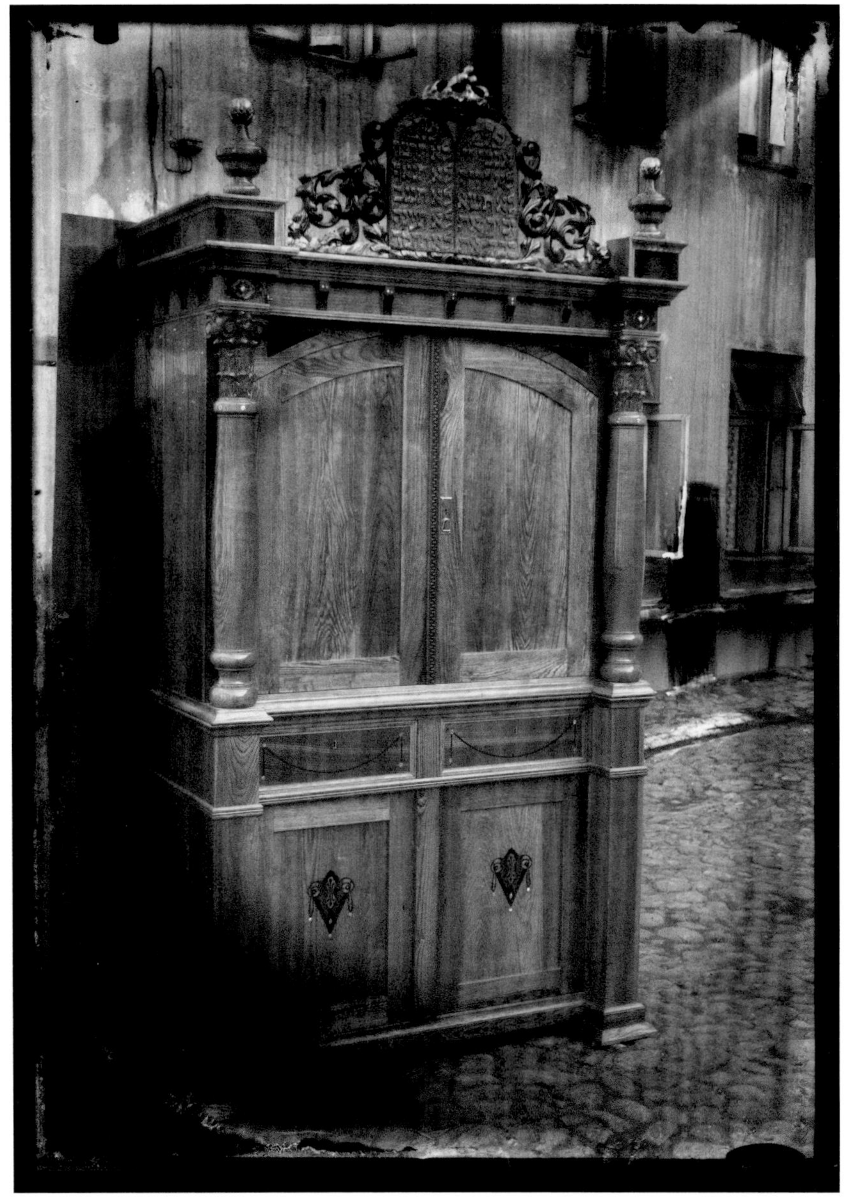

Aron kodesh, the holy ark, from an unknown synagogue.

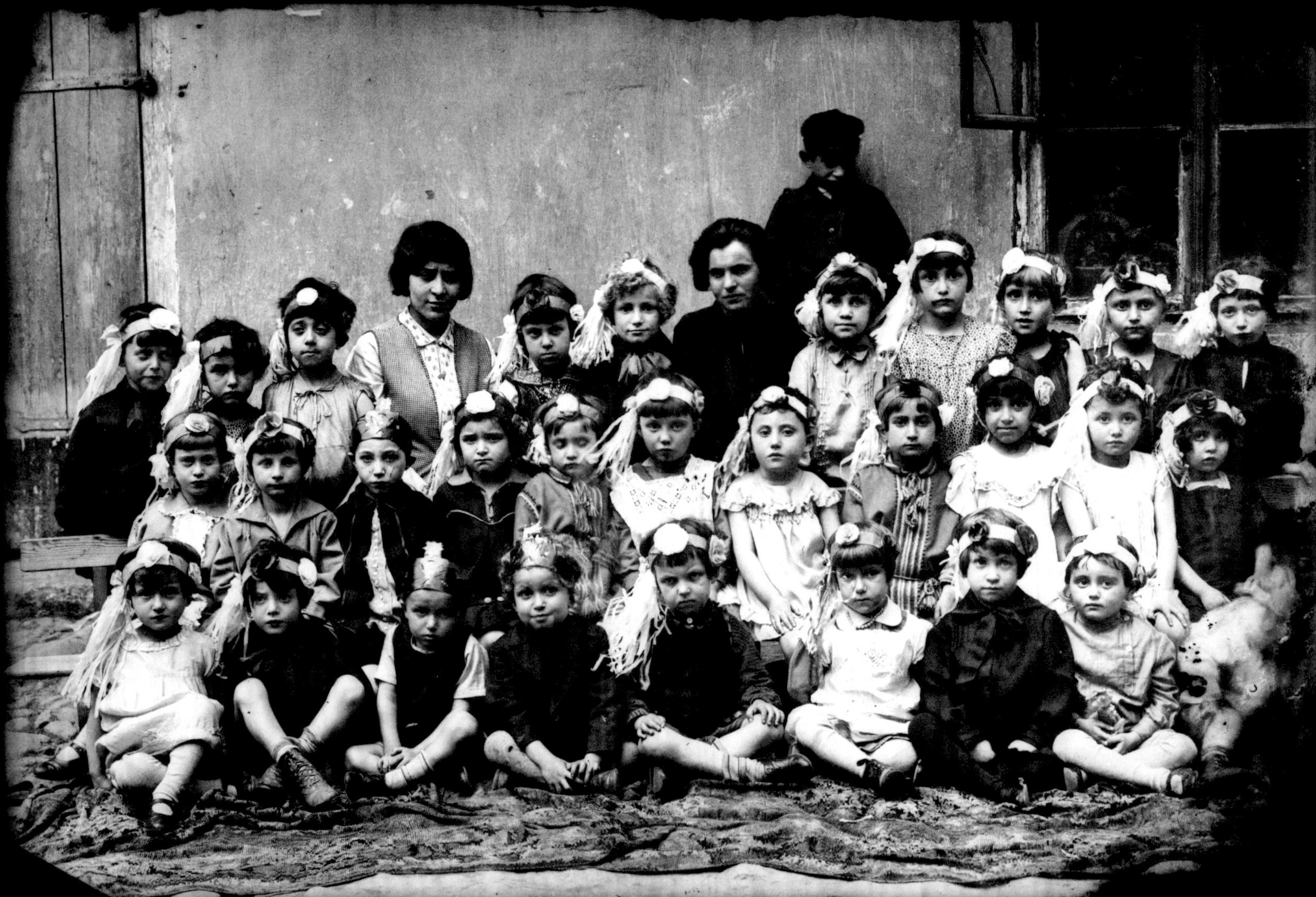

Students and teachers from the Trachter sisters' nursery in 1929. Khayke Nayman is third from right in the bottom row, wearing a black dress.

An unknown *kheyder* (traditional Jewish elementary school) in Lublin.

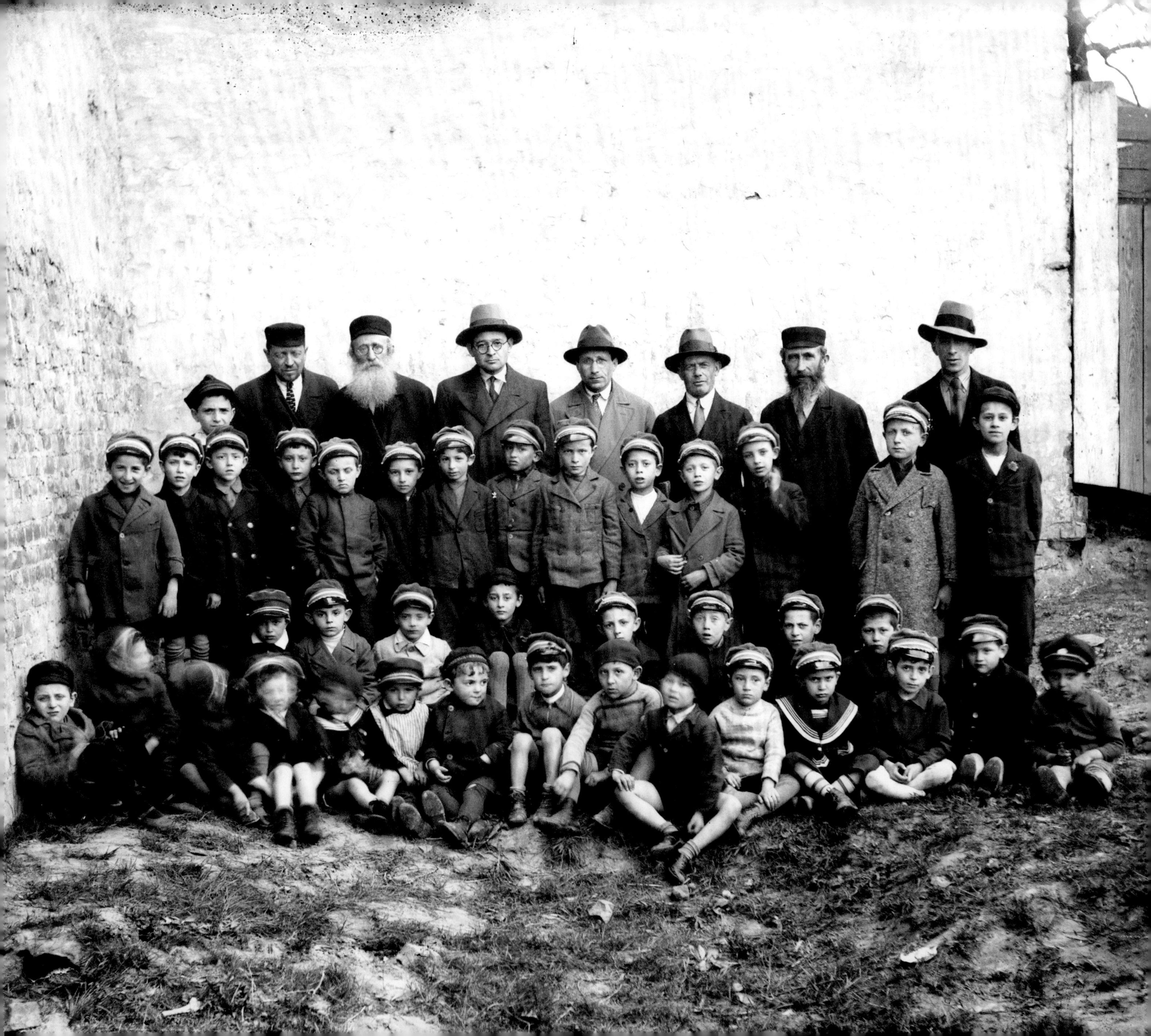

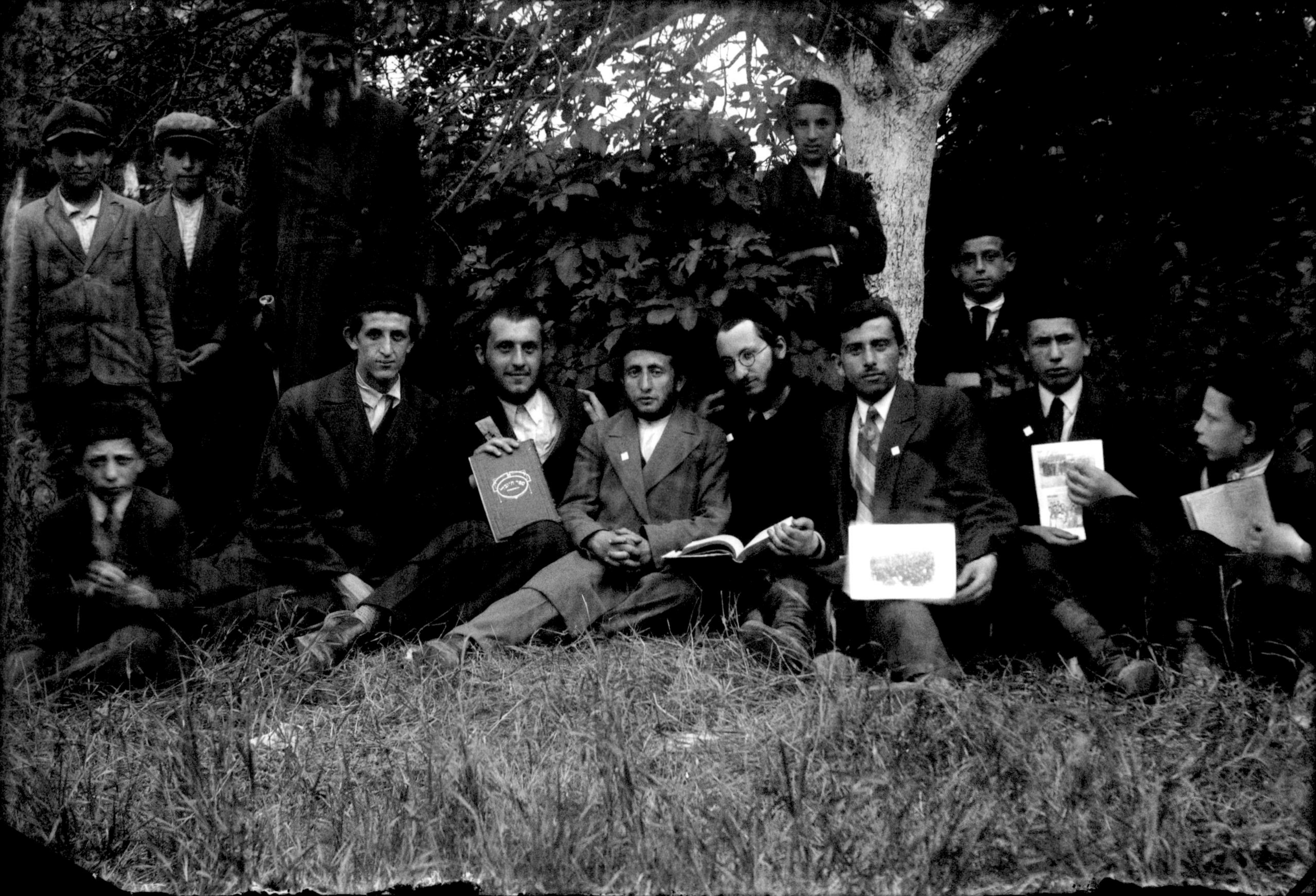

Yeshiva students. One of them is holding a jubilee book, possibly published in honor of the yeshiva or its founder, Meir Shapira.

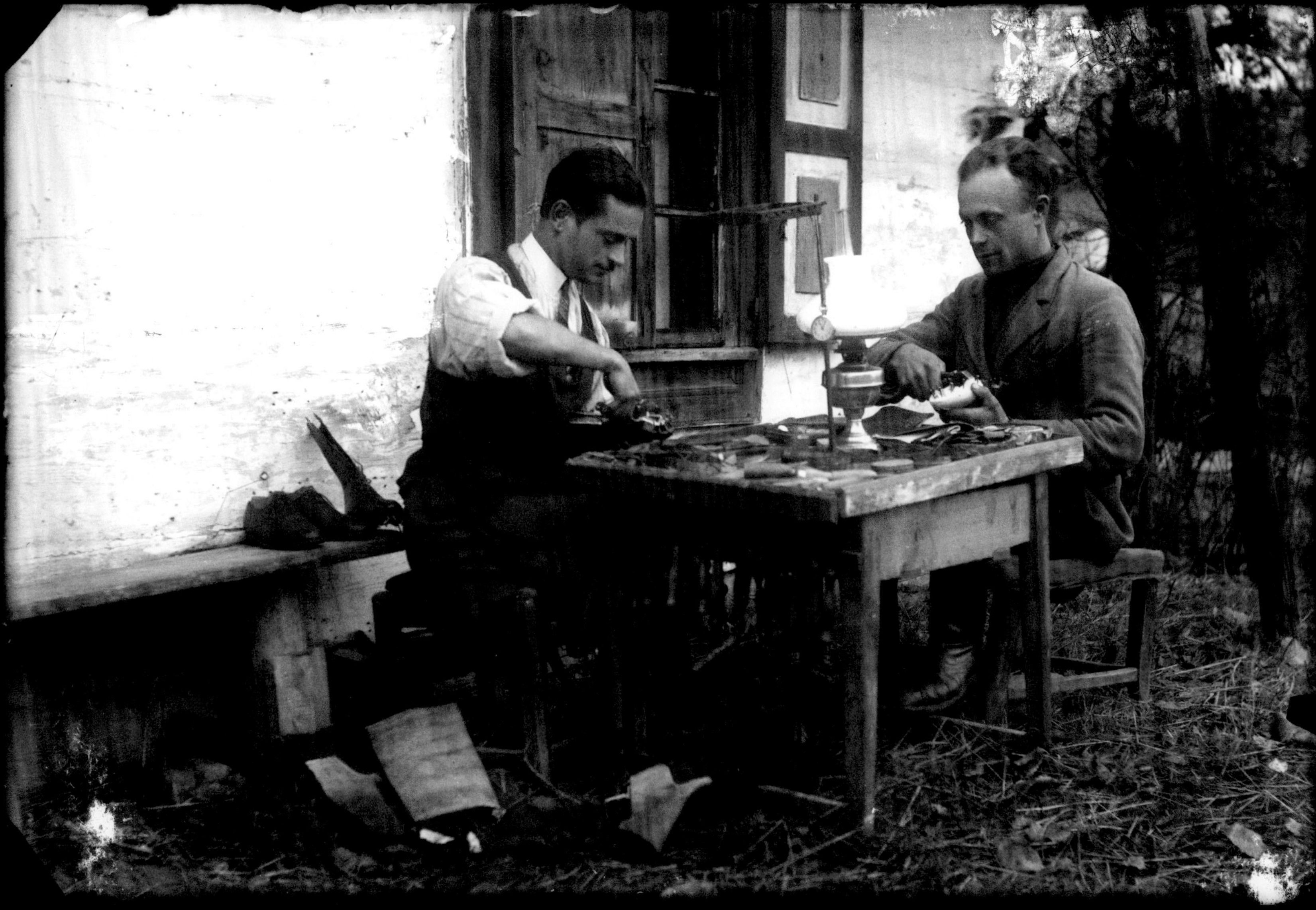

Shoemakers at work. The photo was taken at 11:05 a.m.

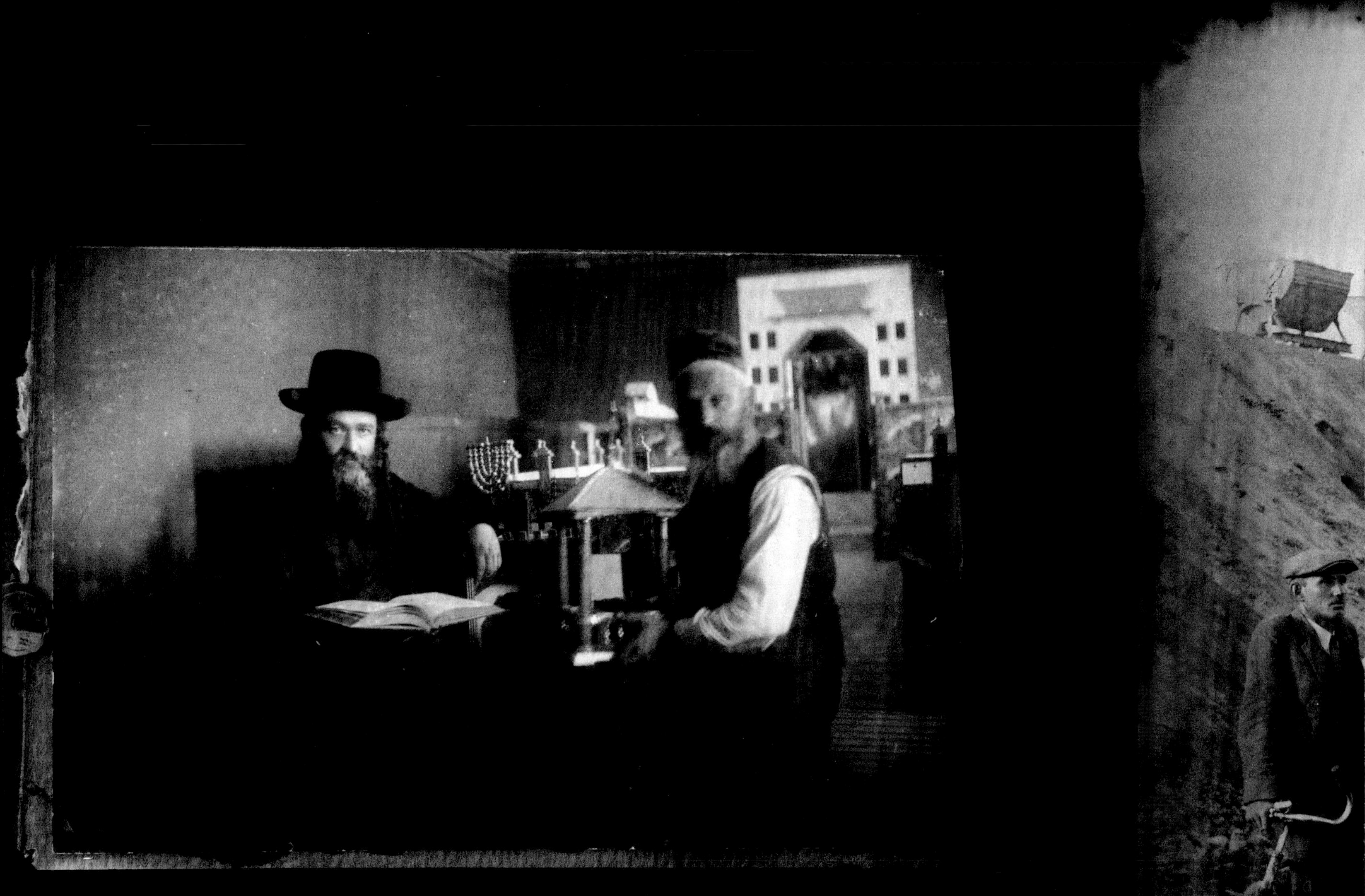

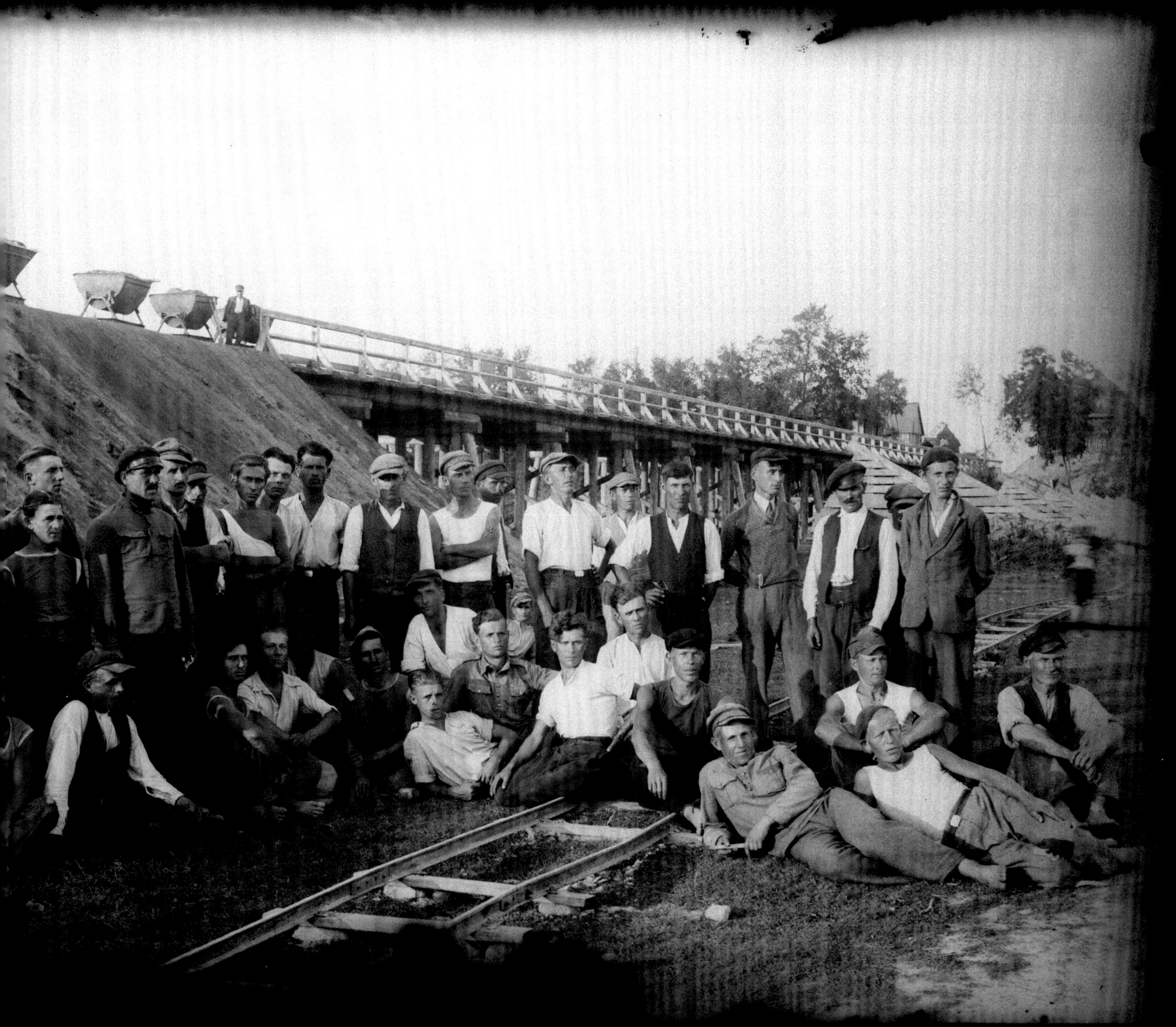

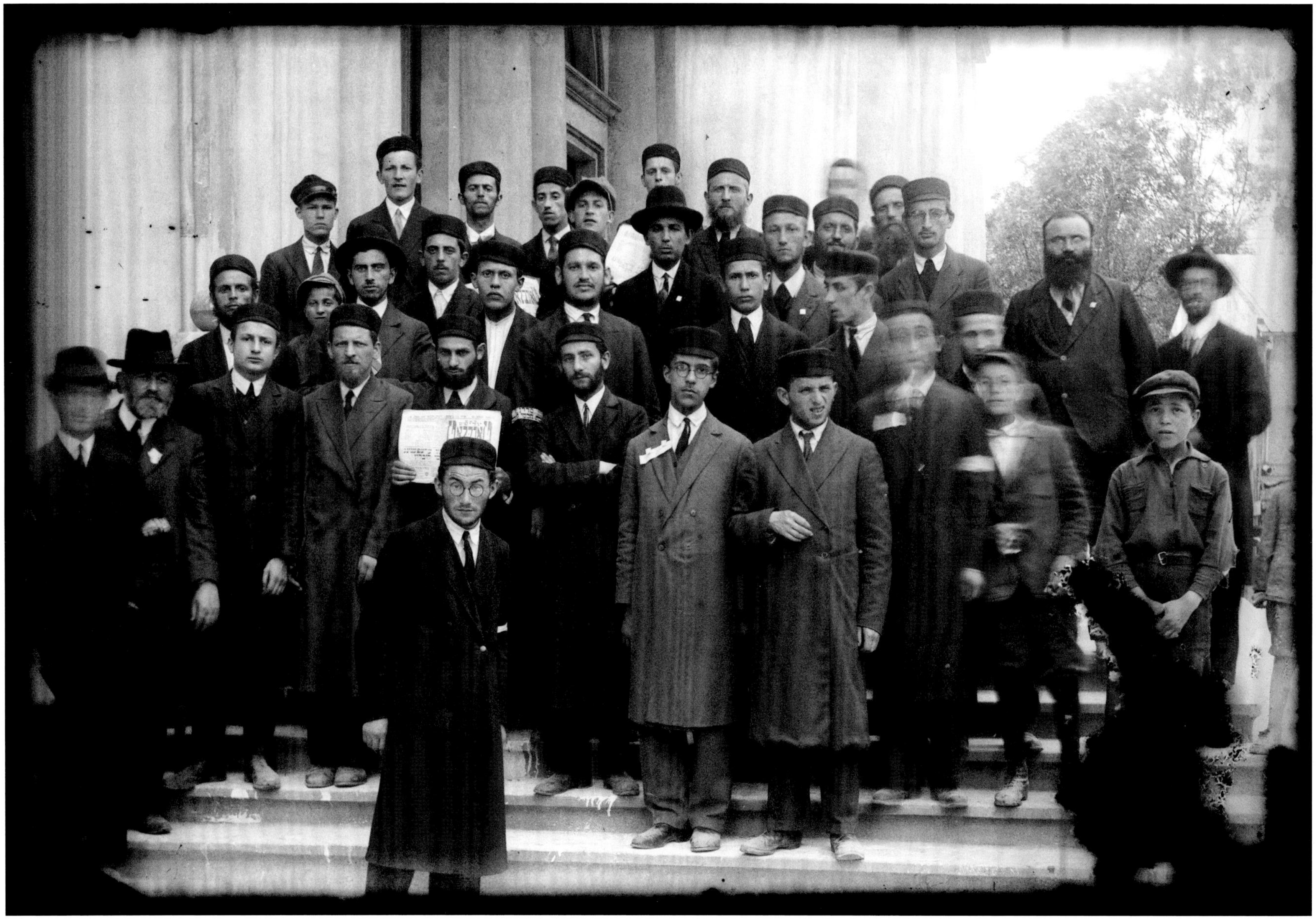

Students in front of the yeshiva building. One of them is holding an issue of *Dos yudishe togblat*, an Orthodox daily newspaper published in Warsaw from 1929 until the outbreak of the Second World War.

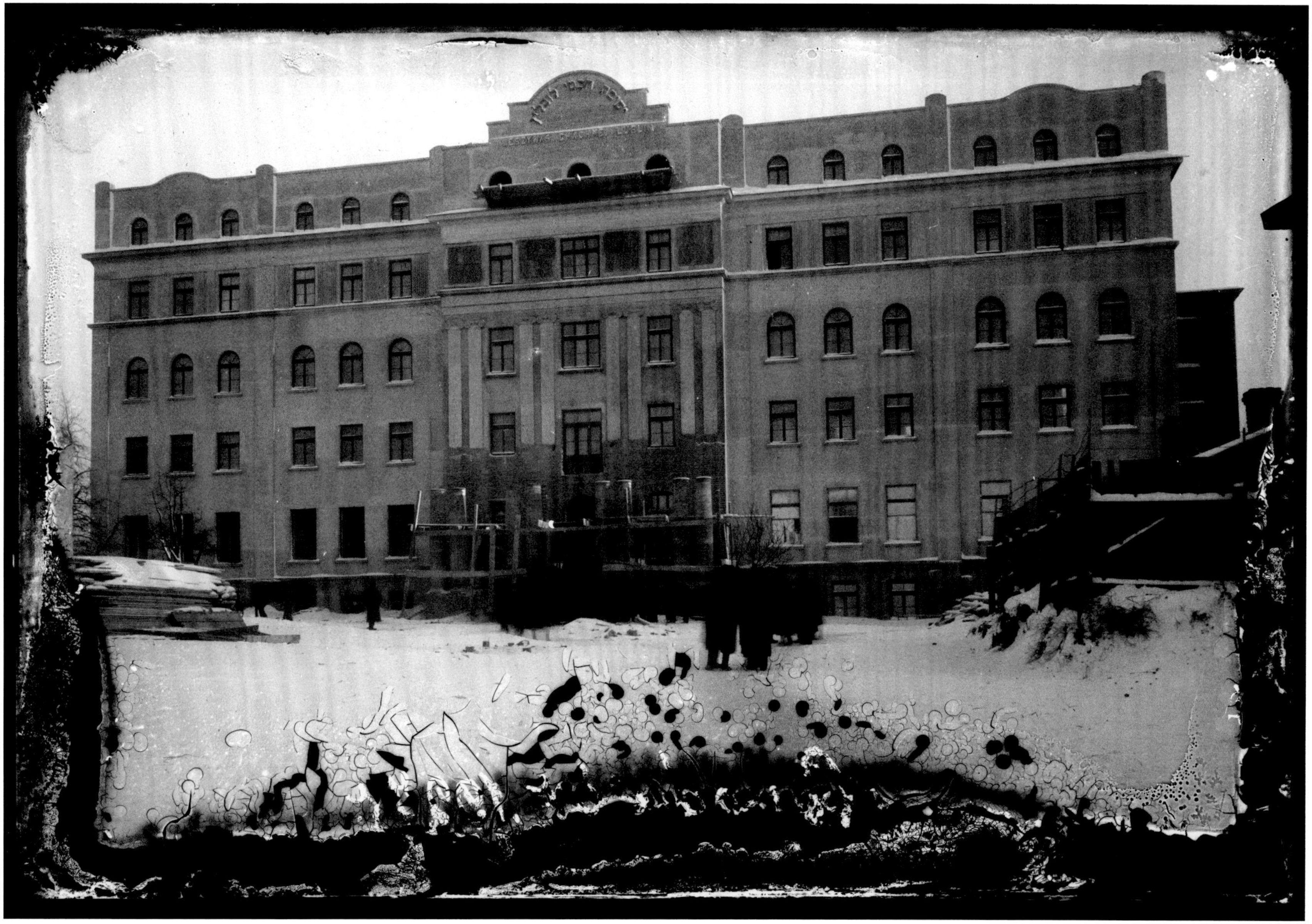

The construction of the Chochmei Lublin yeshiva. When it opened it was the world's largest traditional Jewish Talmudic academy.

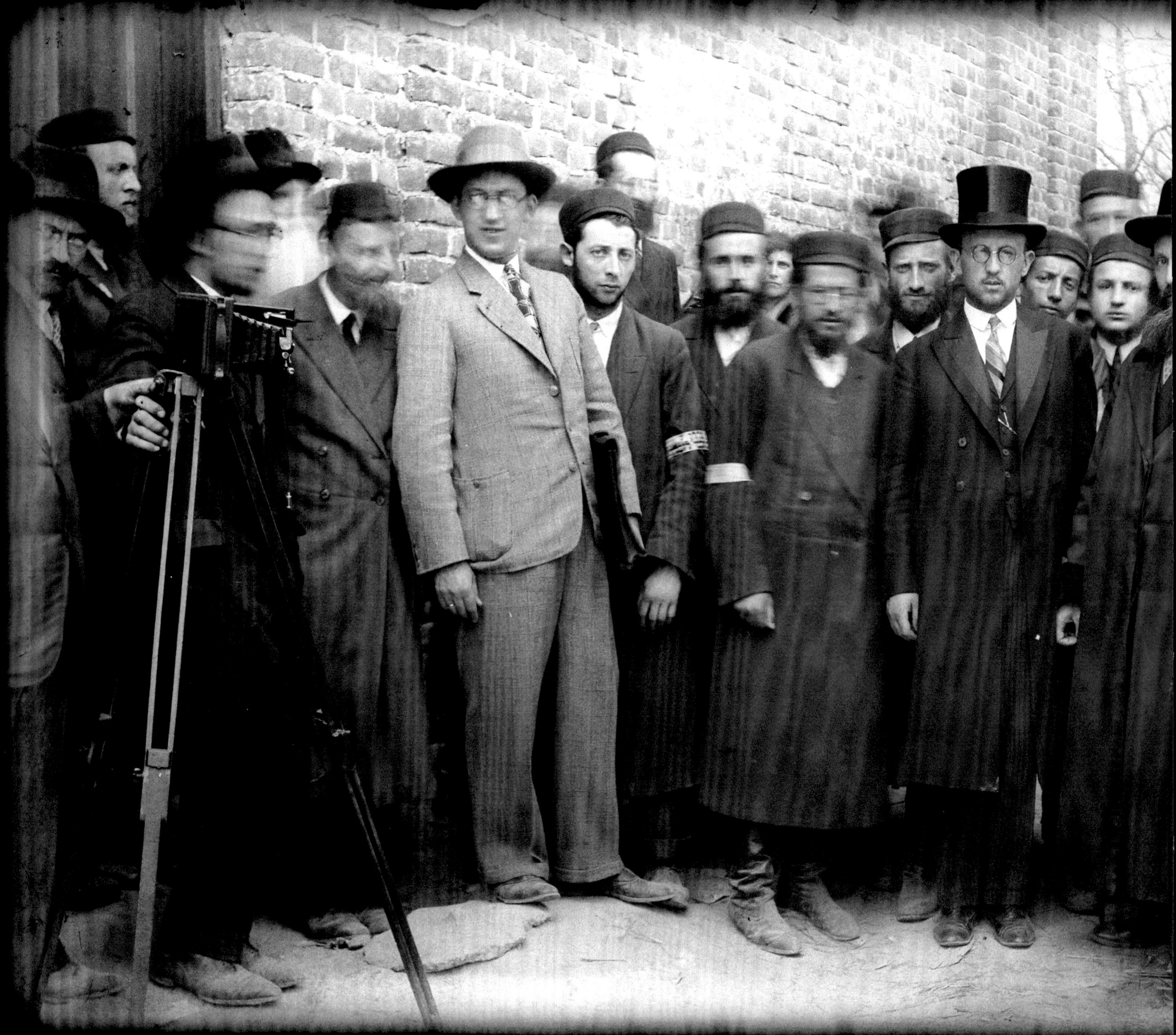

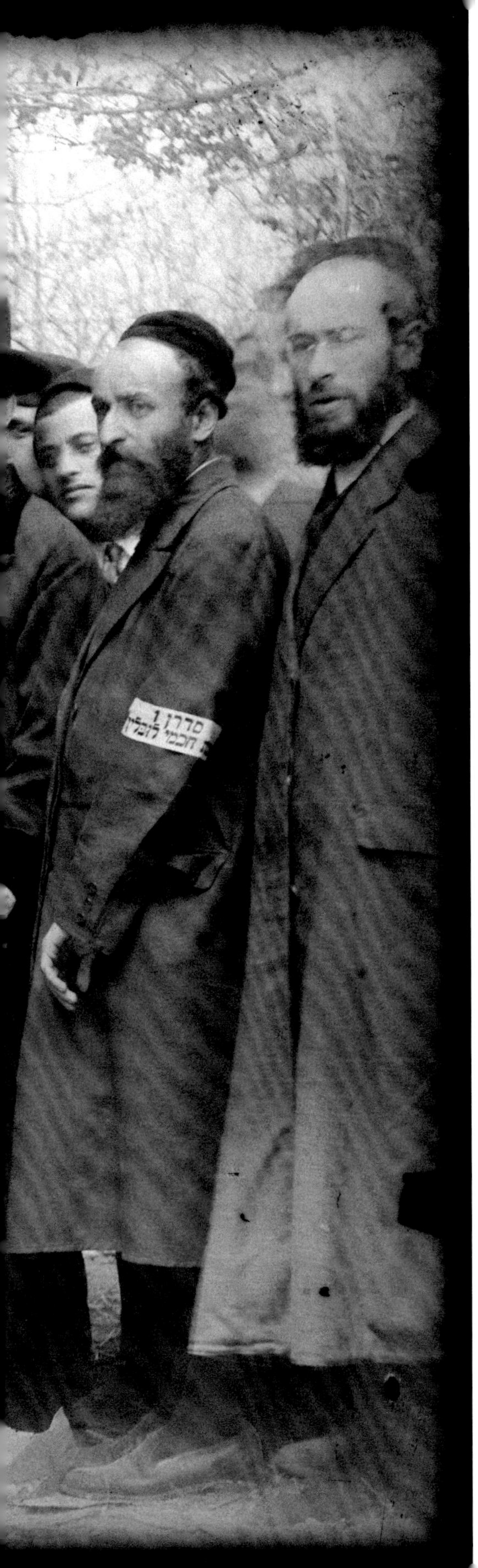

Dignitaries taking part in the dedication ceremony at the new Lublin yeshiva.

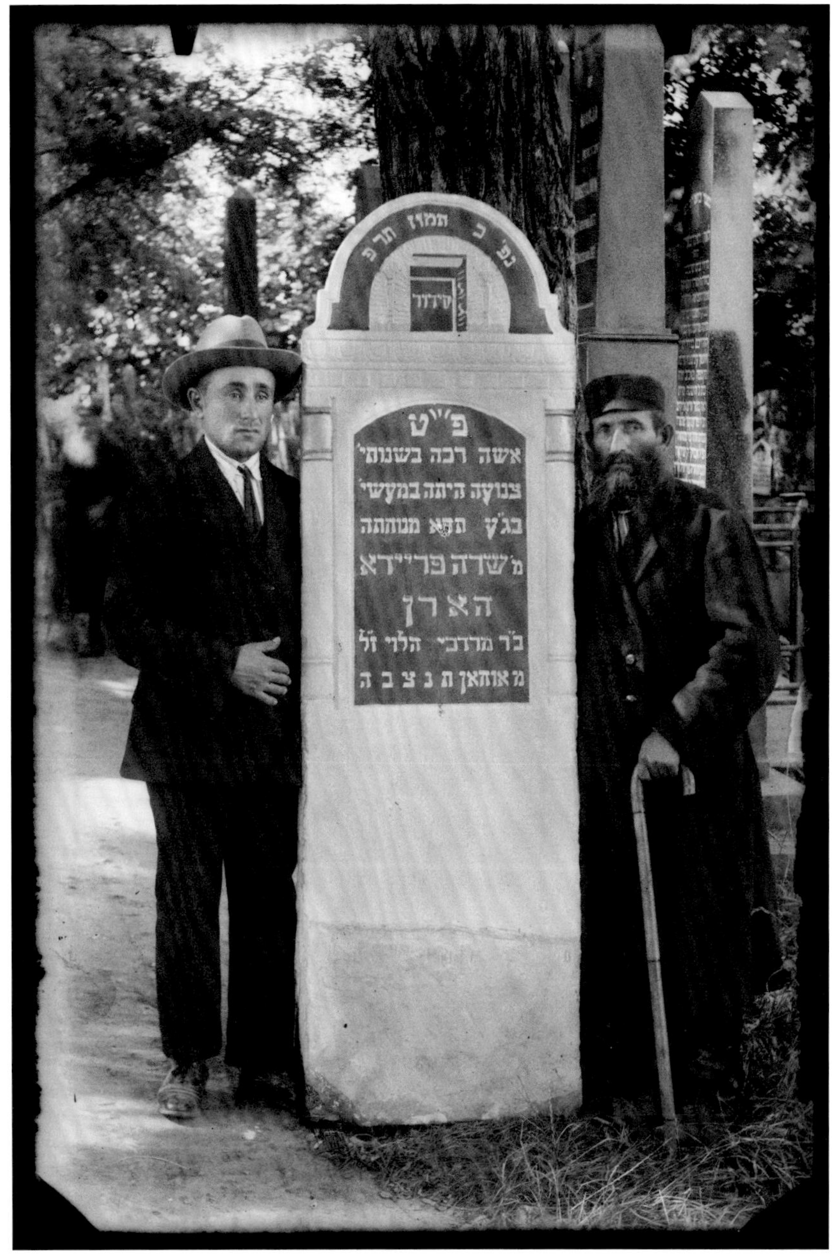

Men standing next to the grave of Sara Frayda Horn. Photograph taken in the New Jewish Cemetery.

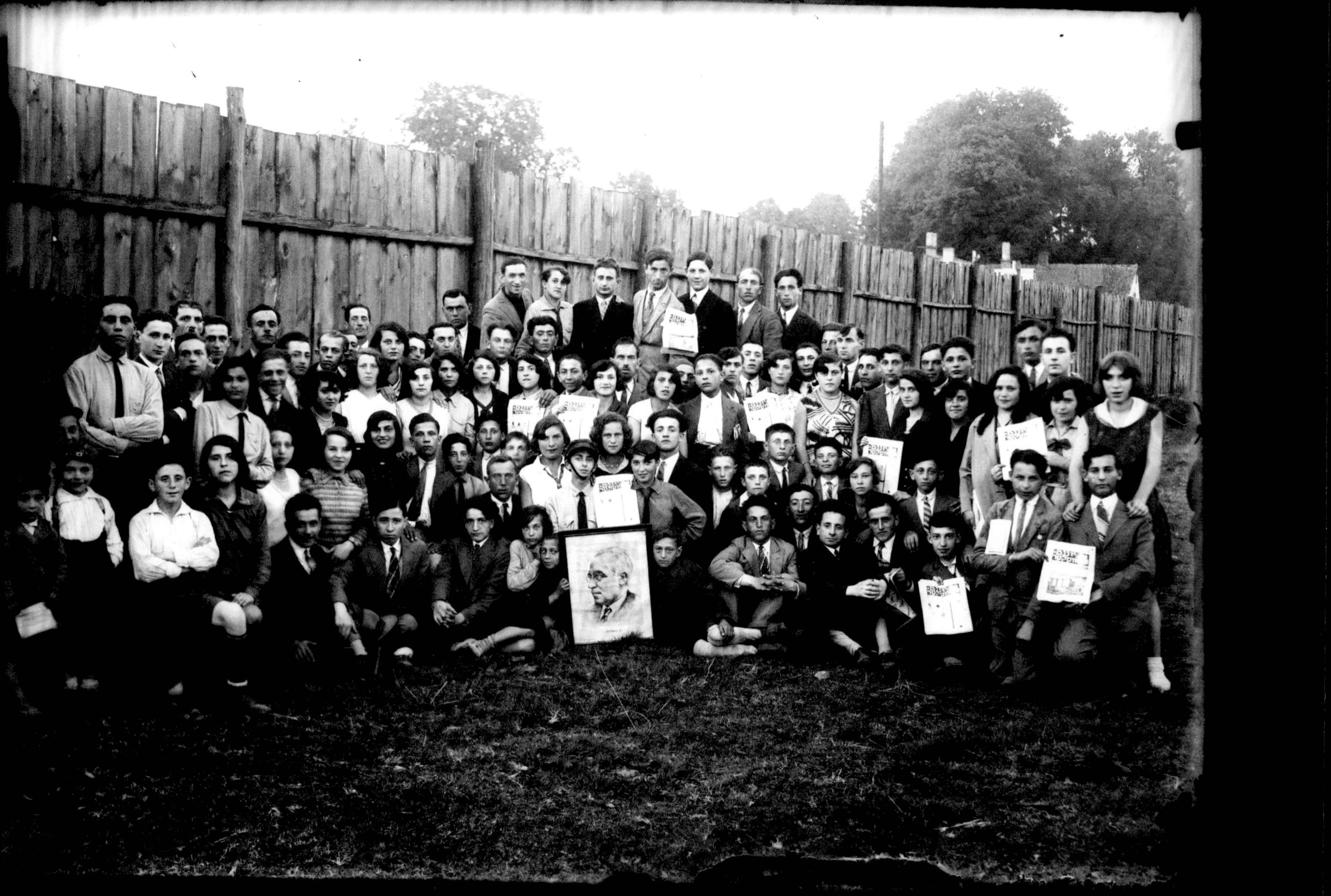

Youth with an unknown issue of *Yugnt-veker*, the press organ of the Bund youth movement Tsukunft, and a portrait of Beynish Mikhalevitsh, a leading Polish Bundist and education activist.

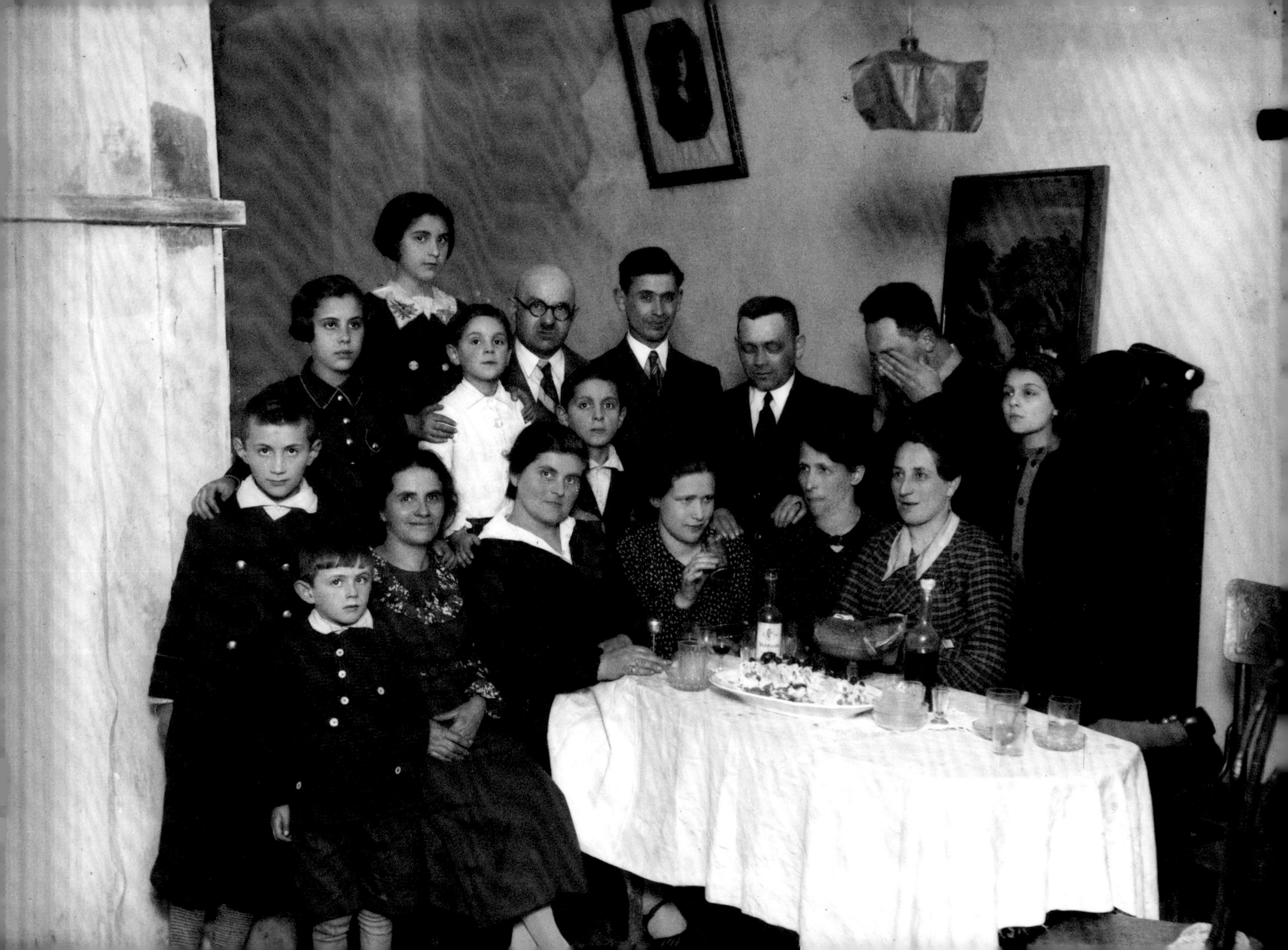

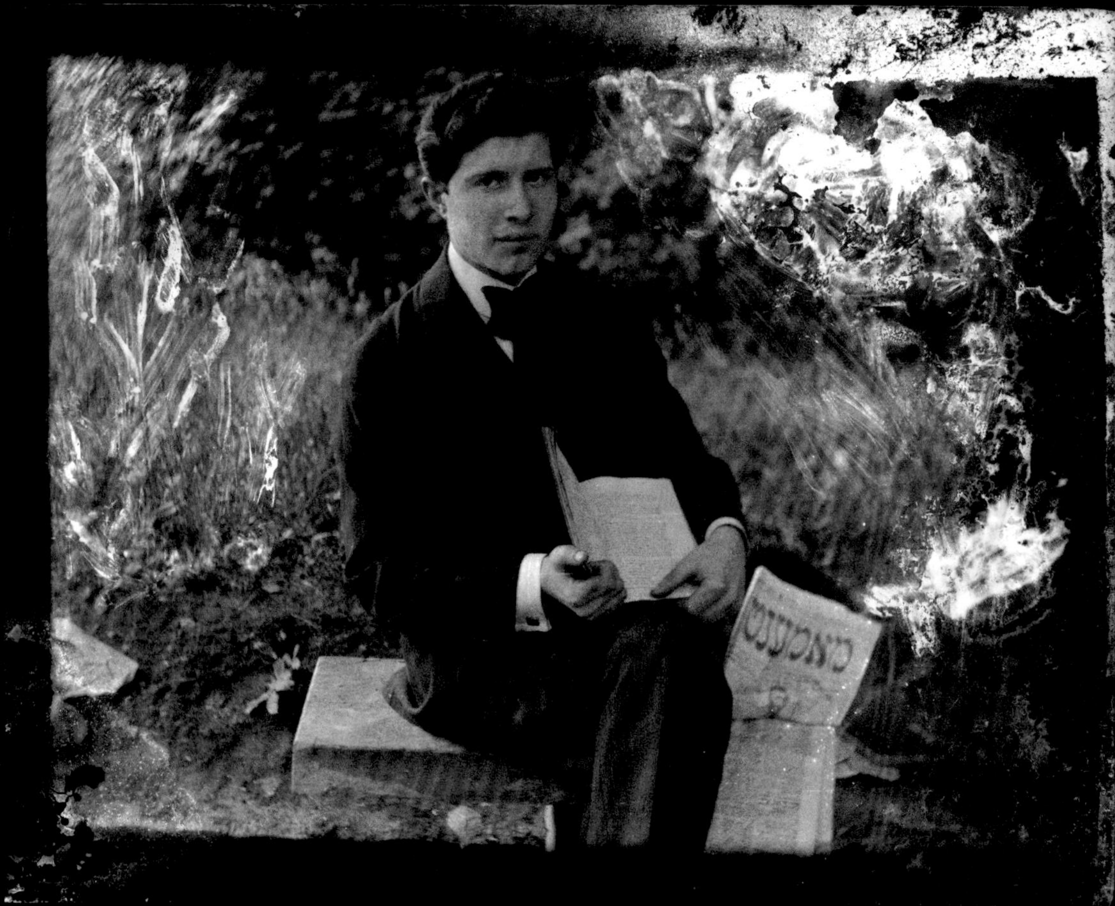

A boy next to an issue of *Der Moment* dated May 22, 1913. This is probably one of the oldest photographs in the collection.

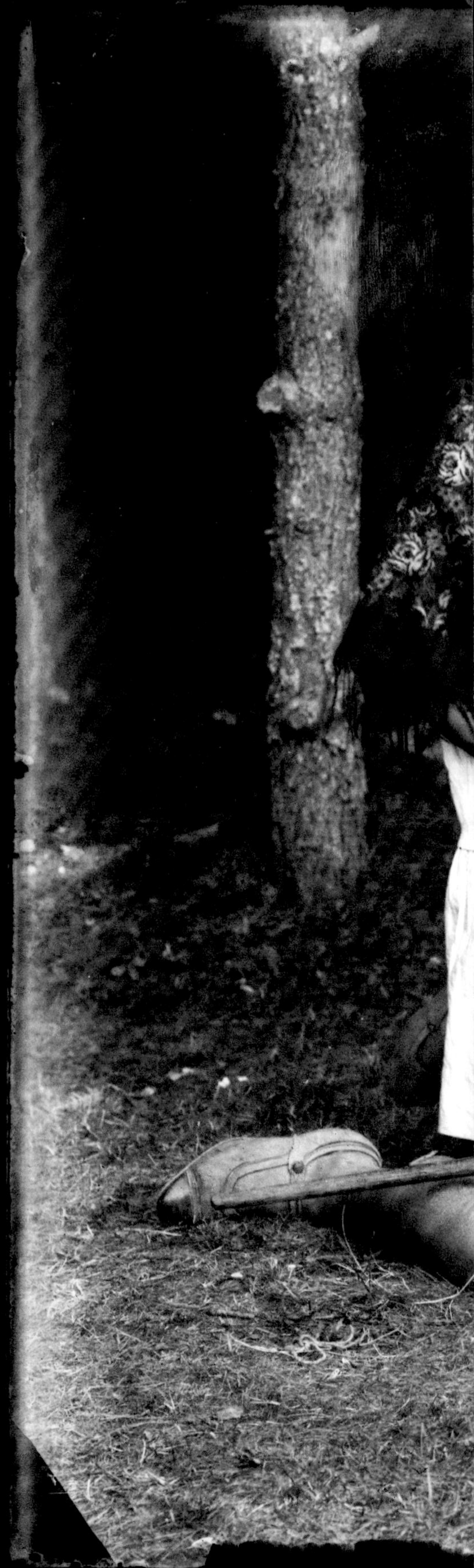

Girls on vacation in Nowodwór. The first from left in the upper row is Róża Fiszman-Sznajdman, the future author of *Mayn Lublin (My Lublin)* published in Tel Aviv in 1982. In her book, Fiszman-Sznajdman writes about the history of Nowodwór and its summer resort.

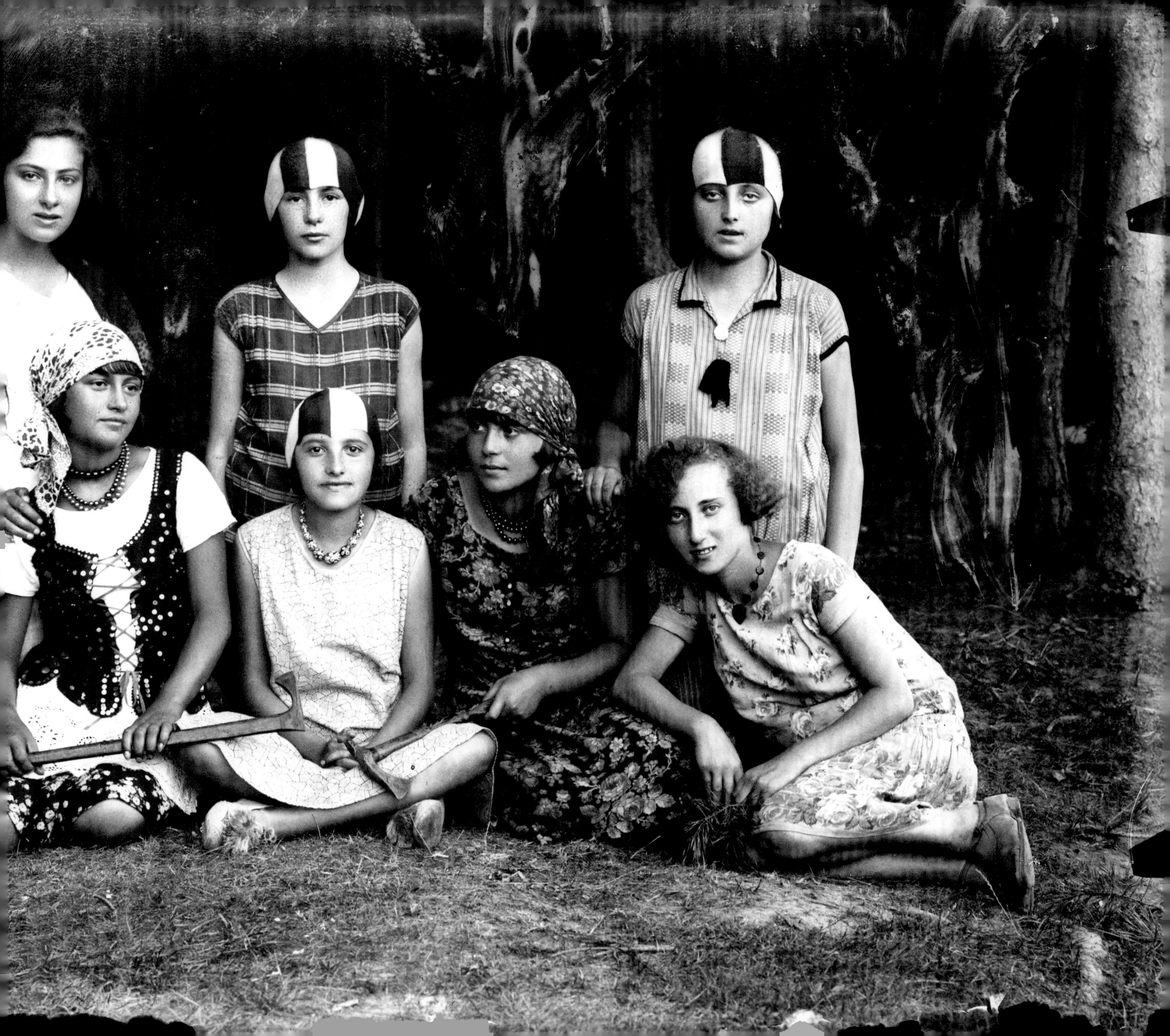

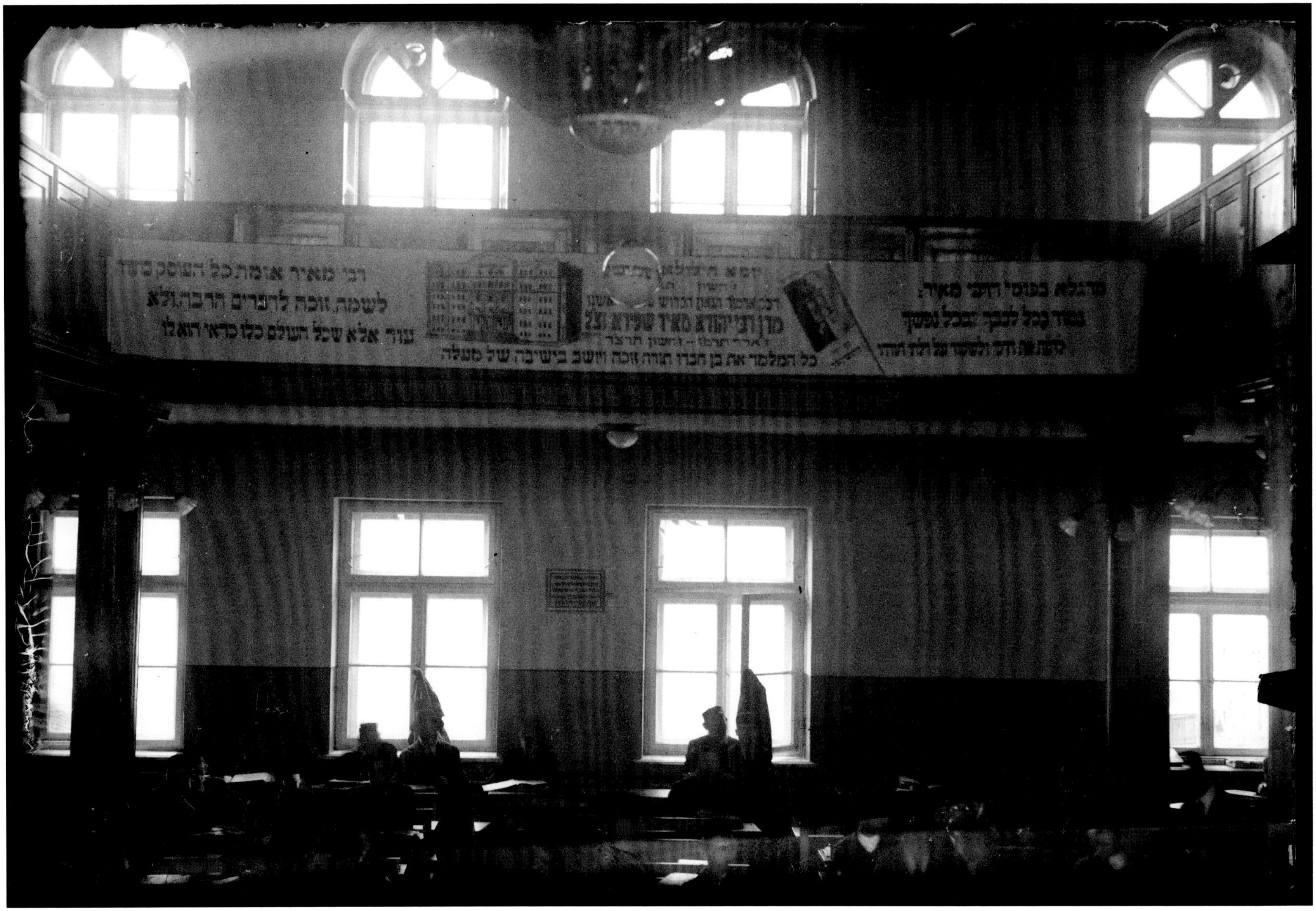

The main study hall at the
Chochmei Lublin Yeshiva.

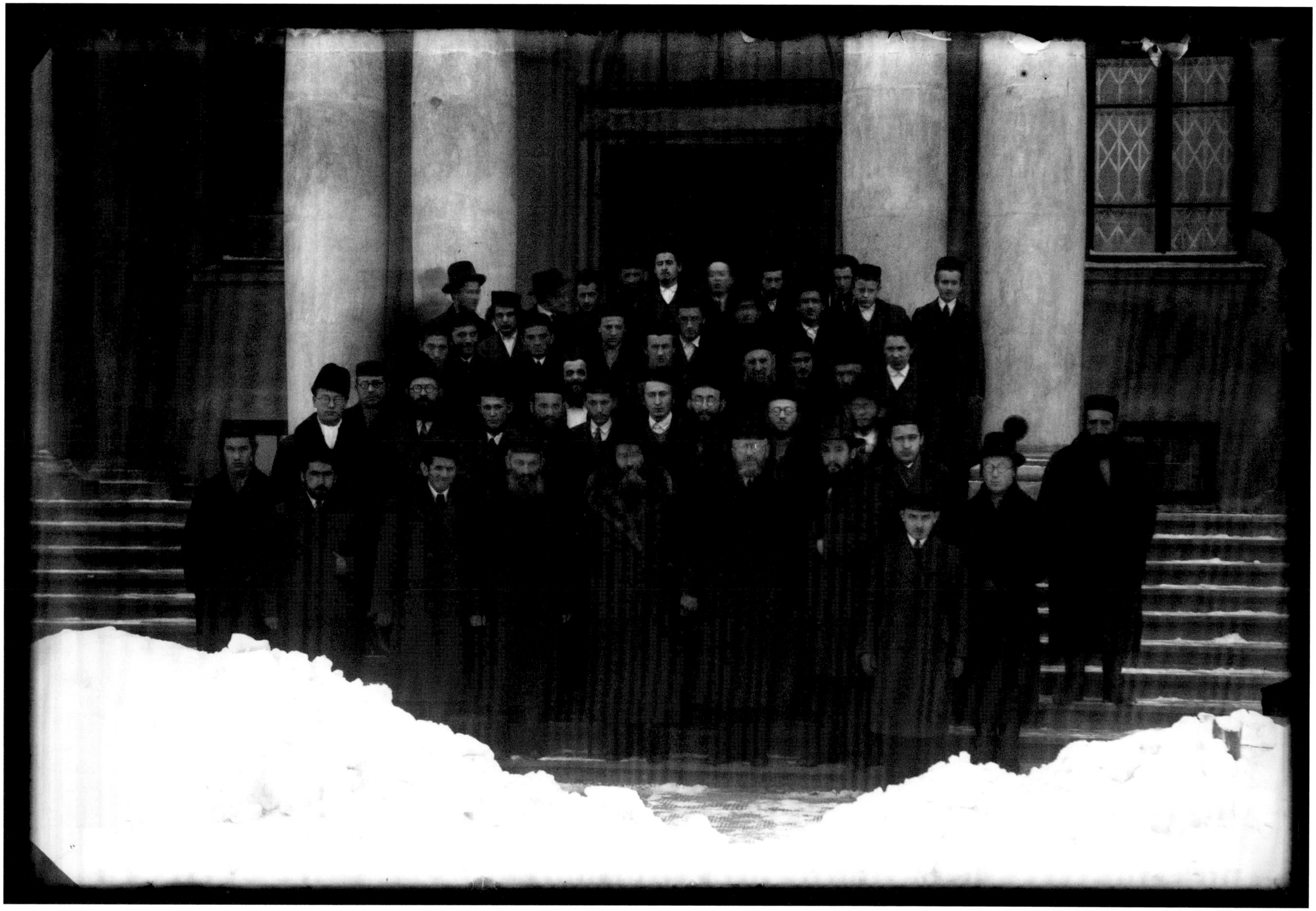

Rabbi Meir Shapira with yeshiva students and faculty.

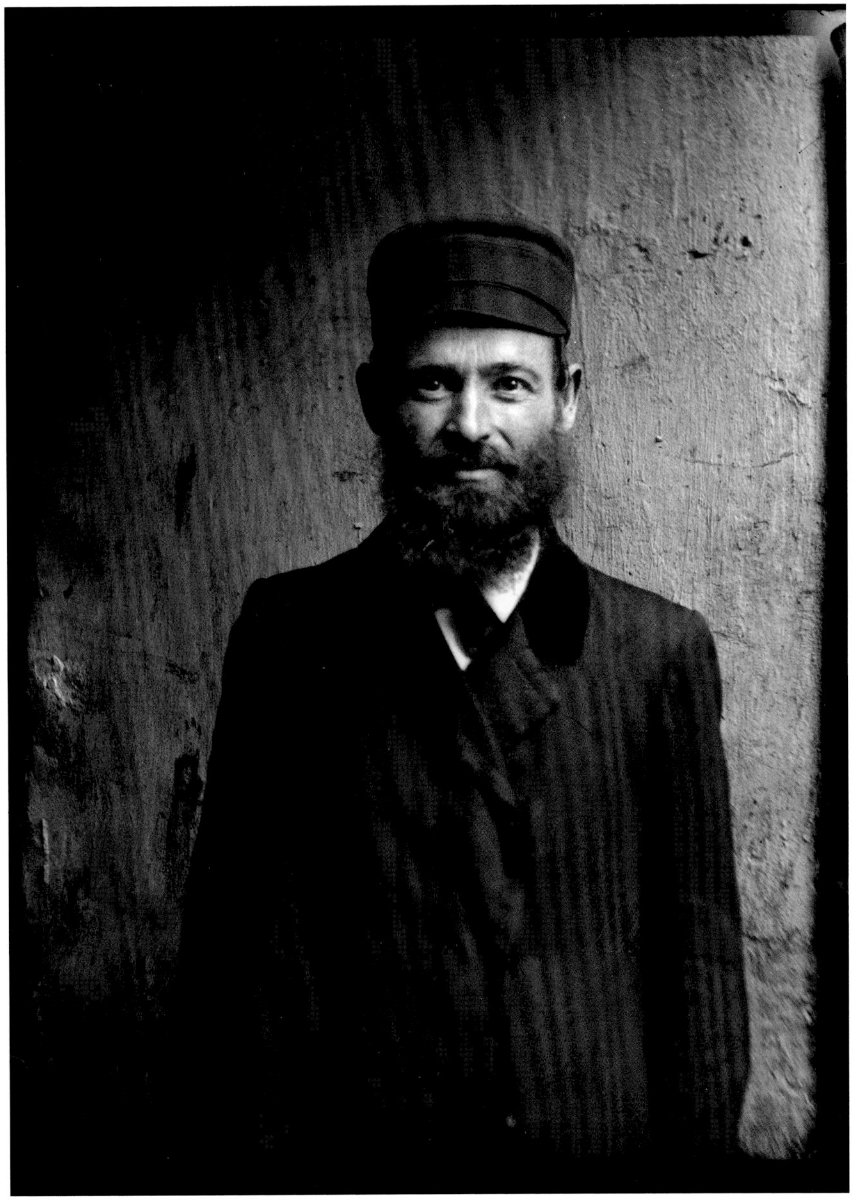

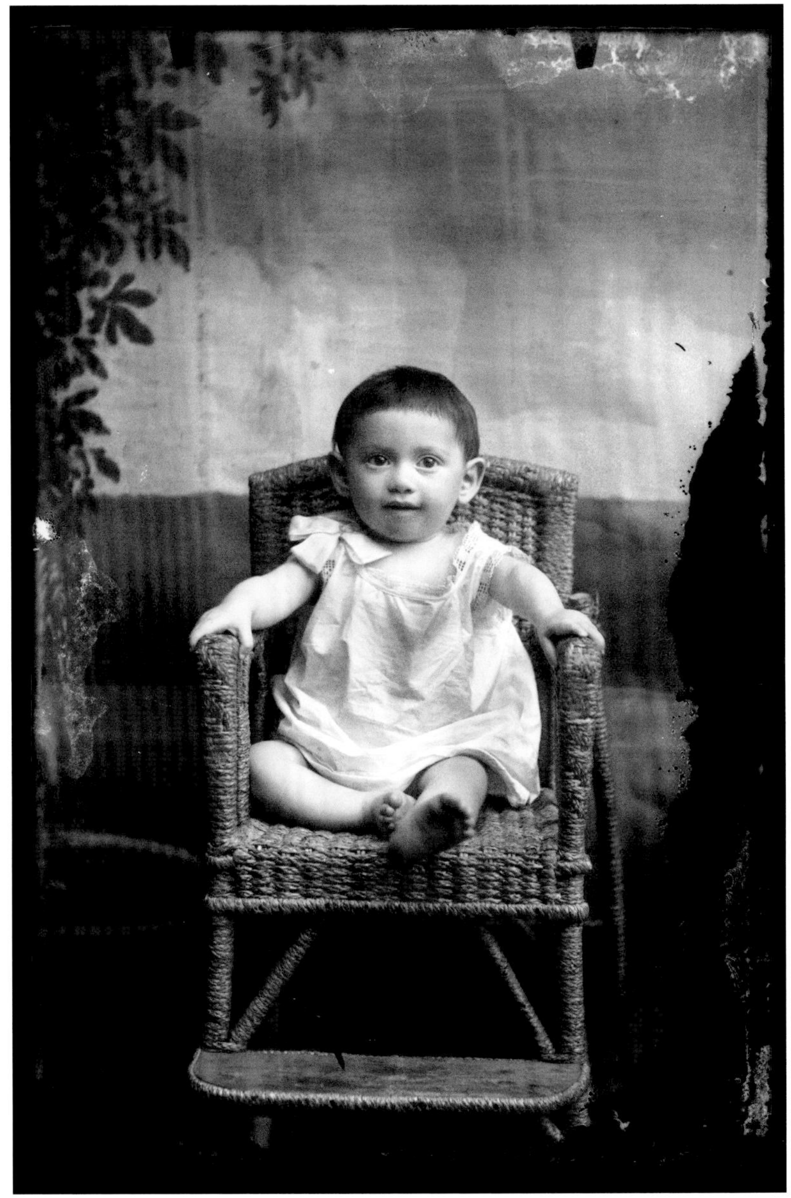

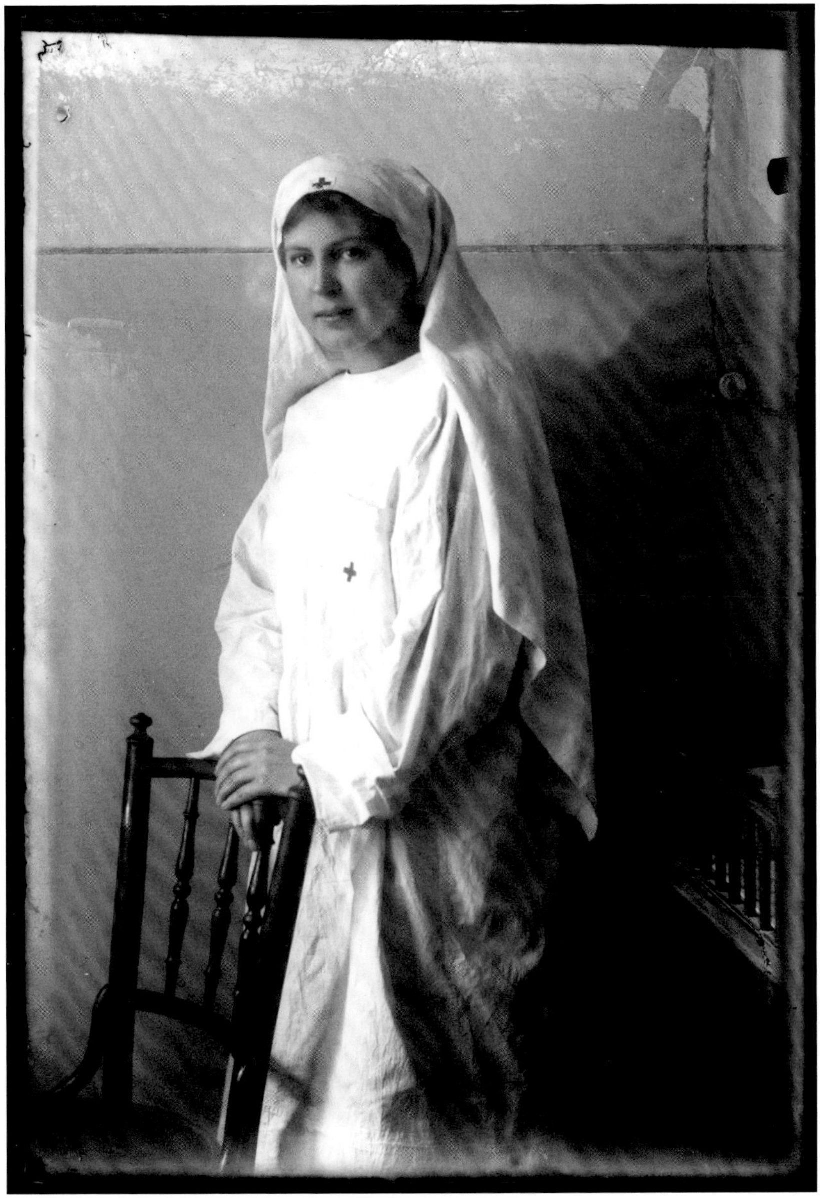

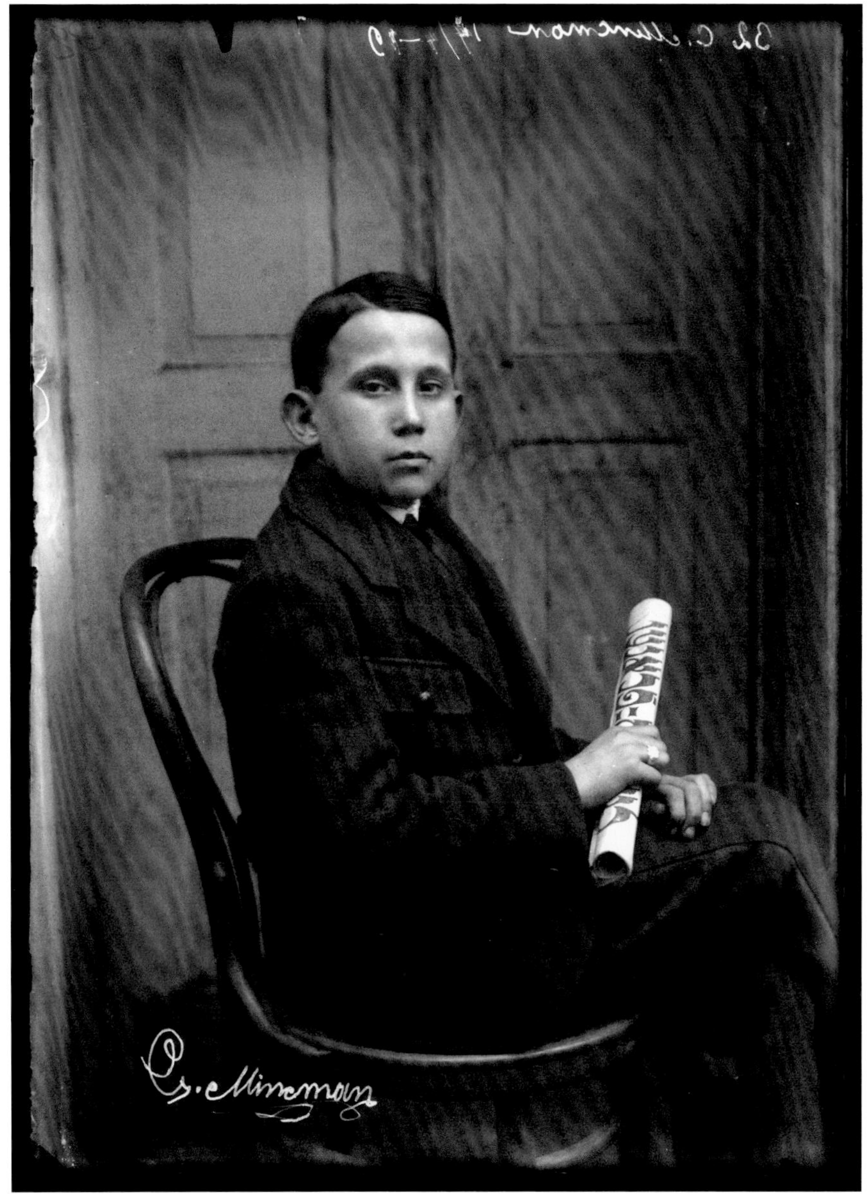

B. Mincman holding an issue of *Lebns-frage* (*Life Questions*), a publication of the Bund in Poland.

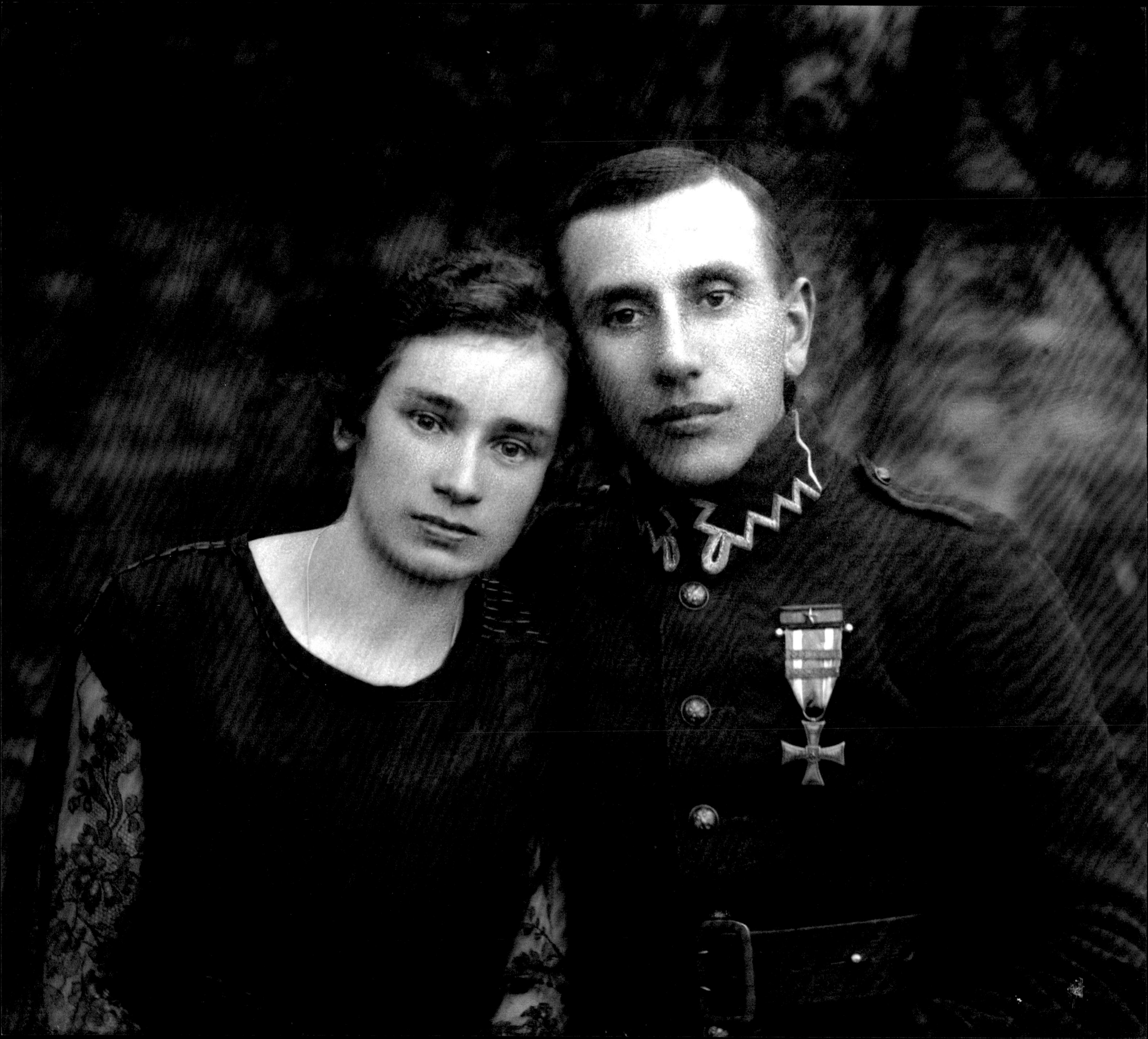

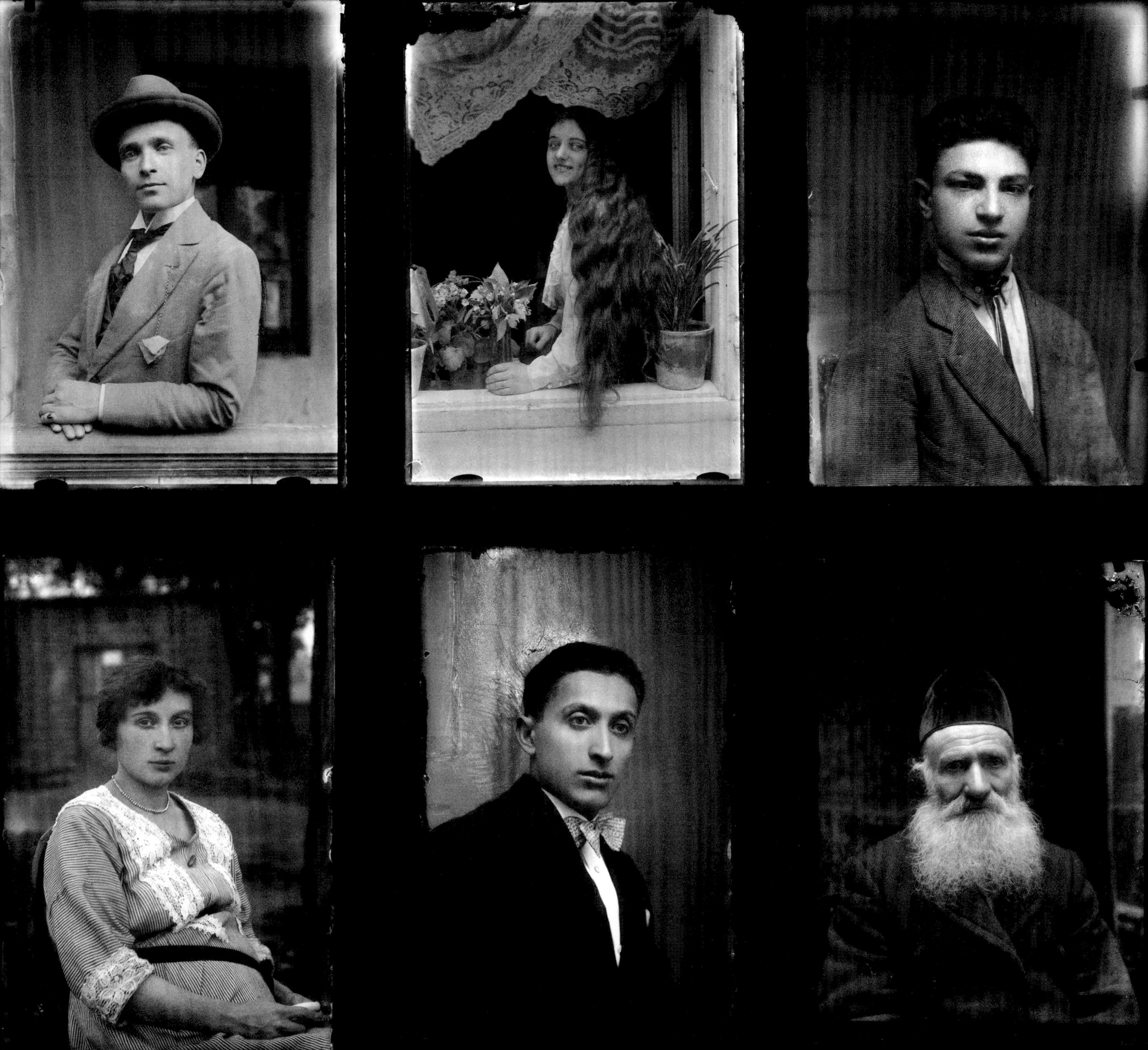

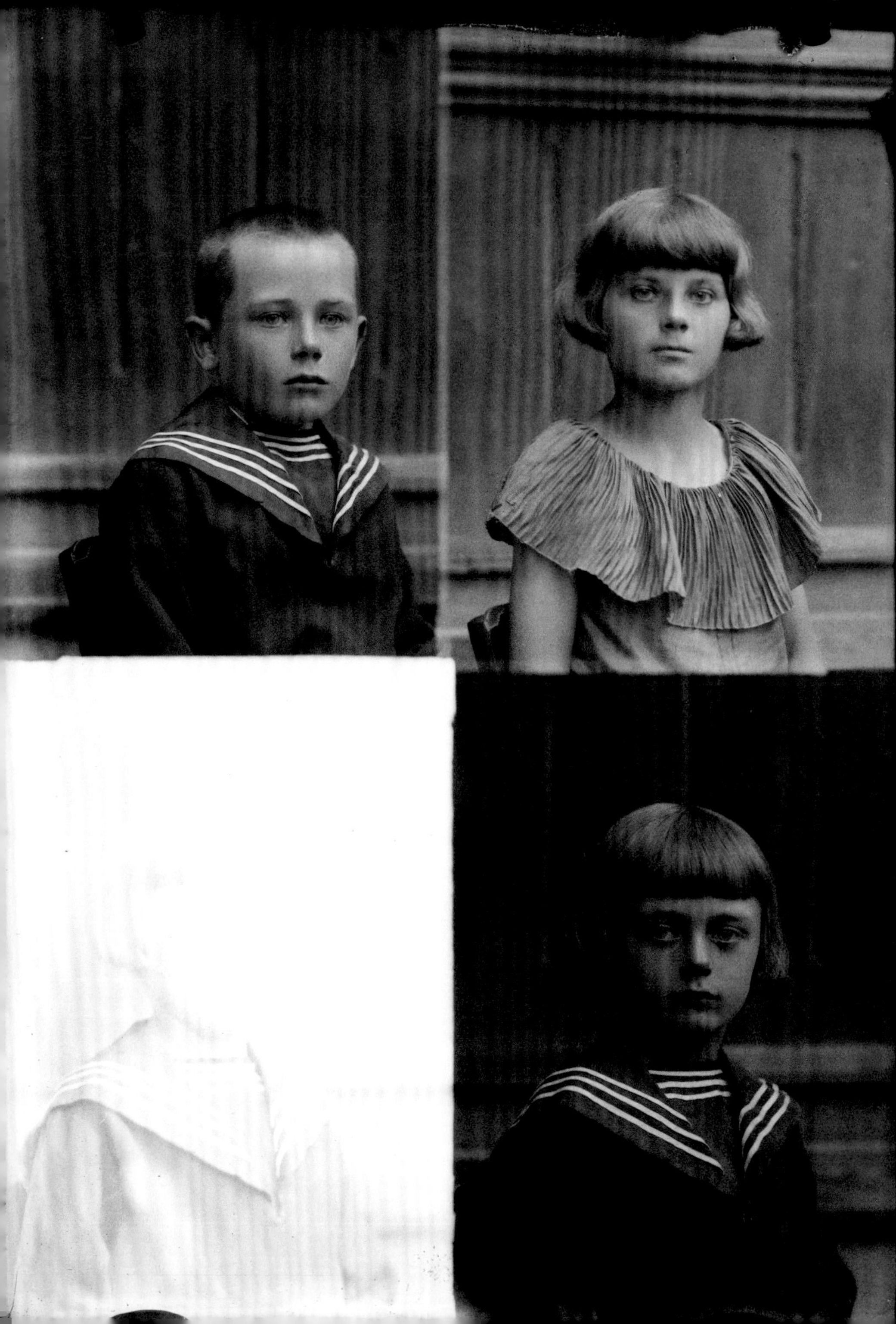

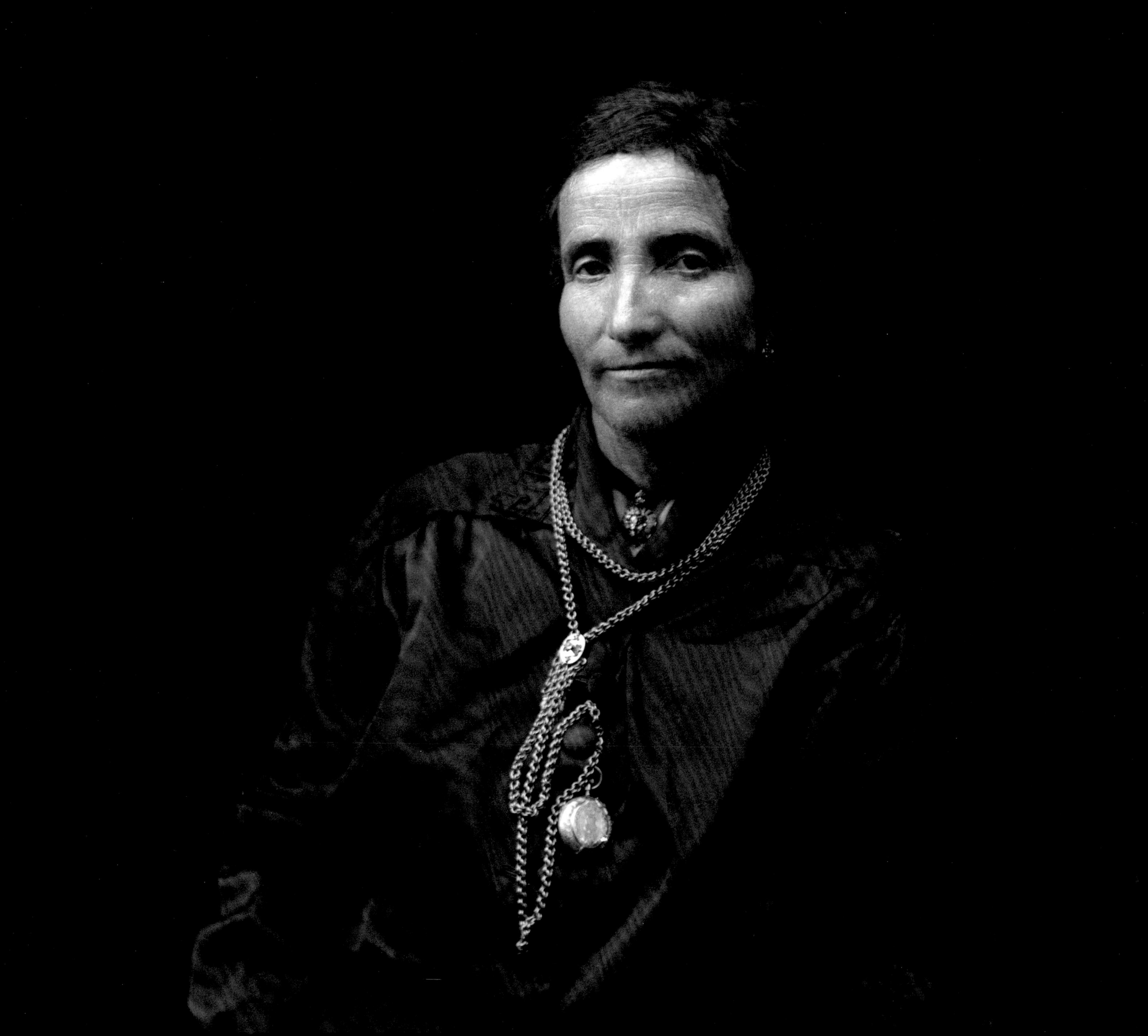

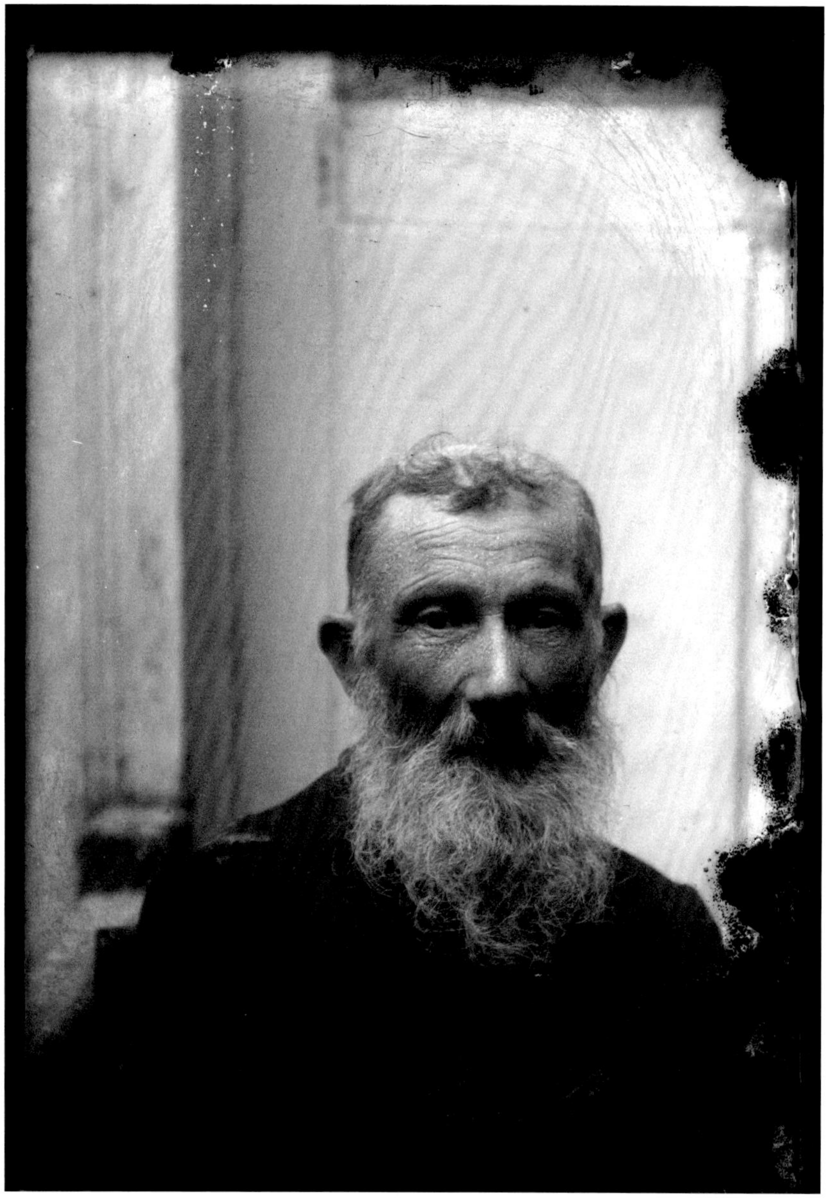
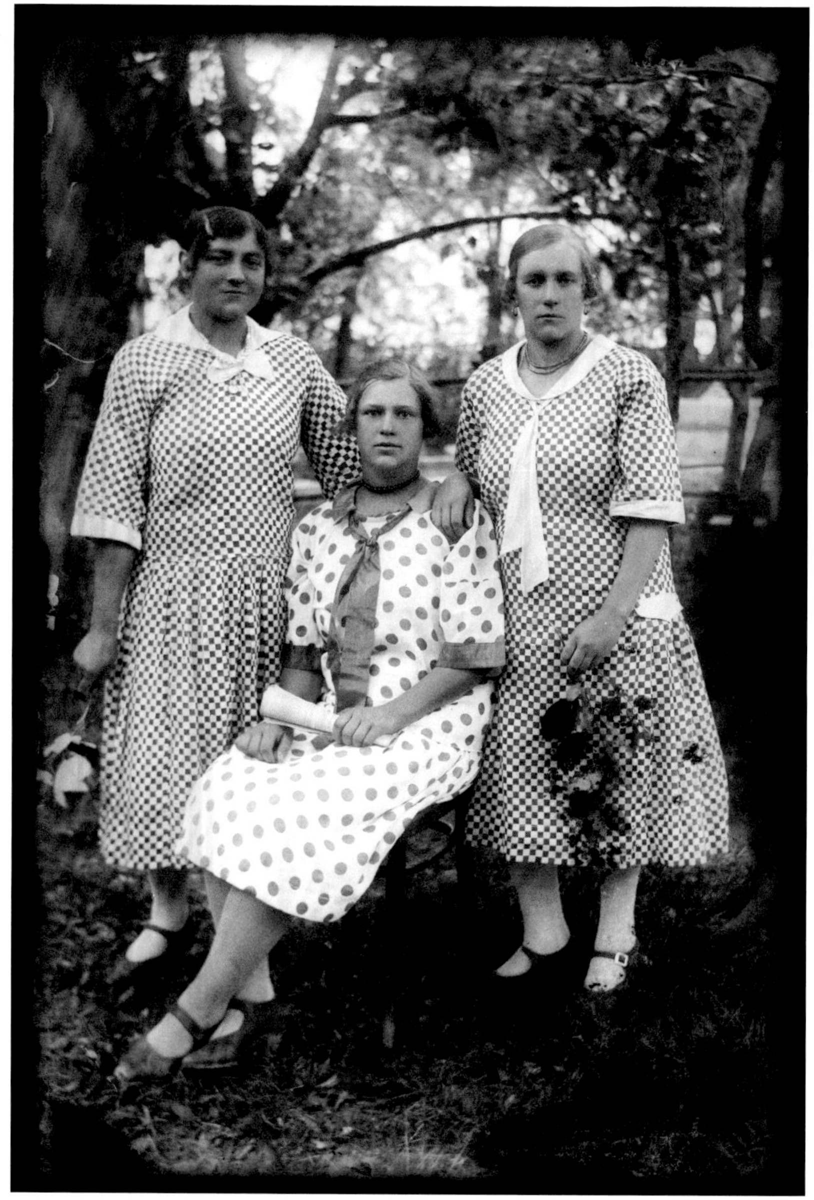

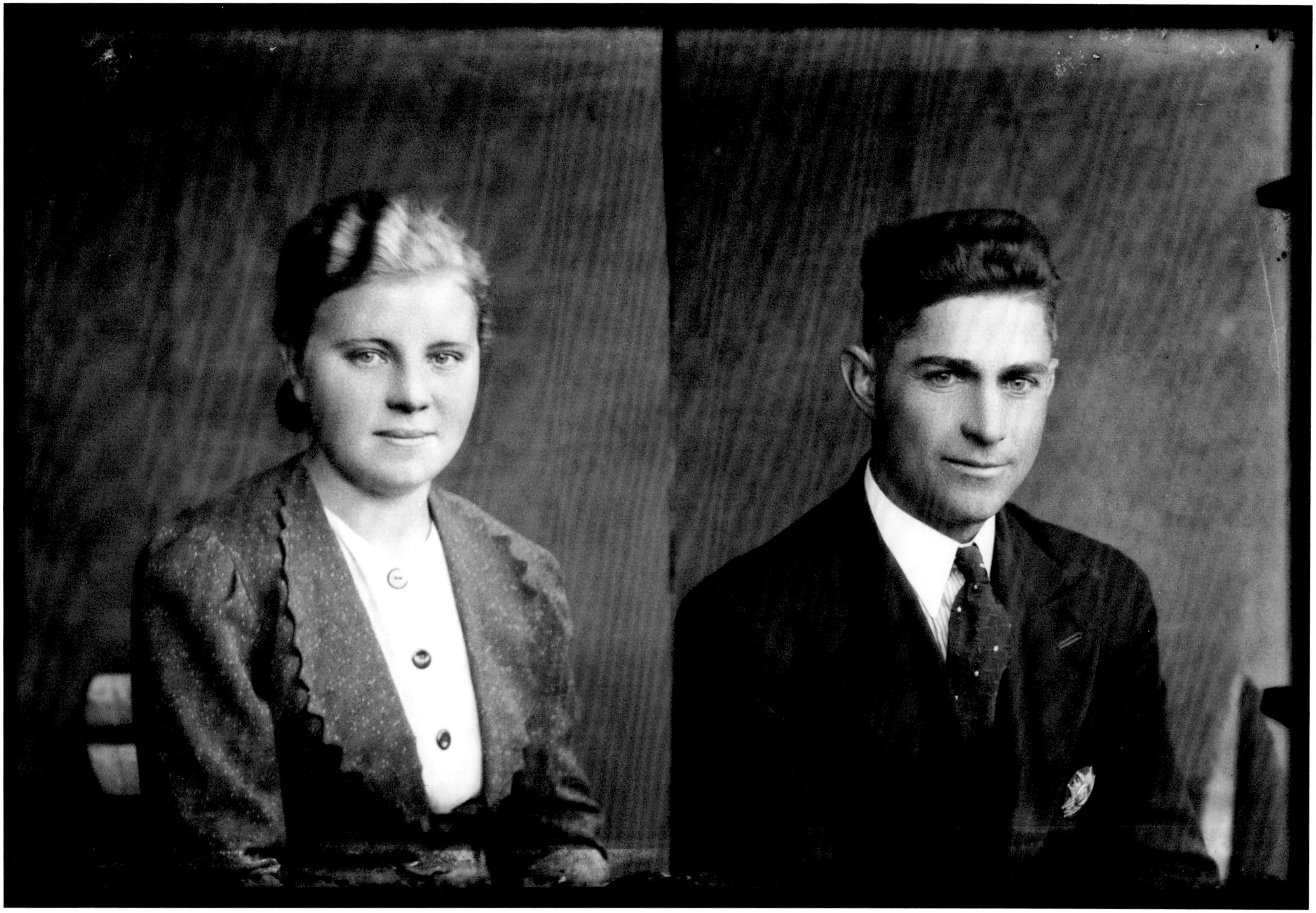

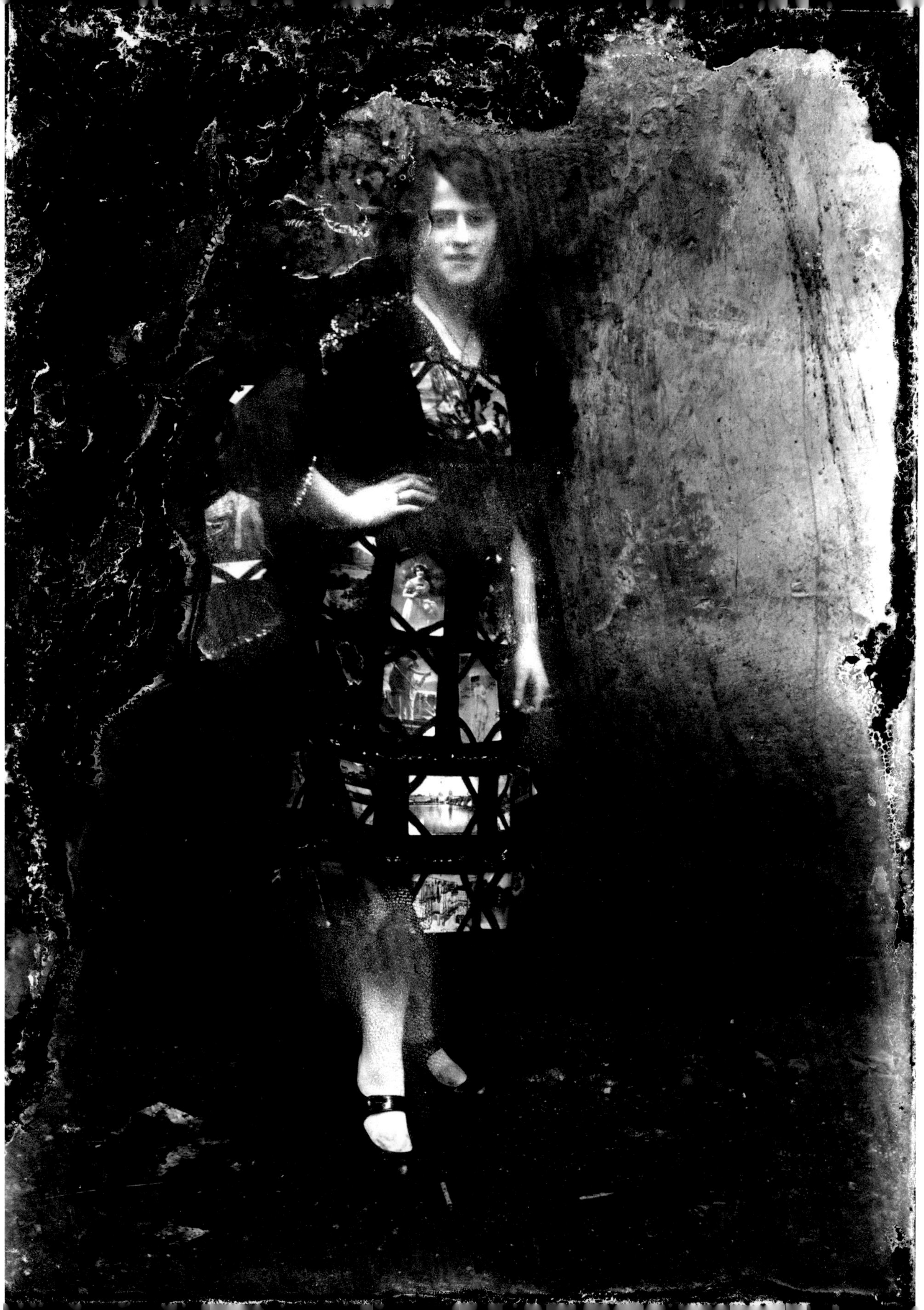

A woman wearing a dress made of photographs.

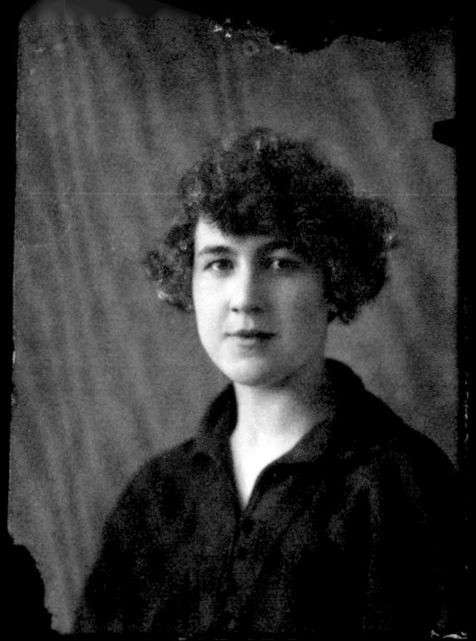

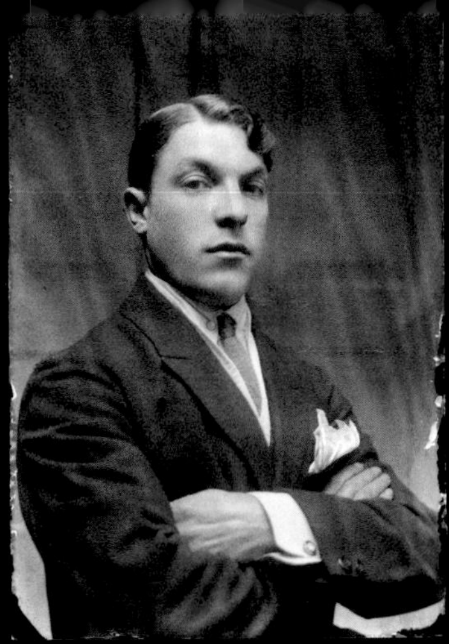

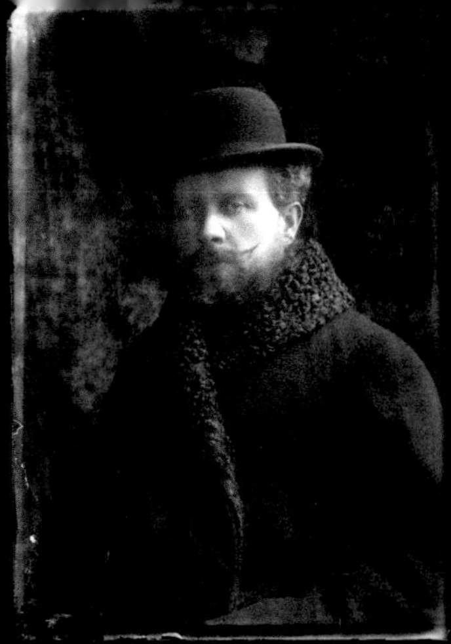

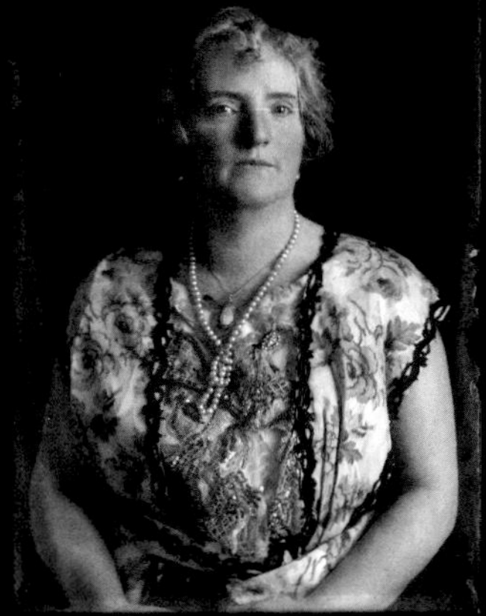

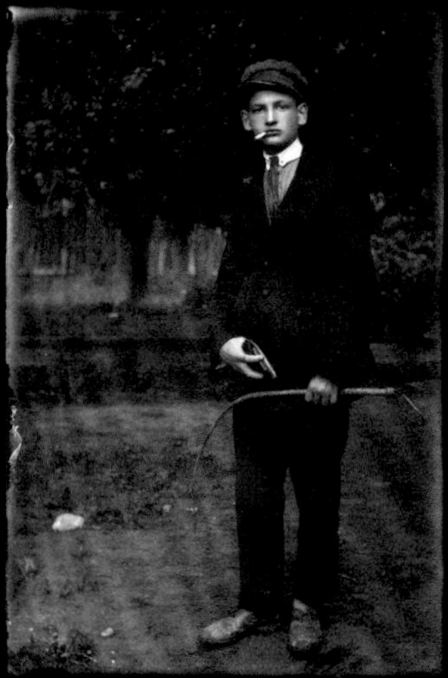

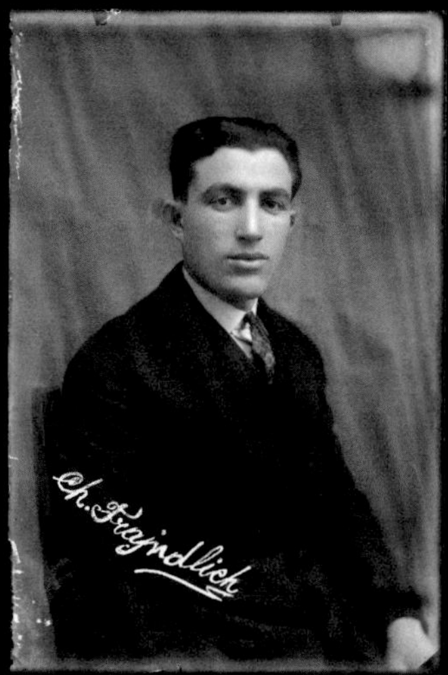
Ch. Frajndlich

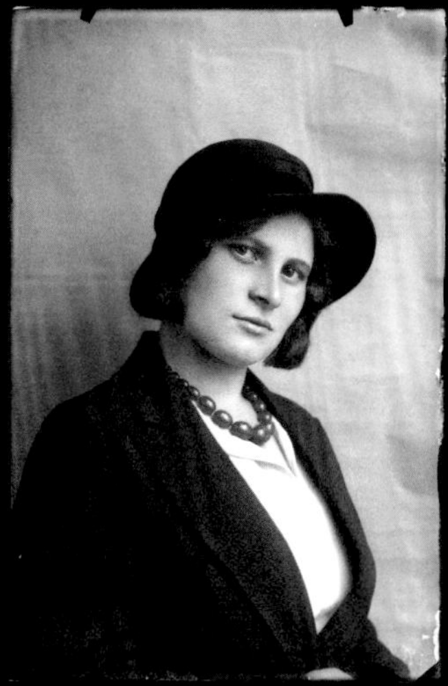

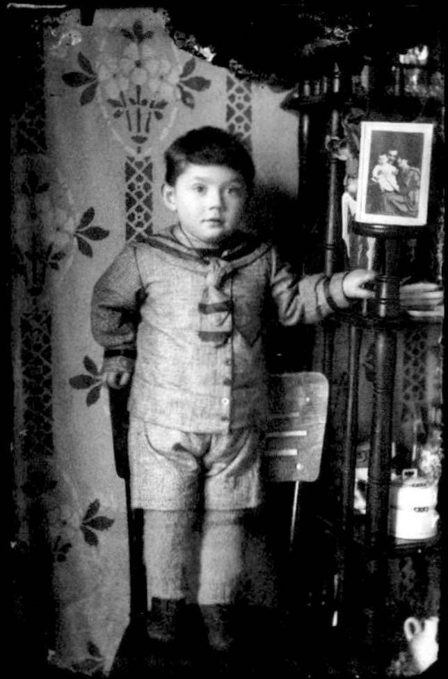

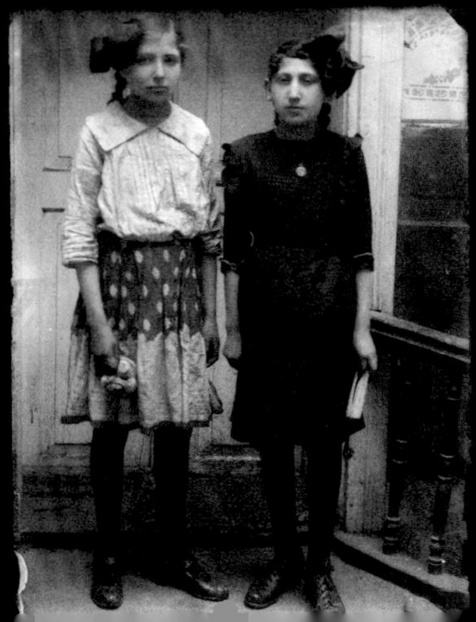

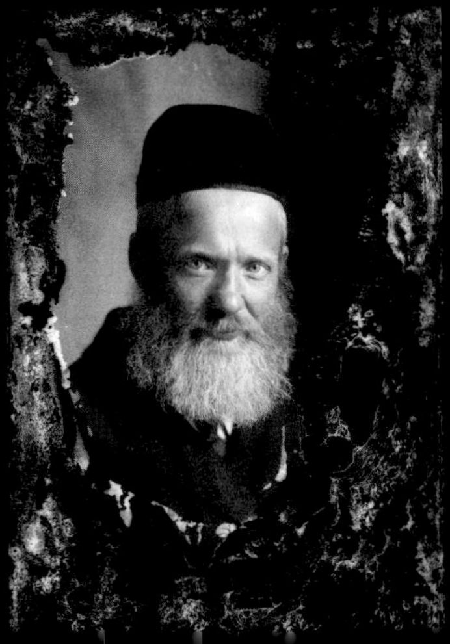

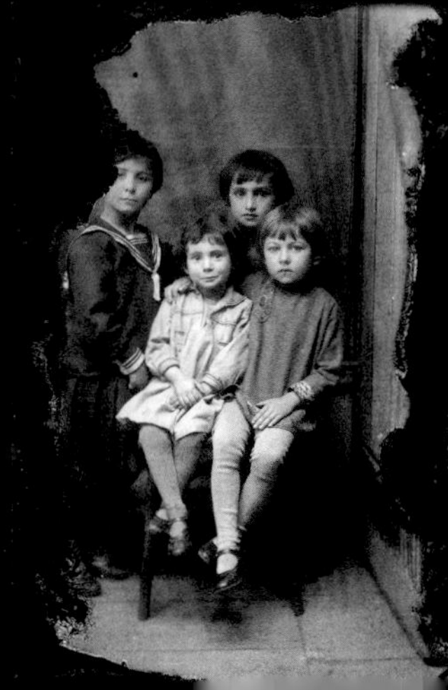

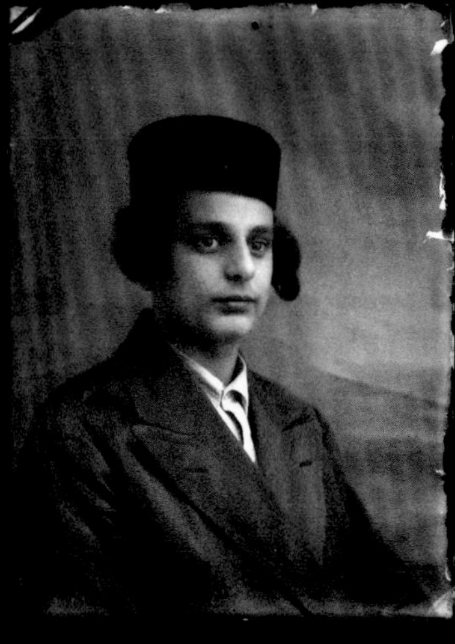

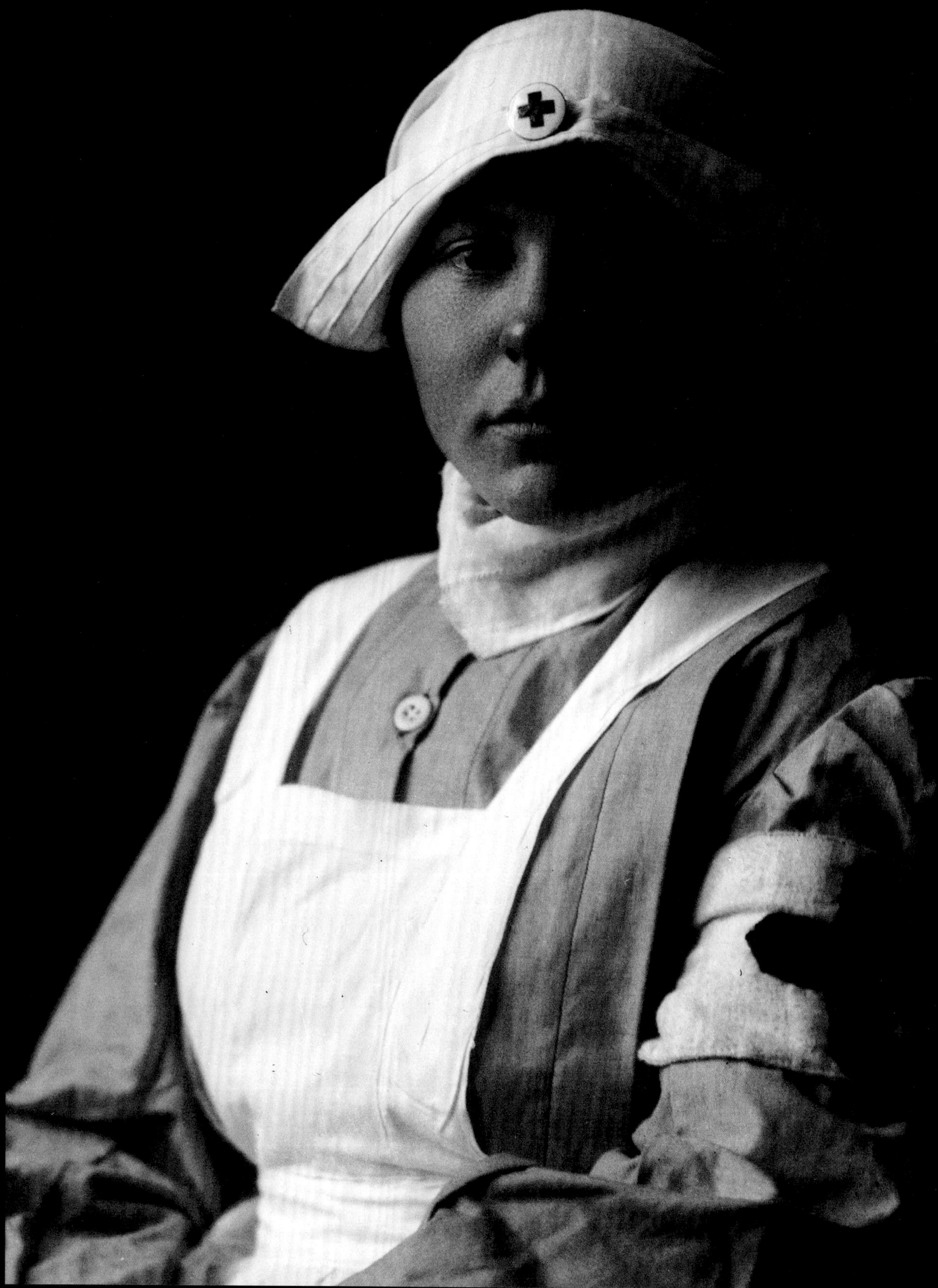

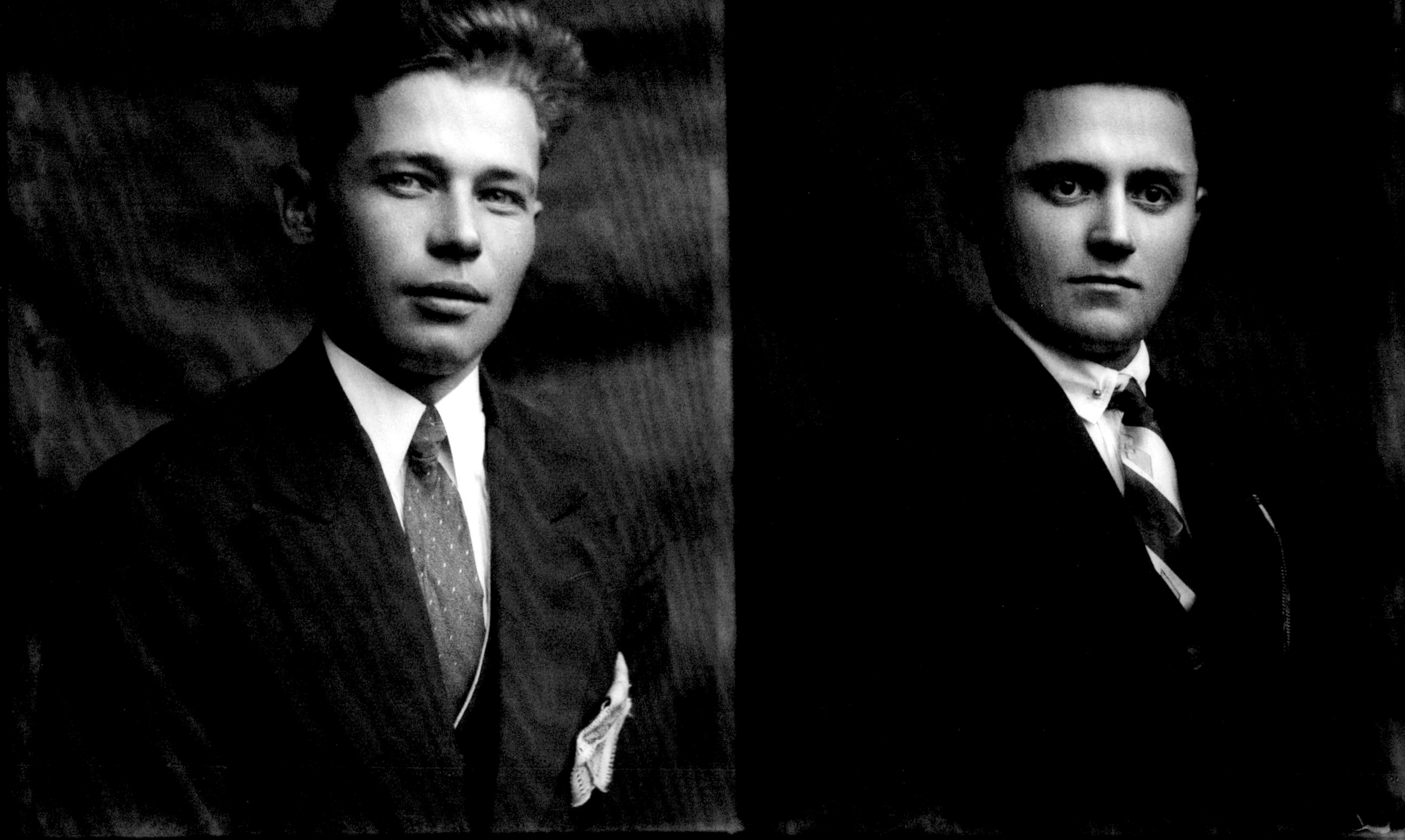

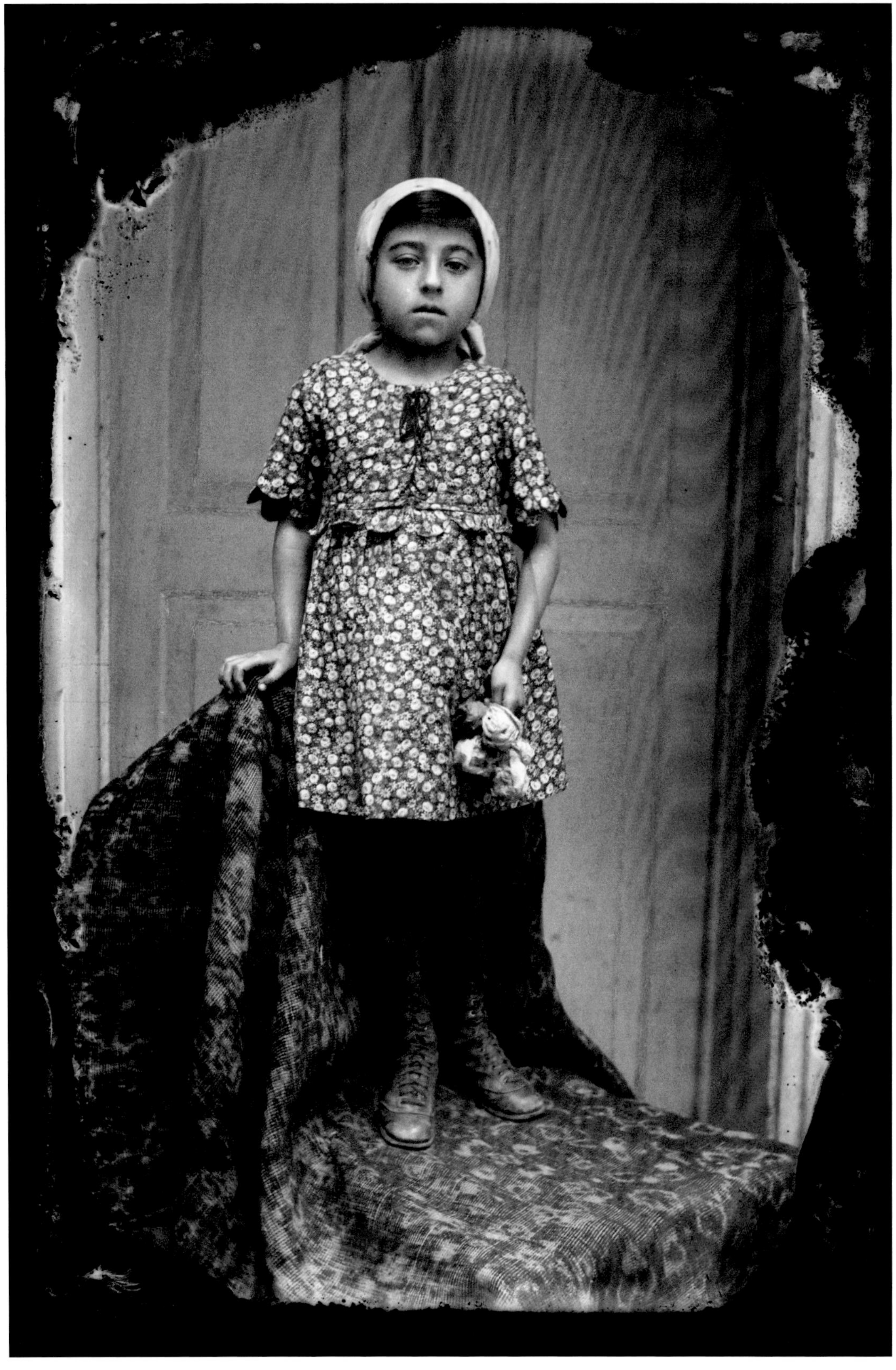

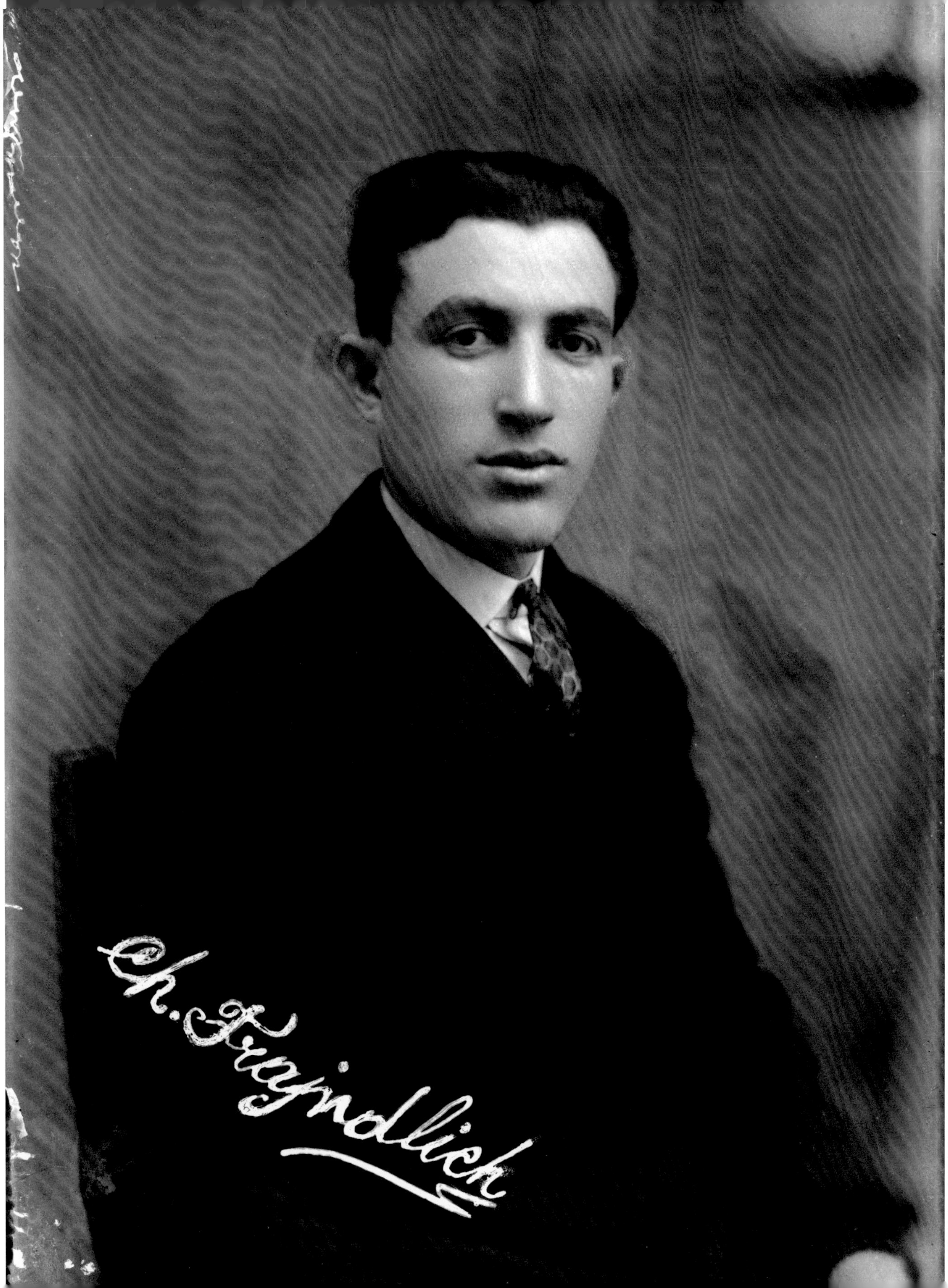
Ch. Frajndlich

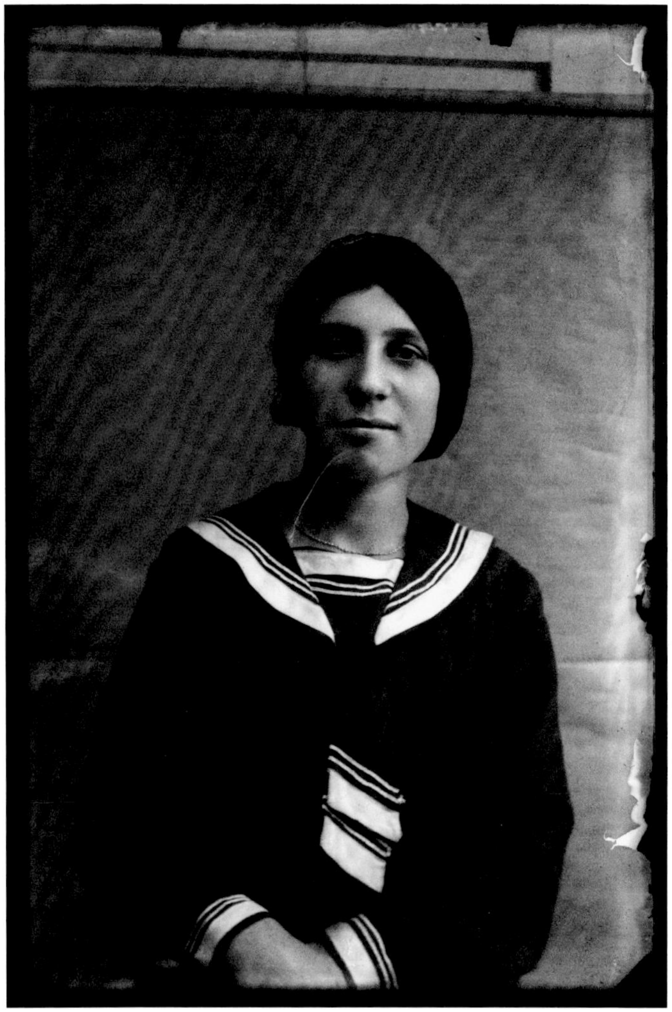

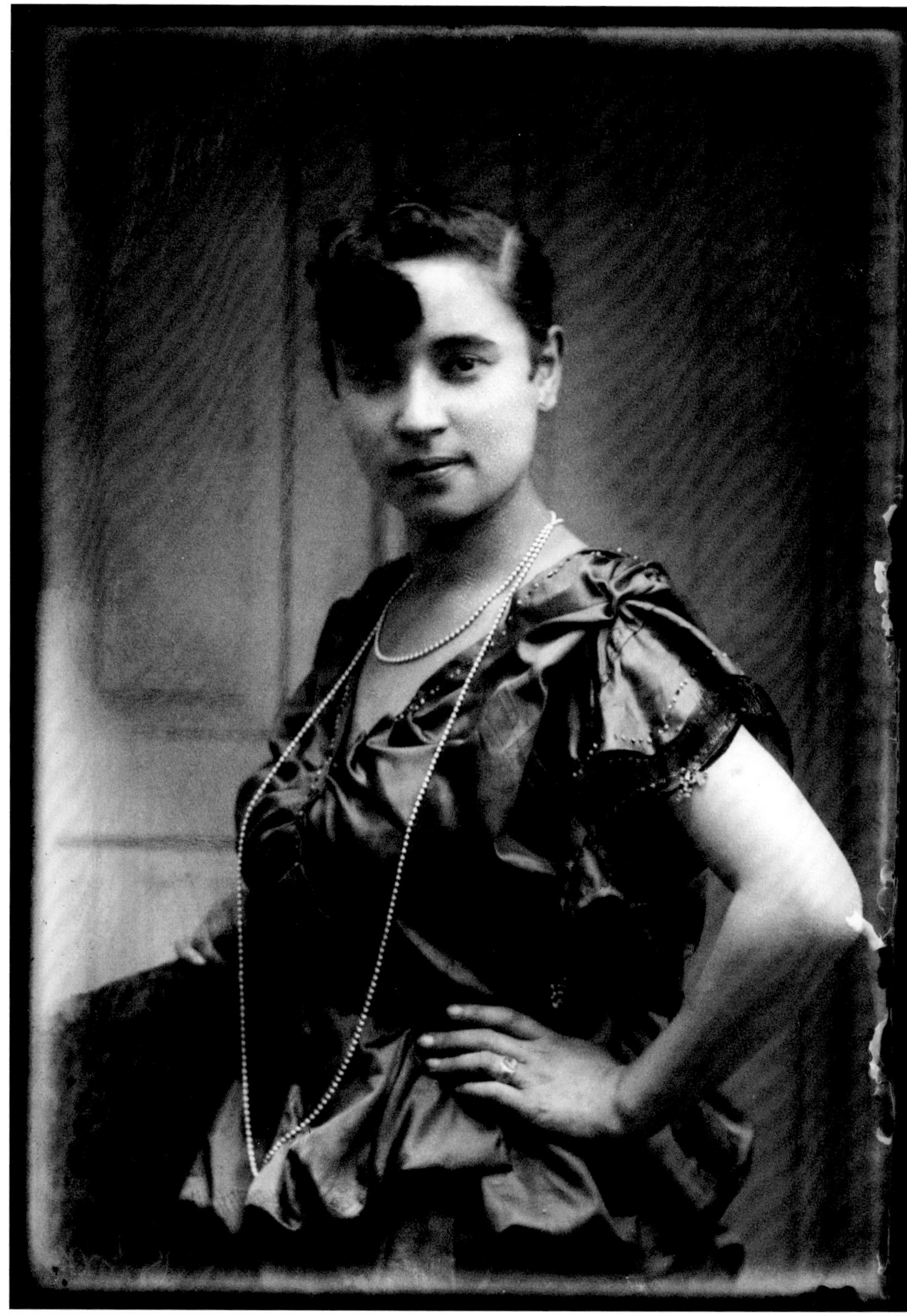

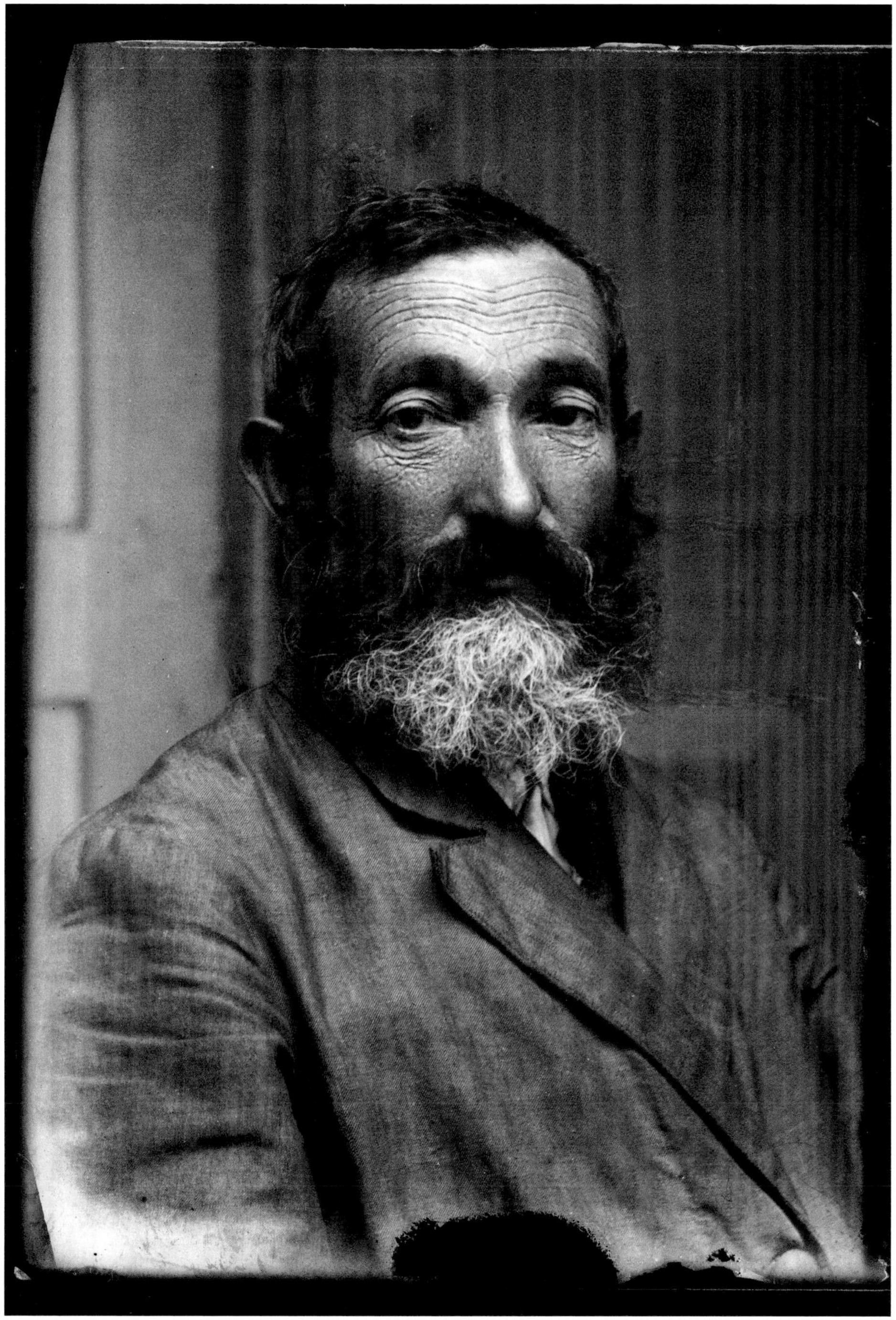

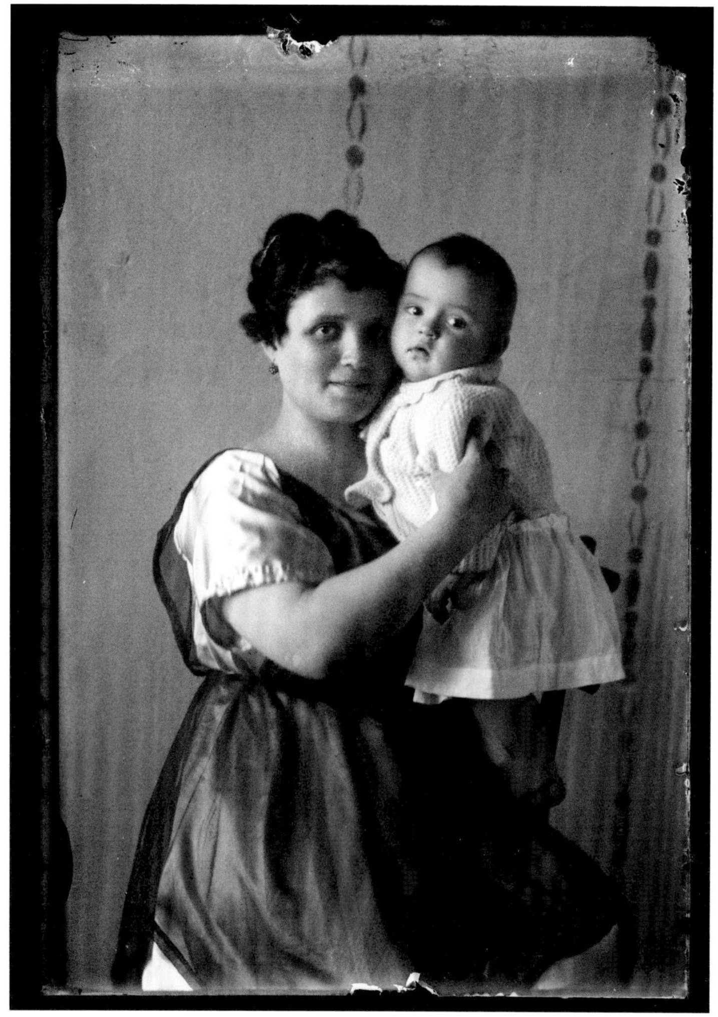

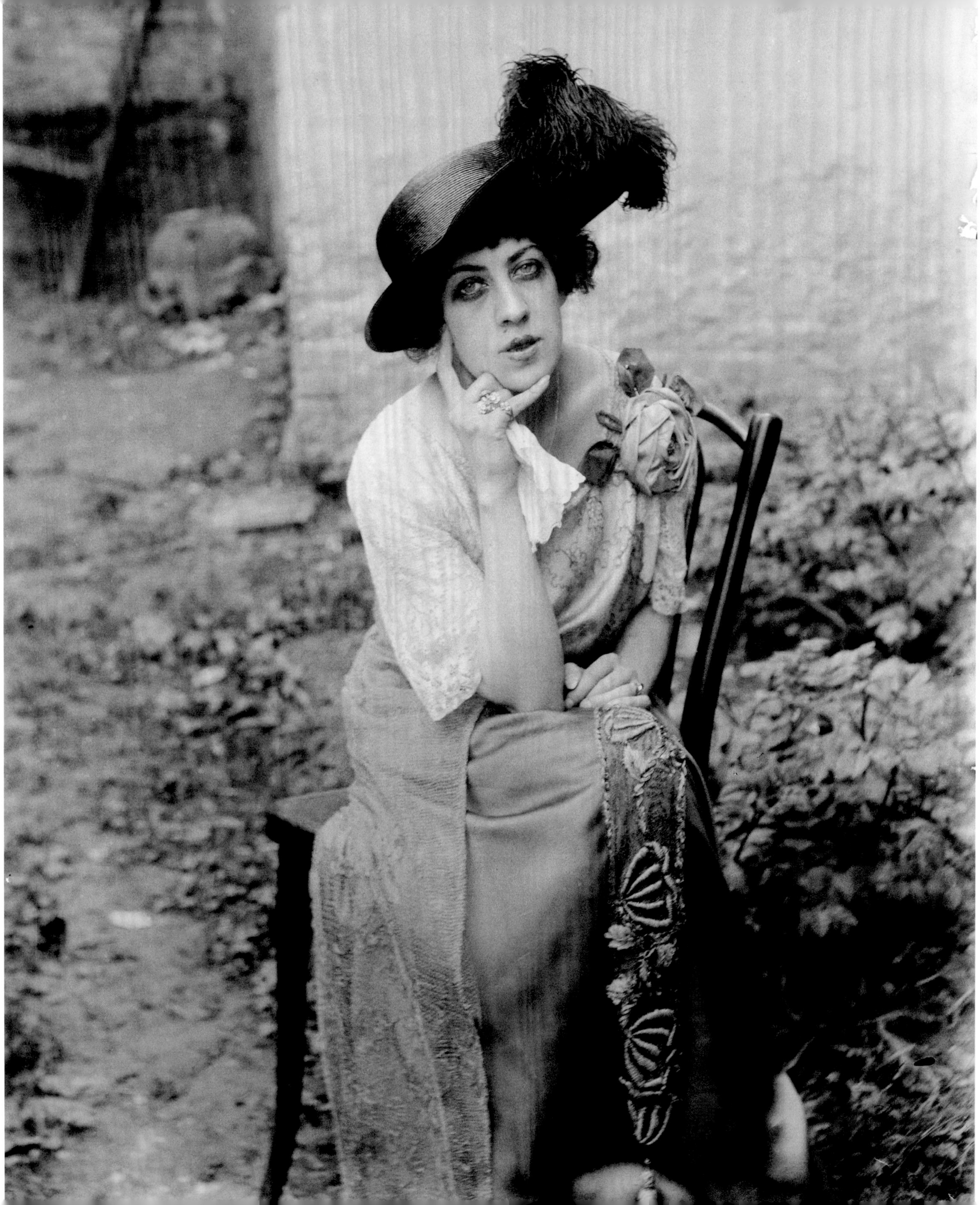

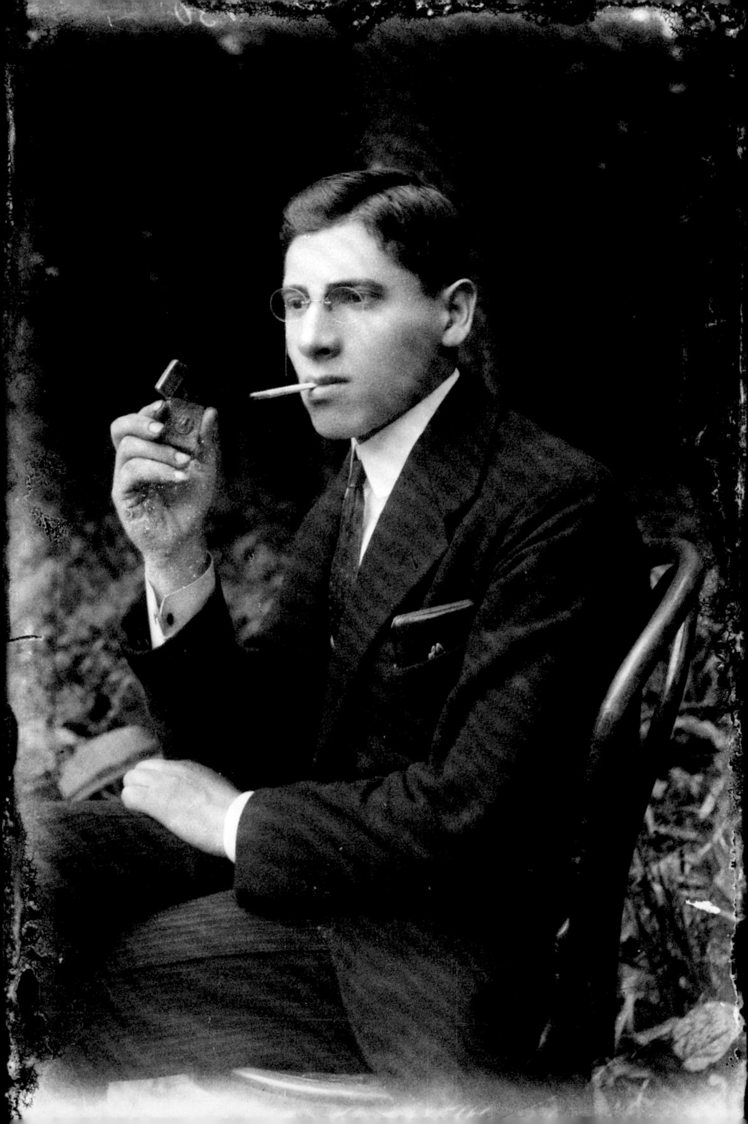

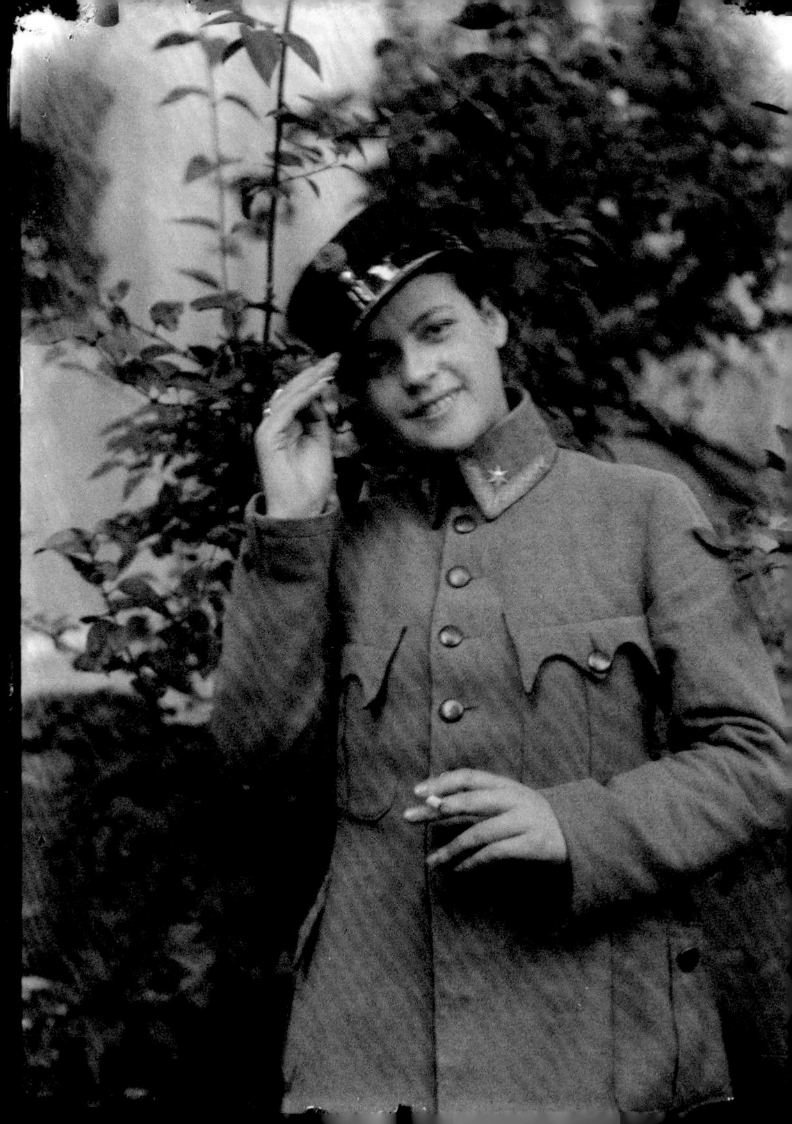

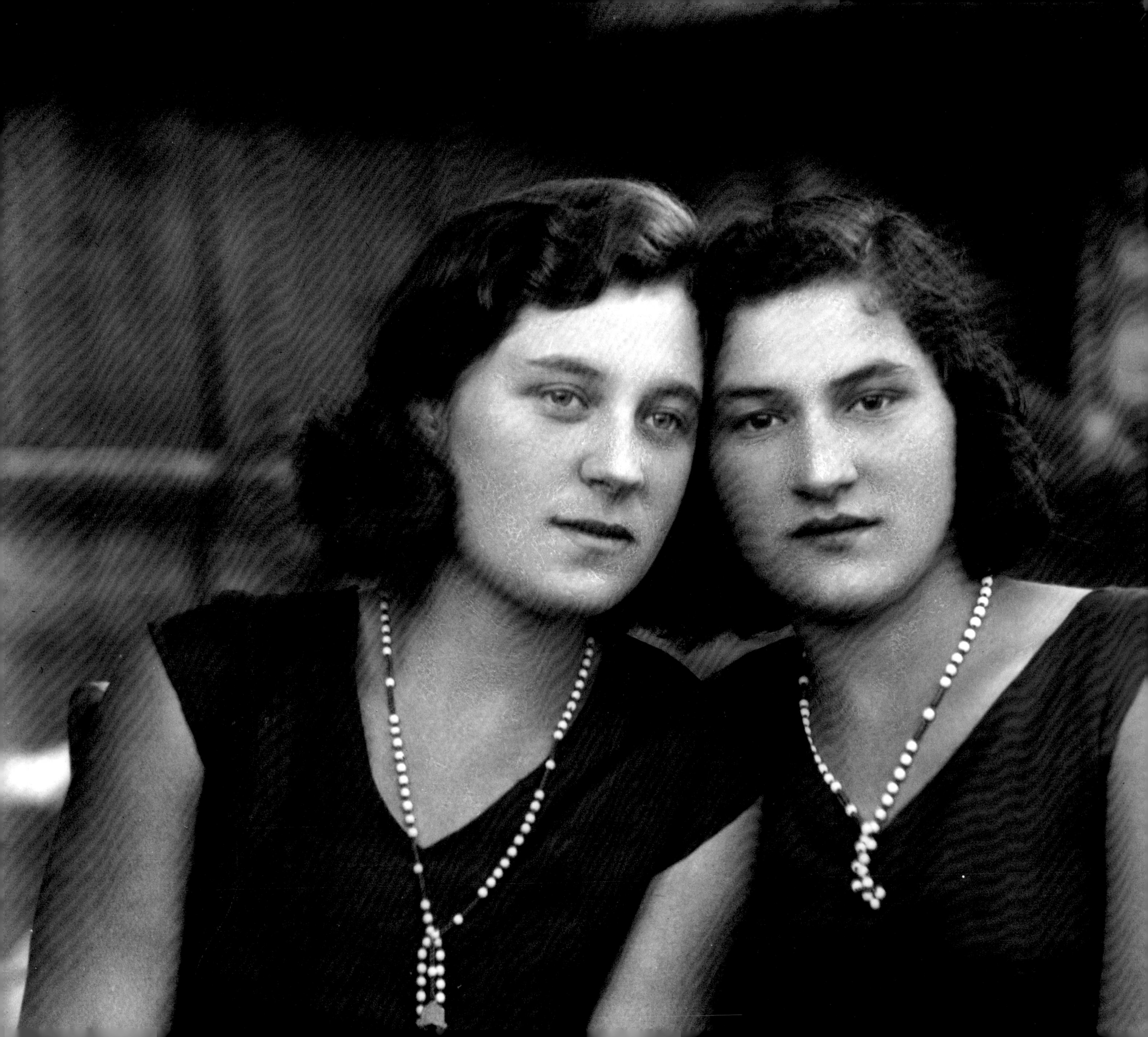

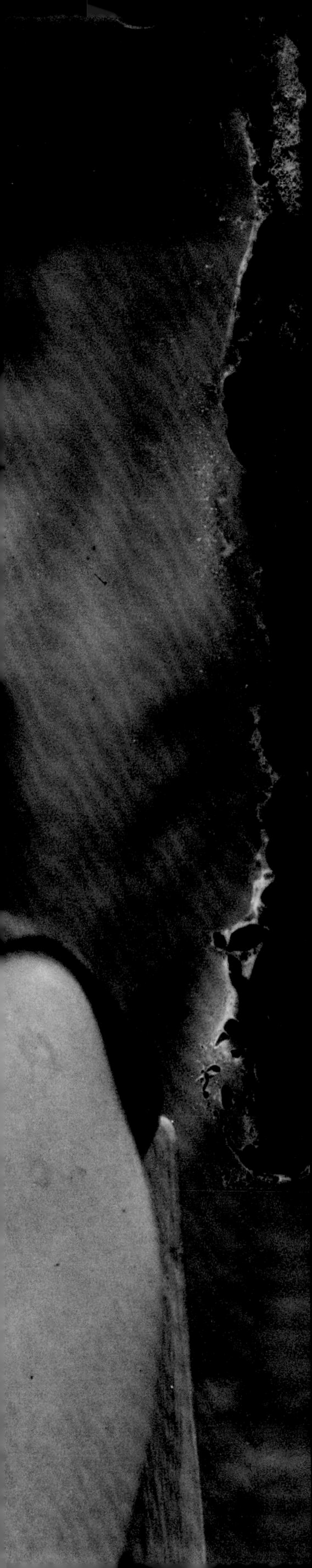

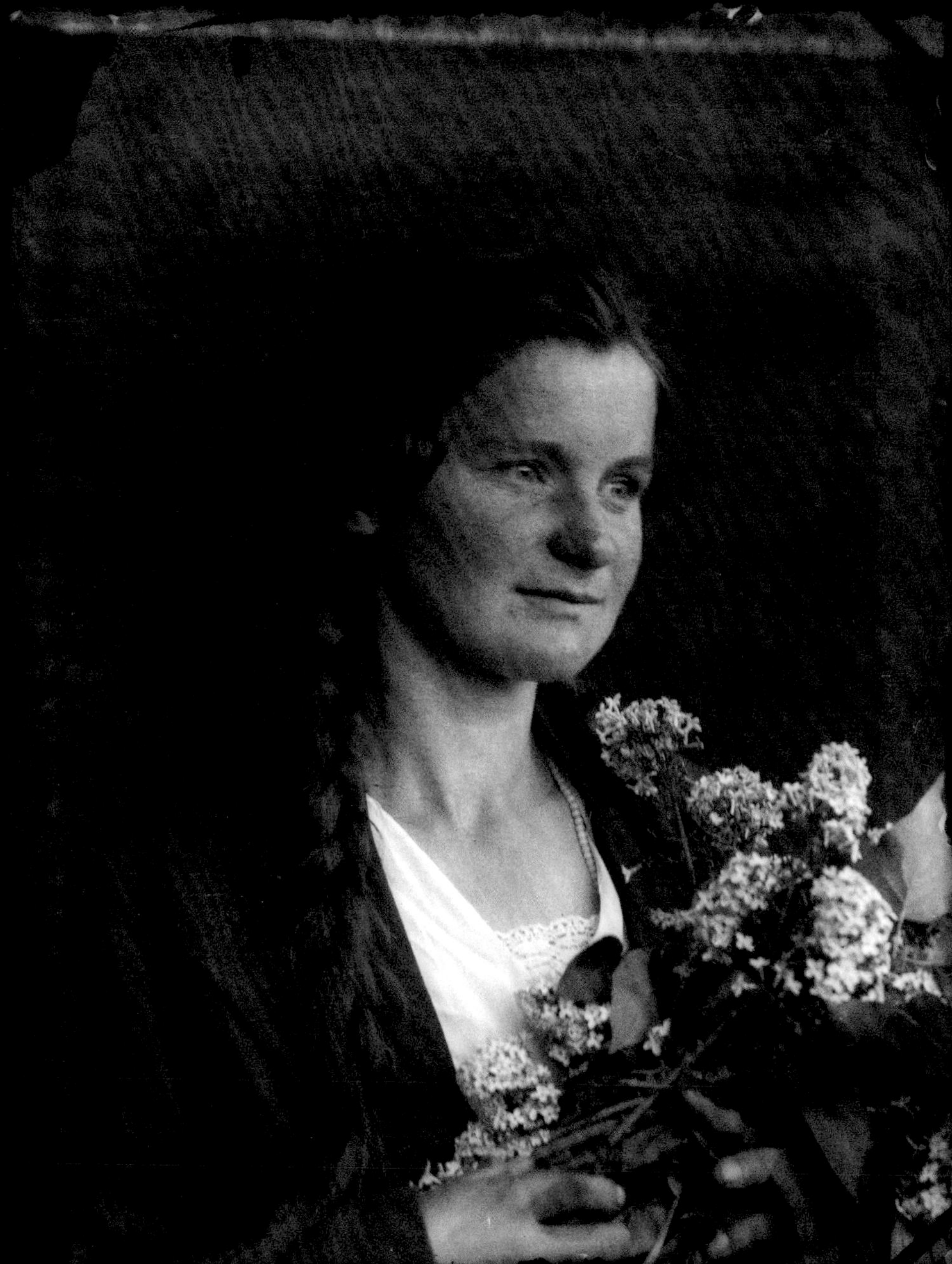

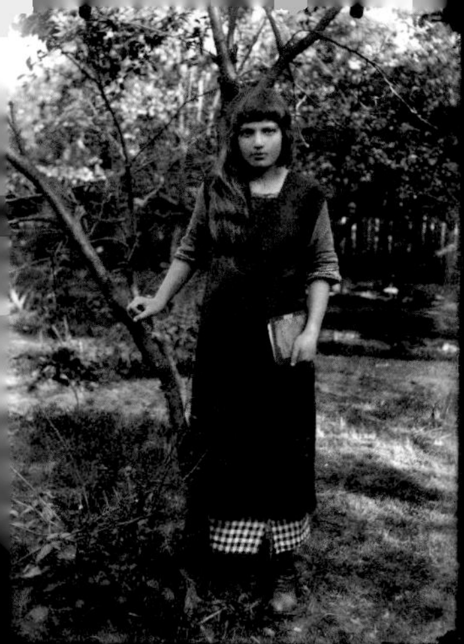
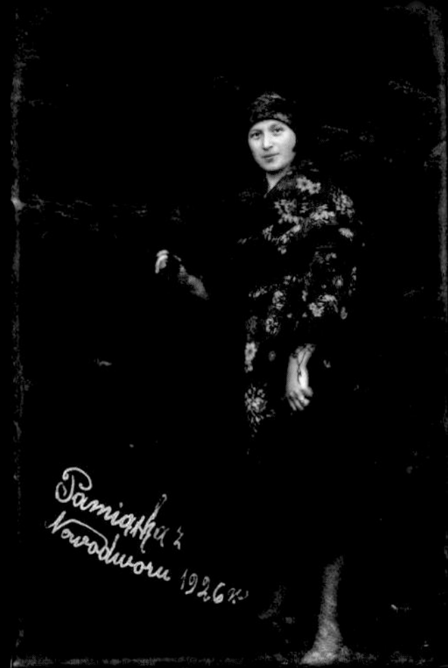
Pamiątka z
Nowodworu 1926 r.
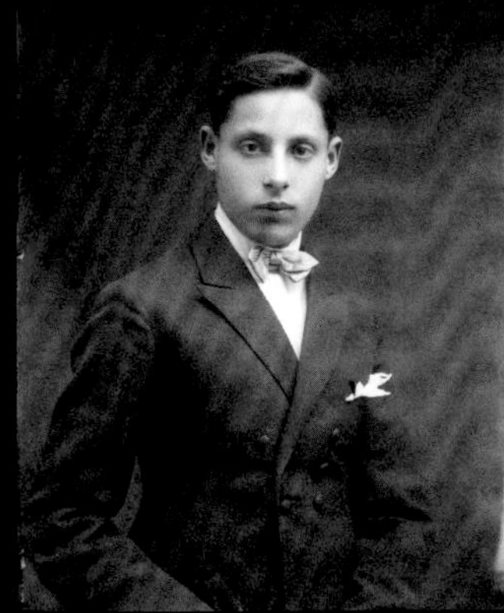
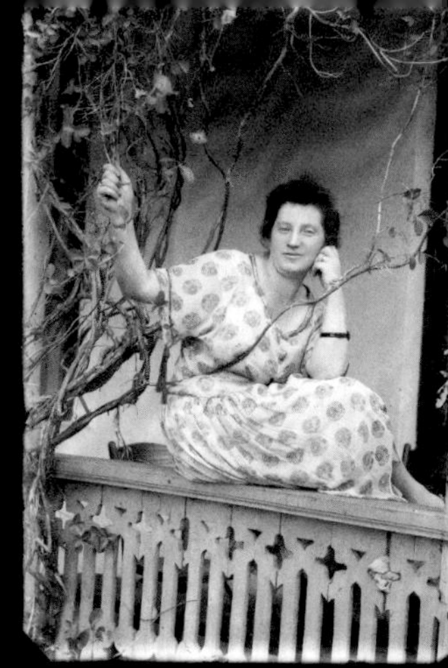
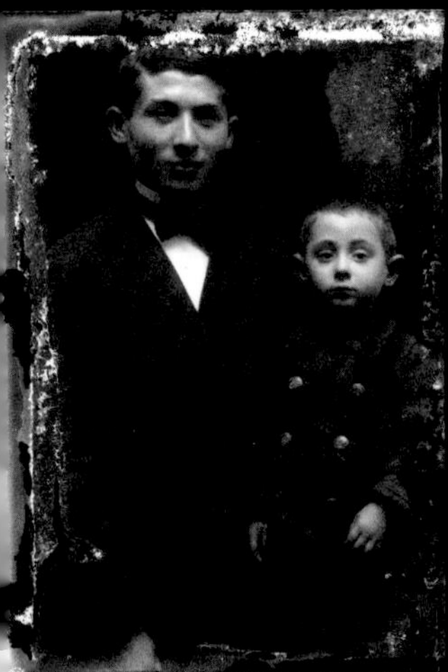
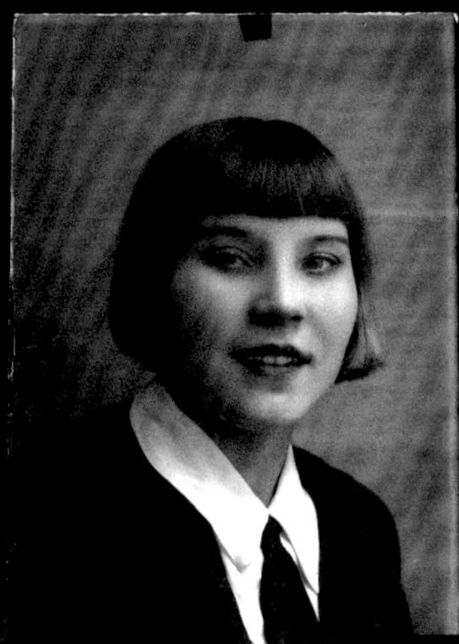
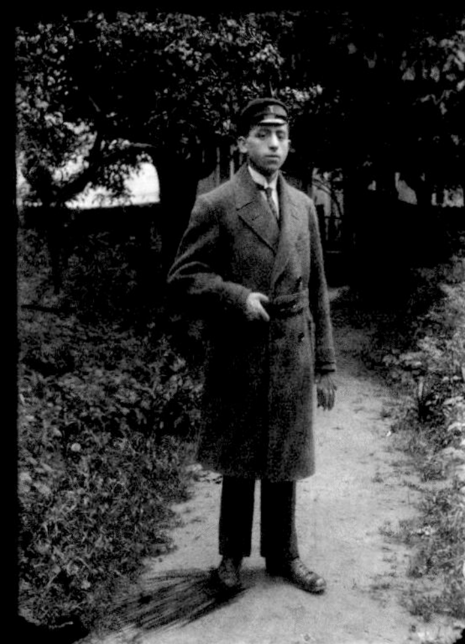
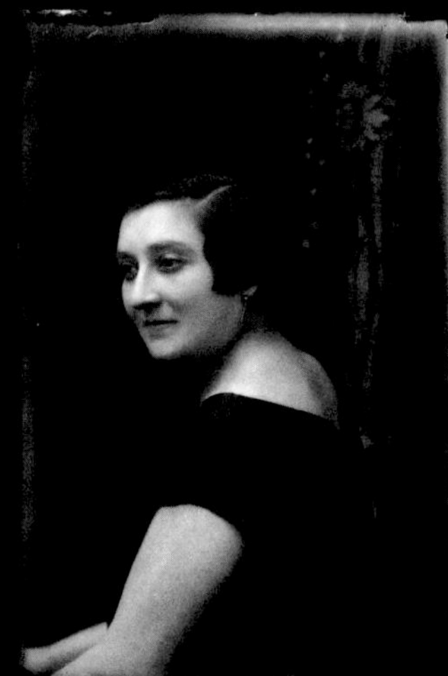
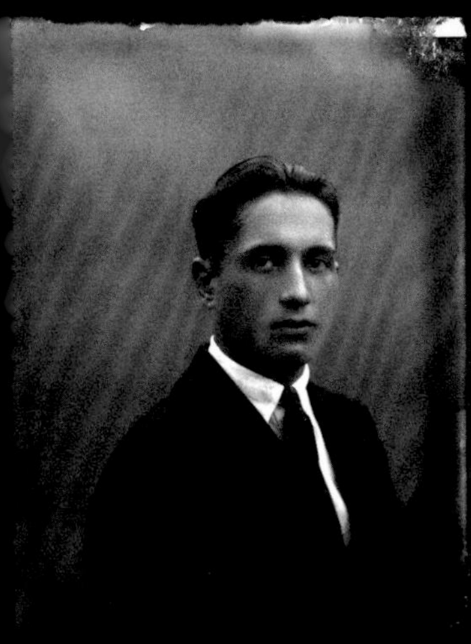
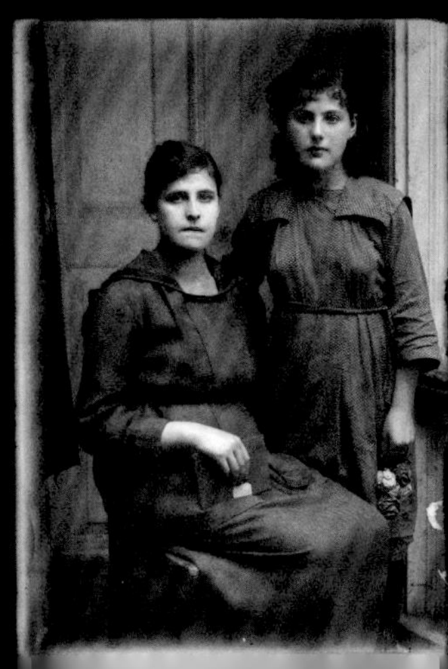
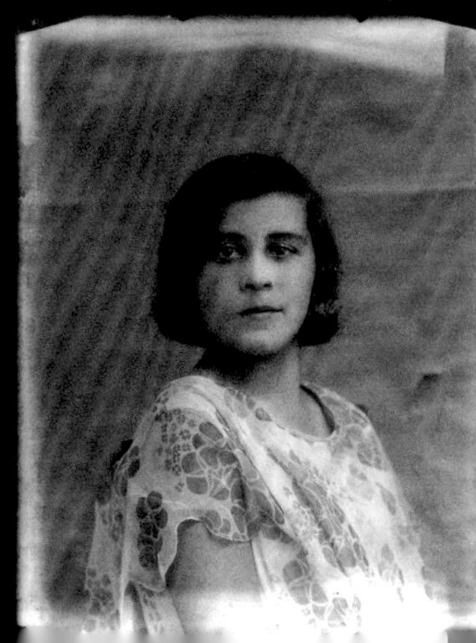
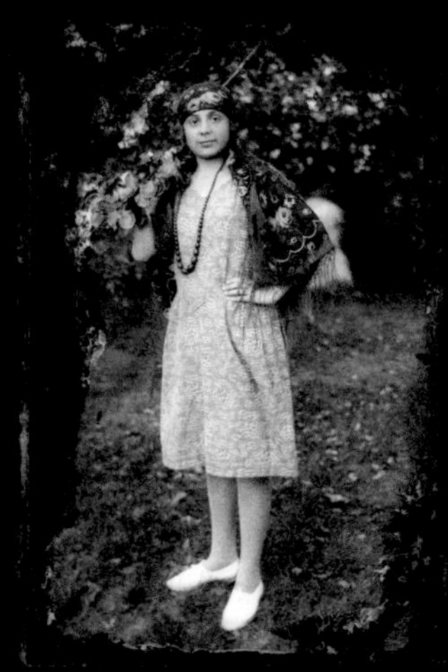

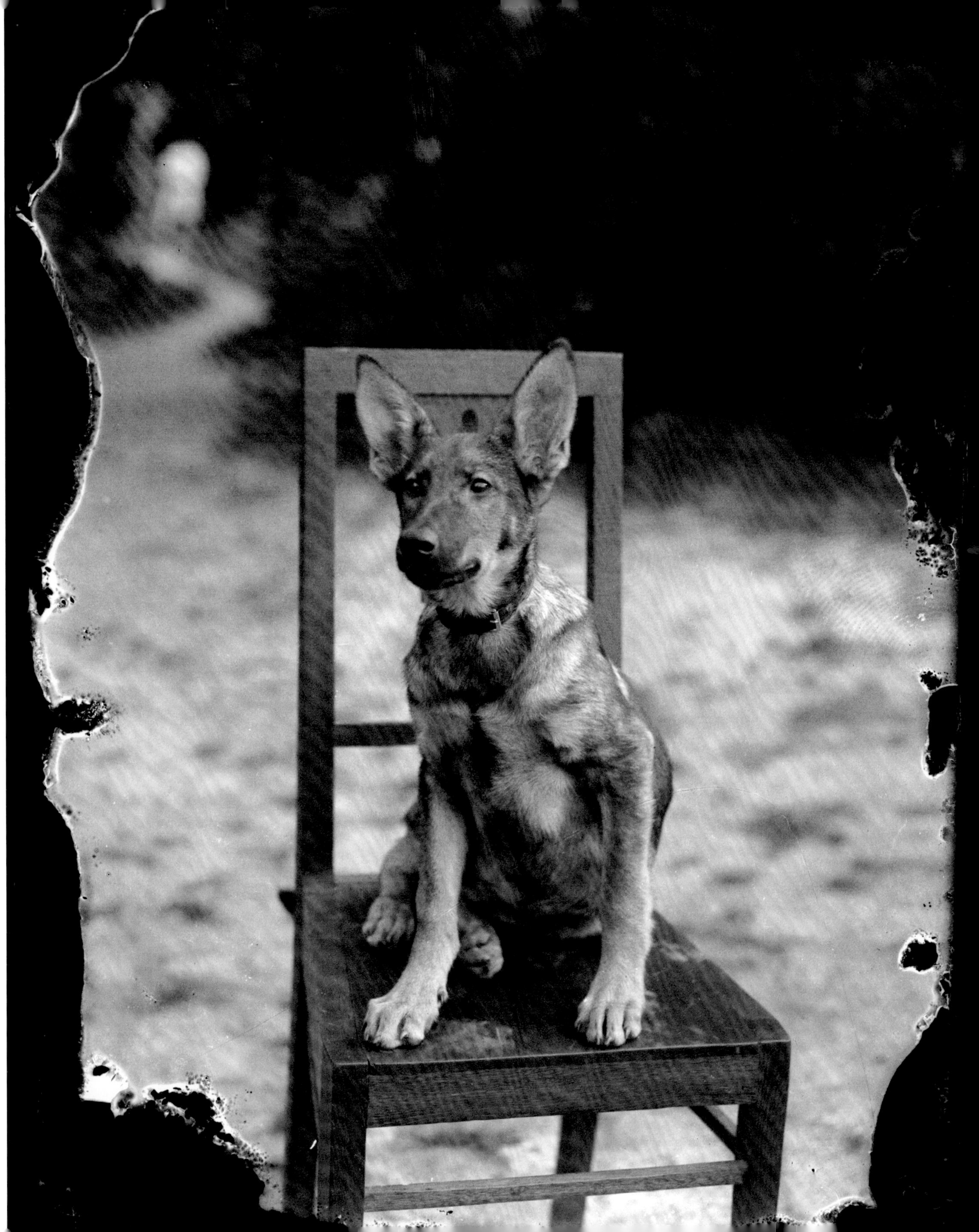

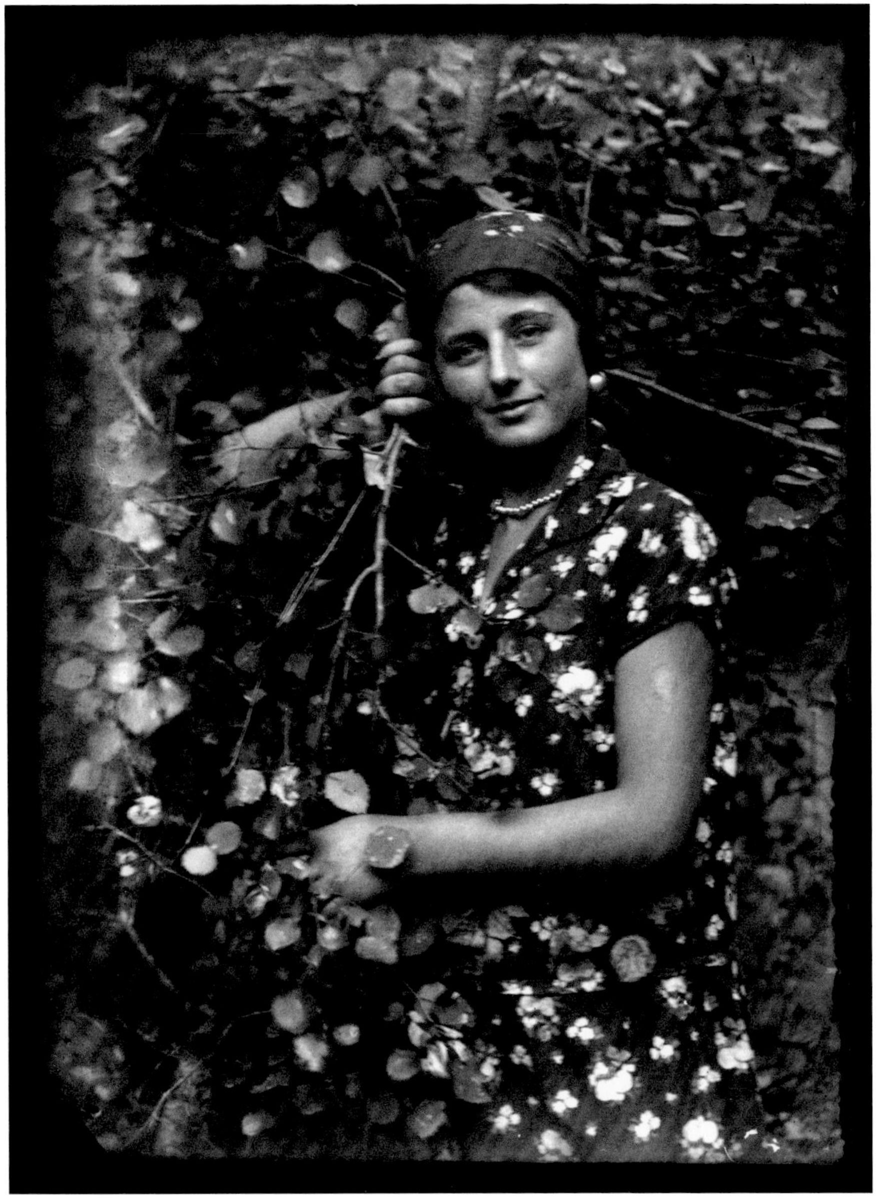

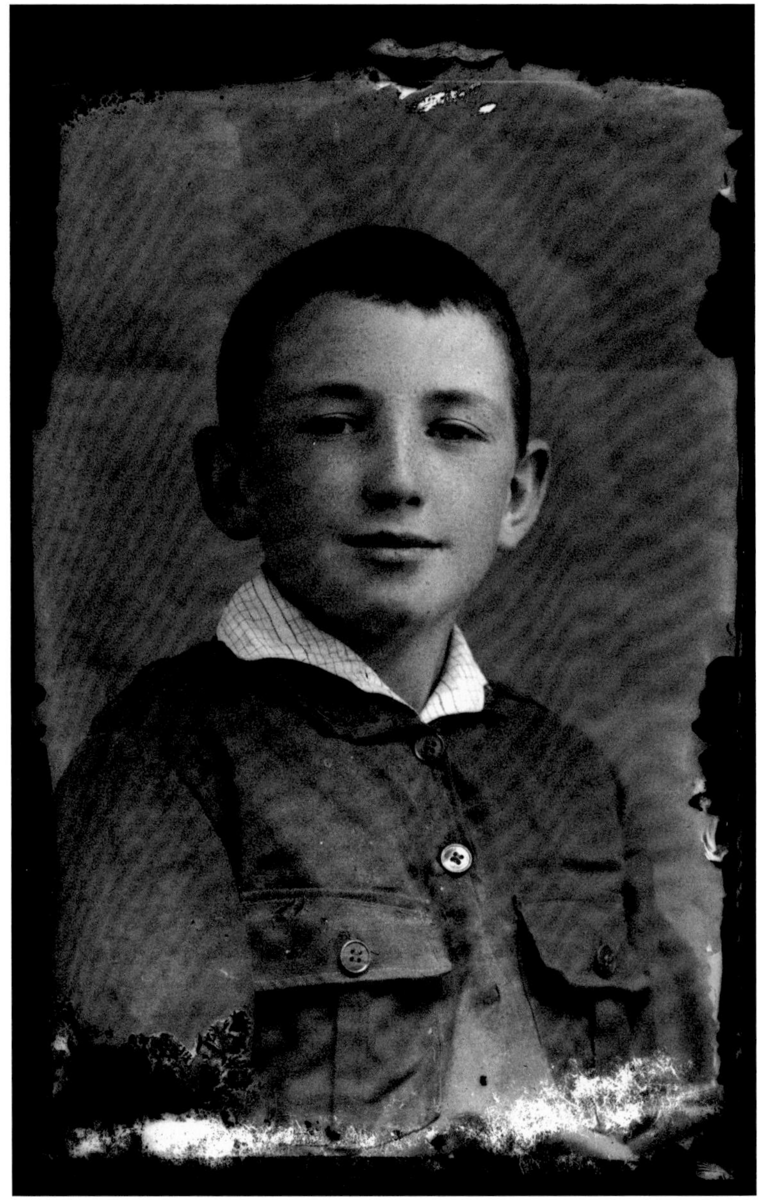

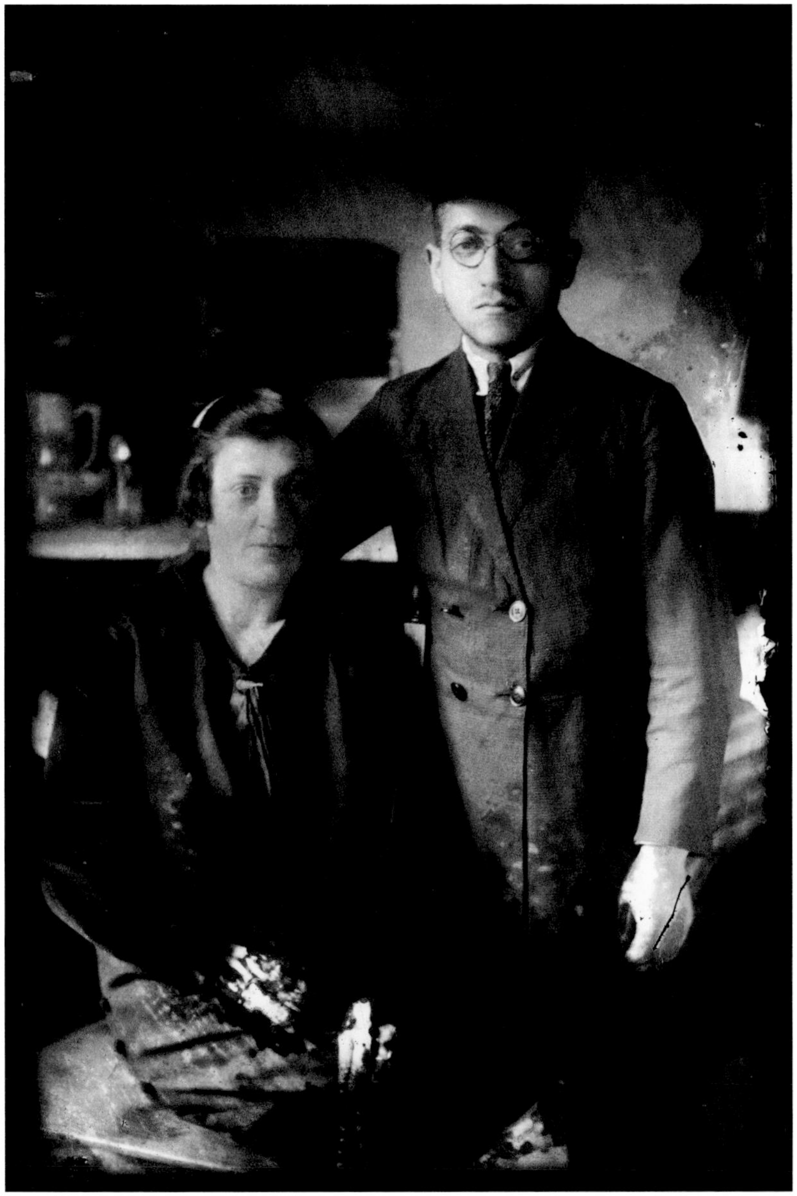

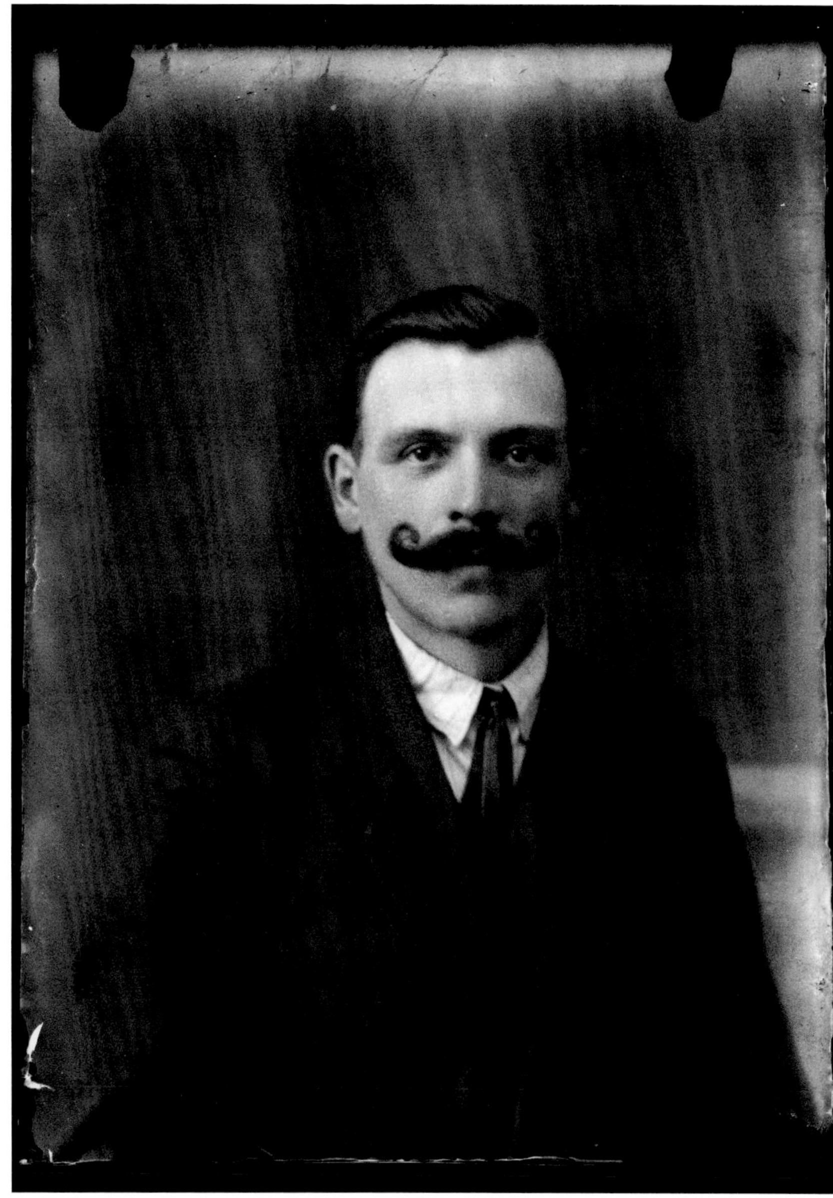

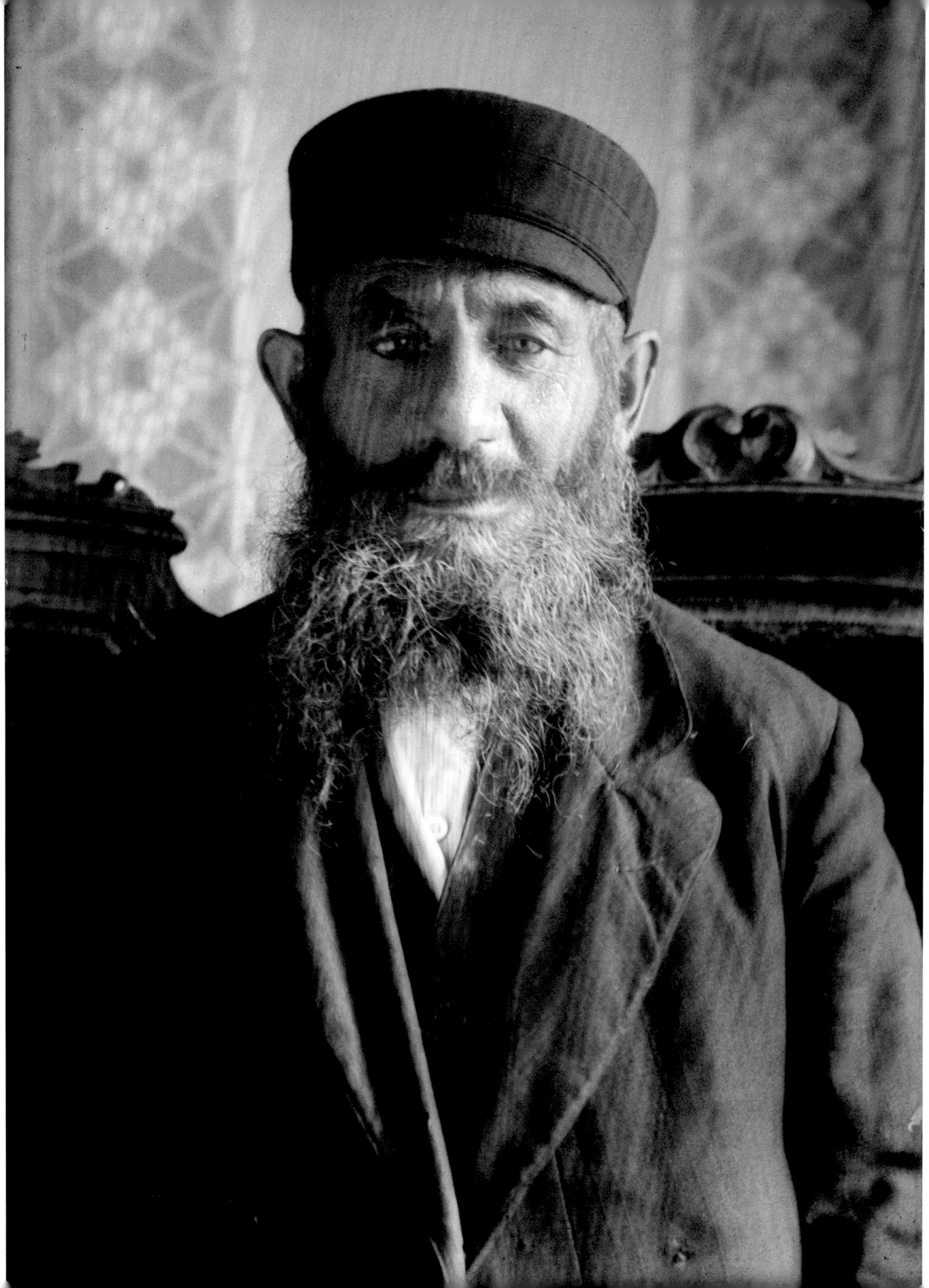

Podpisy do zdjęć

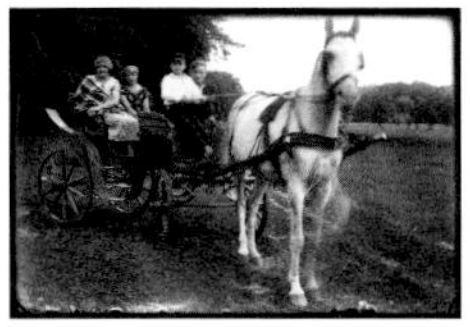

Letnicy na przejażdżce dorożką w Nowodworze lub innej miejscowości wypoczynkowej nieopodal Lublina.

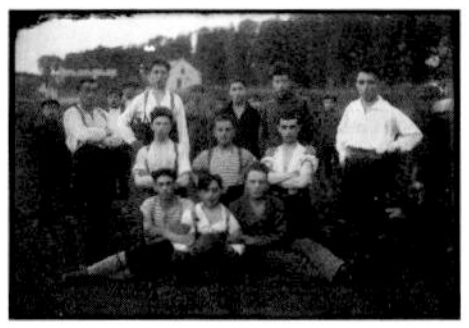

Zawodnicy nieznanej drużyny piłkarskiej. W okresie międzywojennym w Lublinie istniało dziesięć żydowskich drużyn sportowych powiązanych z różnymi partiami politycznymi. Najmłodsza z nich, Wieniawa, nazwana na cześć i założona w dzielnicy Wieniawa, odegrała unikalną rolę w historii sportu w Lublinie, kiedy w 1935 roku zaproszono do niej kilkoro nieżydowskich zawodników i zawodniczek.

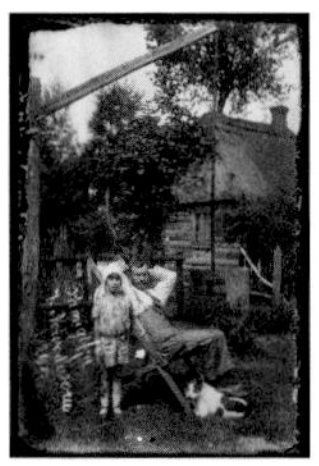

Pamiątka z Nowodworu, 1926.

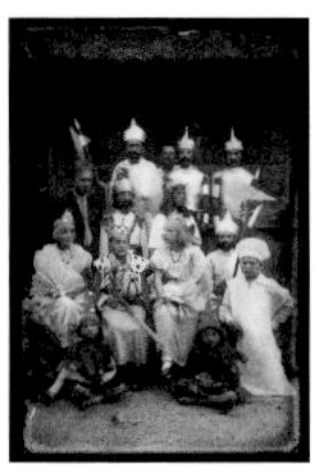

Bal przebierańców lub przedstawienie amatorskie na wsi. Chociaż scena przypomina Purim lub Herody, zdjęcie zostało prawdopodobnie wykonane w cieplejszej porze roku.

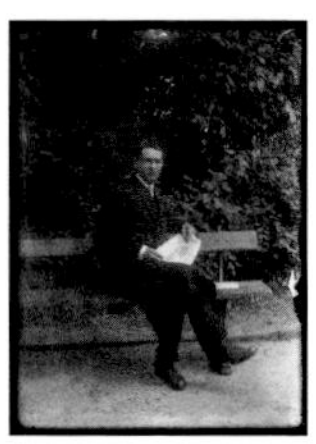

Mężczyzna w Ogrodzie Saskim w Lublinie trzymający wydanie *„Lubliner Tugblat"*.

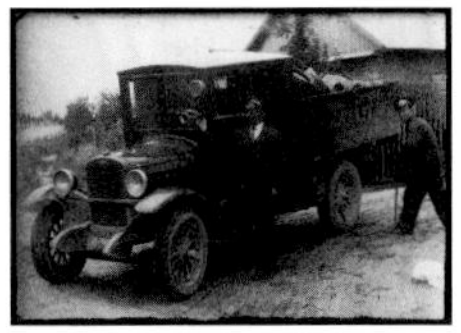

Ciężarówka firmy K. R. Vetter, największego przedwojennego browaru w Lublinie. Znacjonalizowany po II wojnie światowej i sprywatyzowany po 1989 roku, browar jest najdłużej istniejącym zakładem przemysłowym w Lublinie.

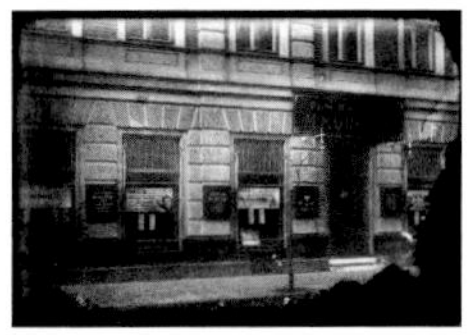

Siedziba banku i loterii znanego lubelskiego finansisty Michała (Majlecha) Morajne przy Kapucyńskiej 3. Morajne, który przeżył drugą wojnę światową na Wschodzie, w 1945 roku wrócił do Lublin. Wkrótce otworzył na nowo swoją loterię, którą reklamował chwytliwym sloganem: „Wrócił Morajne, szczęście wróciło do Lublina!". W 1949 przeniósł się jednak do Wrocławia, szczęście zabierając prawdopodobnie ze sobą.

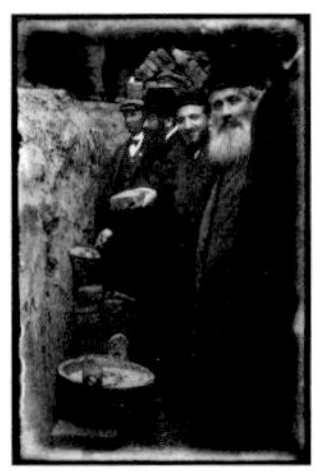

Majer Szapira kładzie kamień węgielny pod Jesziwę Mędrców Lublina (22 maja 1924).

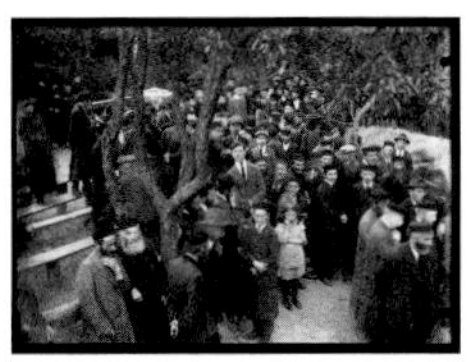

Publiczność podczas ceremonii położenia kamienia węgielnego pod lubelską jesziwę (22 maja 1924).

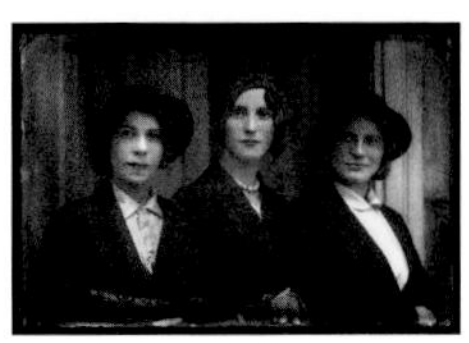

Trzy kobiety sfotografowane na klatce schodowej przy Rynku 4.

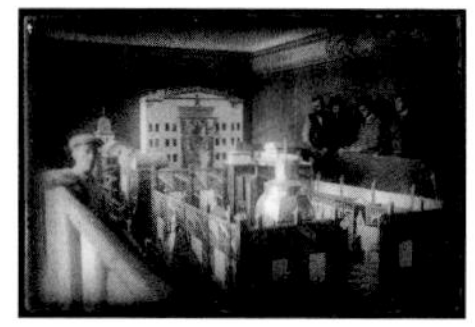

Majer Szapira, założyciel i pierwszy rektor Jesziwy Mędrców Lublina, ogląda drewniany, malowany i bogato zdobiony model Świątyni Jerozolimskiej wykonany przez Henocha Wajntrauba, chasyda, który spędził na jego konstrukcji ponad dziesięć lat. Model znajdował w galerii we wnętrzu jesziwy.

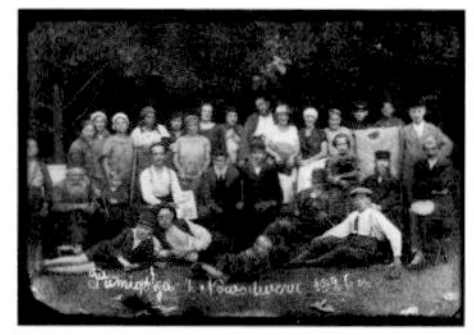

Letnicy w Nowodworze, 1926. Jeden z mężczyzn trzyma nieznane wydanie *„Der Moment"*, jednego z najważniejszych dzienników w jidysz, wydawanego w Warszawie w latach 1910-1939.

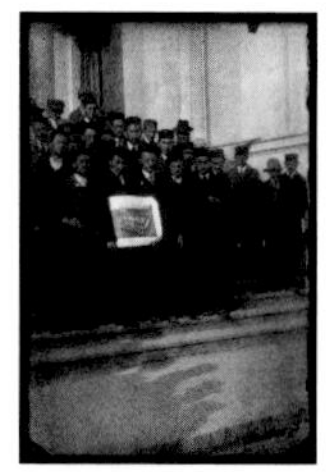

Studenci lubelskiej jesziwy z obrazem przedstawiającym Świątynię Jerozolimską.

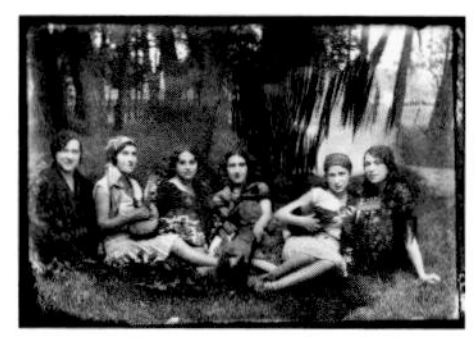

Dziewczęta na wakacjach w Nowodworze lub innej miejscowości wypoczynkowej koło Lublina. Trzecia z prawej to jedna z ciotek Shelley Capozzi – Maria, Leja lub Chaja Milsztajn.

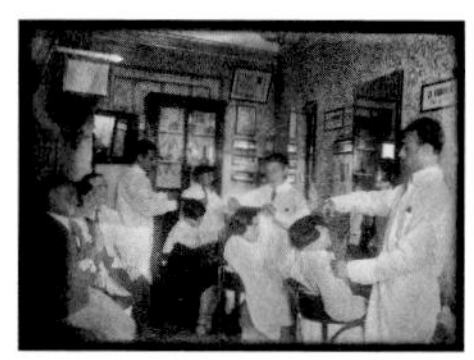

Fryzjerzy z nieznanego zakładu fryzjerskiego.

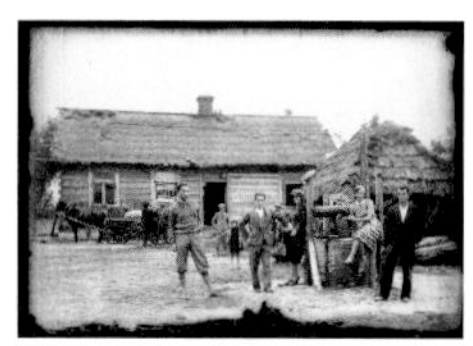

Scena na wsi z budynkami krytymi tradycyjną strzechą.

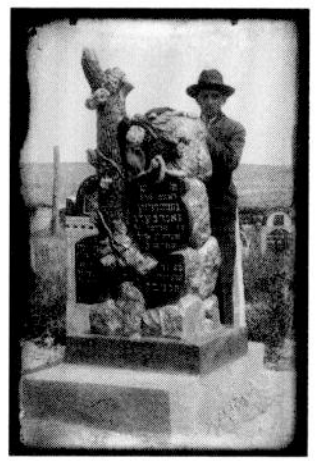

Mężczyzna stojący za nagrobkiem Nechamy Rojzy Zandberg, zdjęcie zrobione prawdopodobnie na Nowym Cmentarzu Żydowskim w Lublinie. Jak większość cmentarzy żydowskich w Polsce, cmentarz ten został prawie całkowicie zdewastowany przez nazistów w czasie II wojny światowej. Nietypowy kształt nagrobka Zandberg to znak nowych trendów w tej dziedzinie, które pojawiły się w XX wieku.

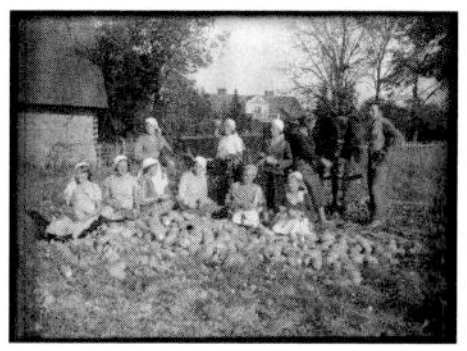

Chrześcijańska ludność wiejska podczas wykopków, prawdopodobnie brukwi lub buraka cukrowego.

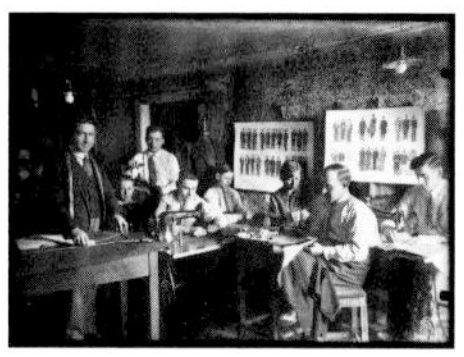

Zakład krawiecki w Lublinie.

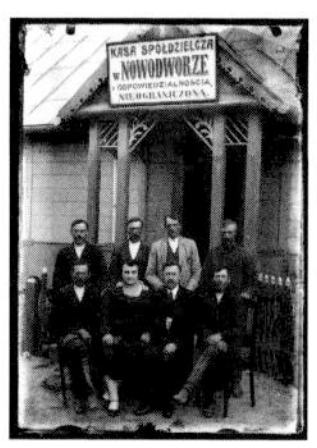

Kasa Spółdzielcza w Nowodworze.

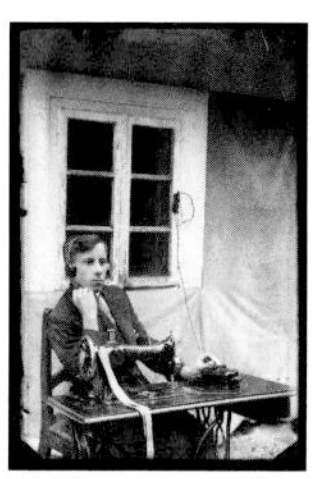

Stanisław Wodziński, 30-letni krawiec spod Lublina słuchający radia.

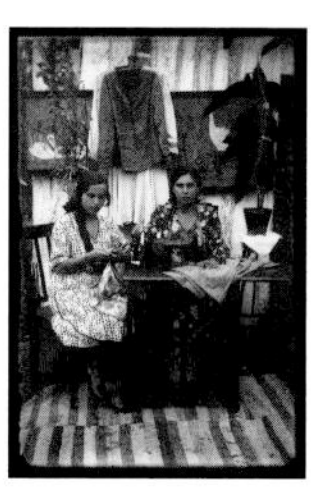

Młode krawcowe przy pracy.

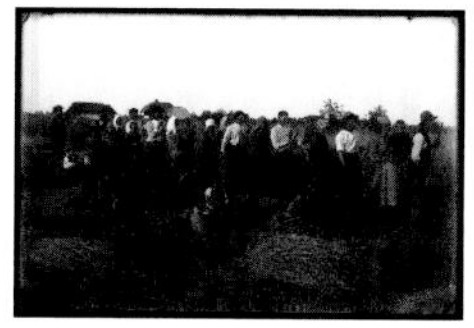

Sianokosy pod Lublinem.

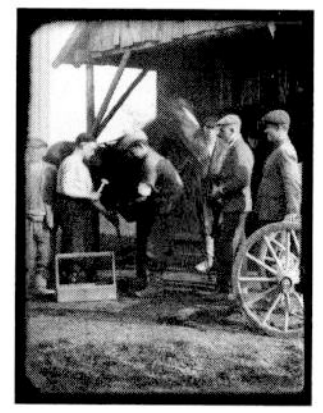

Podkuwanie konia.

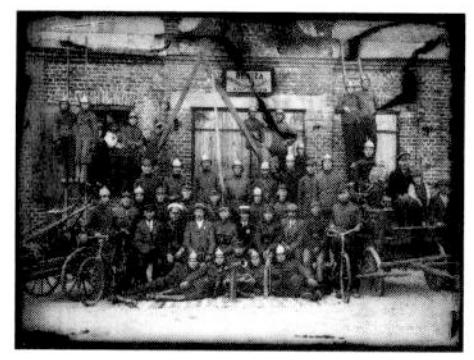

Ochotnicza straż pożarna w Woli Sernickie koło Lubartowaj.

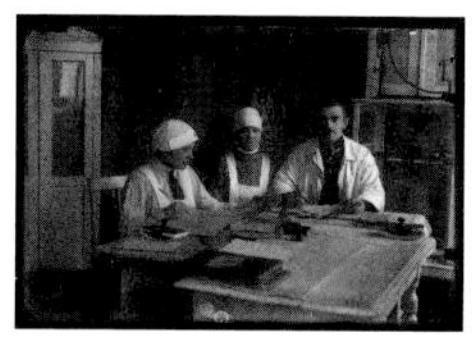

Pracownicy szpitala w Chełmie, mieście znanym w żydowskich opowieściach ludowych ze swoich głupców.

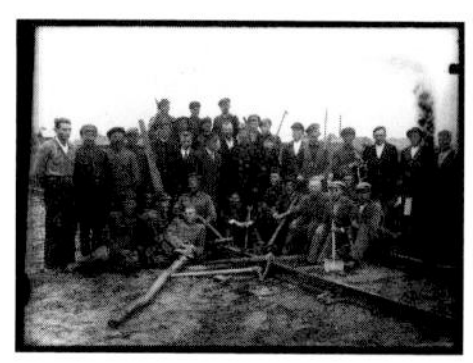

Robotnicy kładący tory kolejowe.

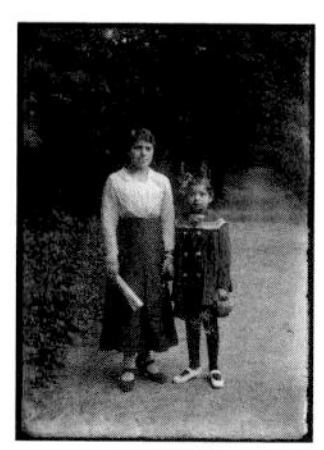

Dziewczęta w Ogrodzie Saskim w Lublinie. Starsza z nich trzyma wydanie *„Lubliner Tugblat"*, największego i najważniejszego dziennika w jidysz w Lublinie, ukazującego się w latach 1918-1939. Zdjęcie zostało prawdopodobnie wykonane przed rokiem 1928, w roku tym gazeta zmieniła swoją winietę.

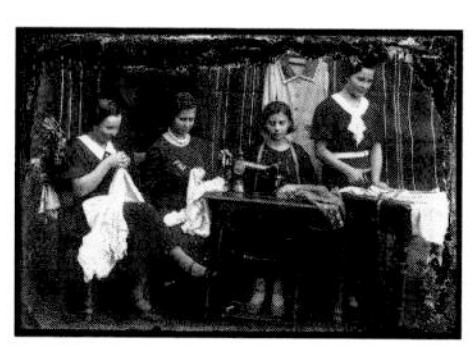

Młode krawcowe przy pracy.

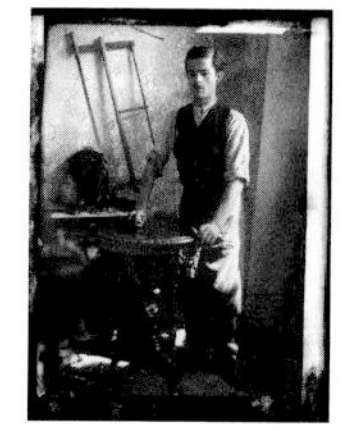

Stolarz przy pracy.

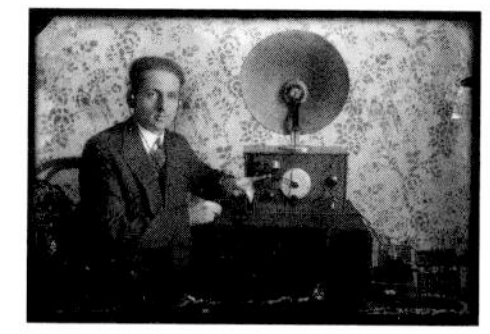

Mężczyzna słuchający radia.

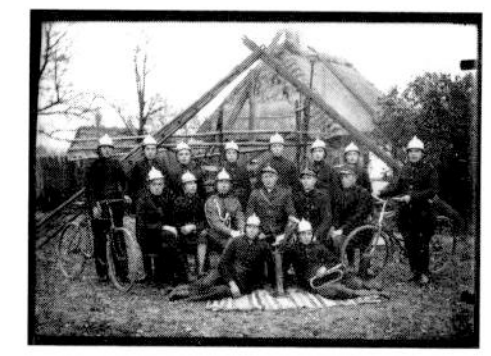

Grupa strażaków z nieznanej miejscowości.

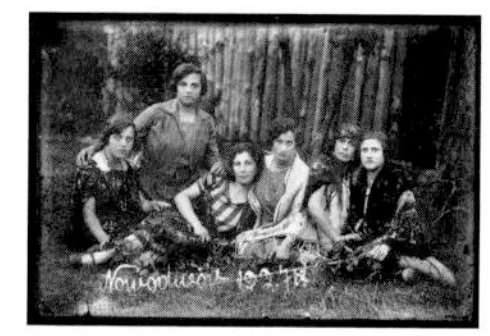

Przyjaciółki w Nowodworze, 1927.

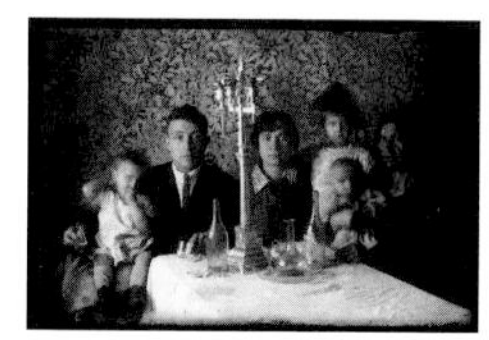

Mieszkanie żydowskiej rodziny.

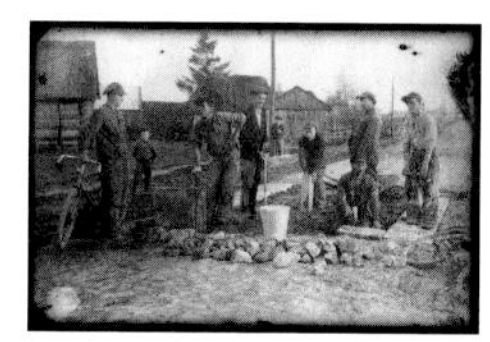

Robotnicy brukujący wiejską drogę.

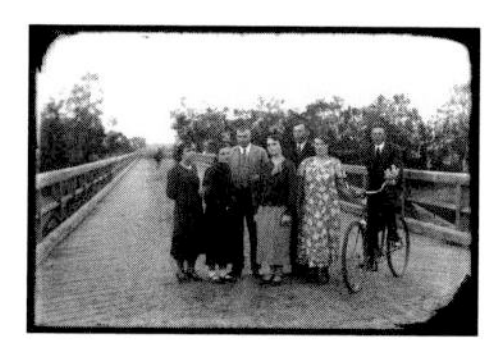

Grupa przyjaciół na drewnianym moście, przeprawy takie wciąż można spotkać w Polsce.

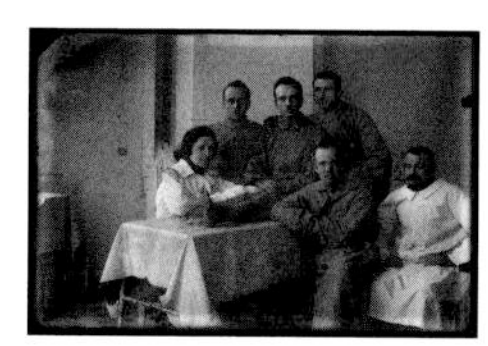

Szpital w Chełmie.

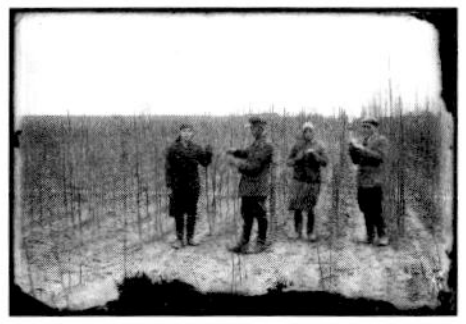
Być może uprawa wikliny.

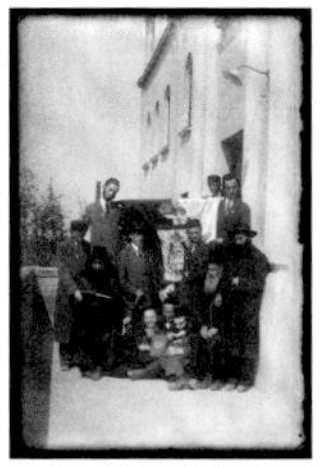
Uczniowie i nauczyciele lubelskiej jesziwy na głównym balkonie budynki z flagą Jeszywas Chachmej Lublin (ukoronowany zwój Tory na biało-czerwonej fladze Polski). Zdjęcie zostało wykonane prawdopodobnie podczas ceremonii otwarcia jesziwy (24 czerwca 1930).

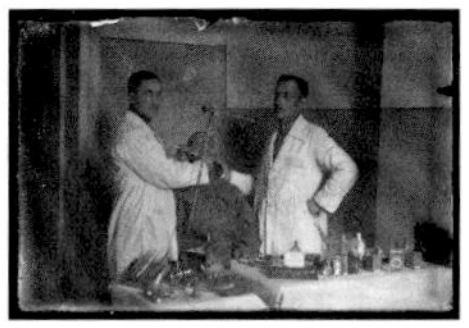
Dentyści, prawdopodobnie w szpitalu w Chełmie.

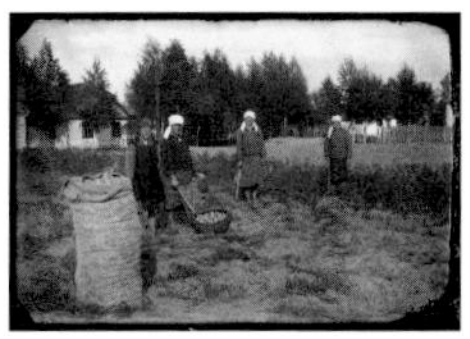
Chłopki podczas wykopków ziemniaków.

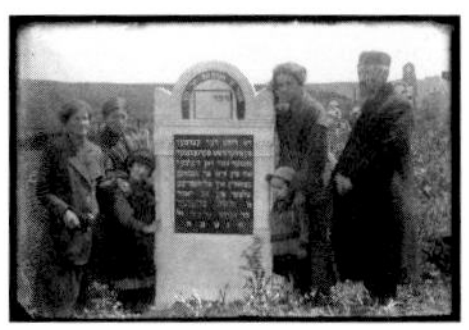
Rodzina obok grobu Mojsze Brenera, zdjęcie wykonane prawdopodobnie na Nowym Cmentarzu Żydowskim w Lublinie.

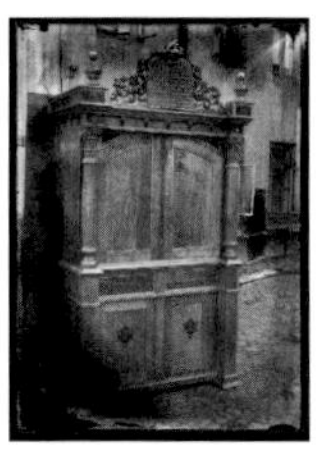
Aron ha-kodesz z nieznanej synagogi.

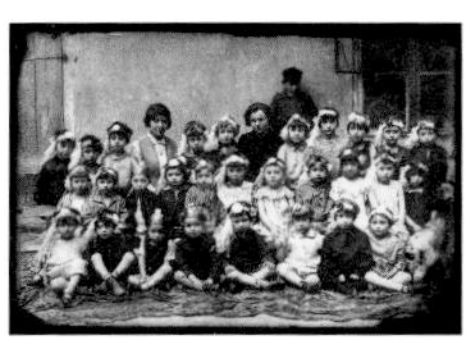
Uczennice i ich nauczycielki z przedszkola Trachterówien. Trzecia od prawej (ubrana w czarną sukienkę) w dolnym rzędzie siedzi Chajka Najman, 1929.

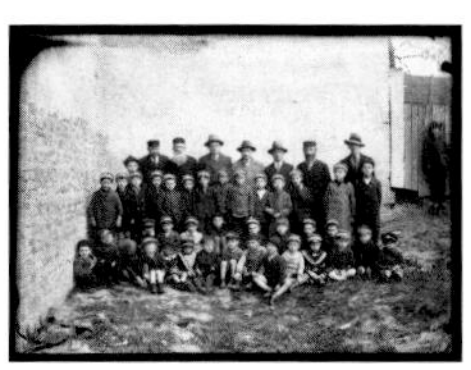
Nieznana szkoła żydowska lub cheder w Lublinie.

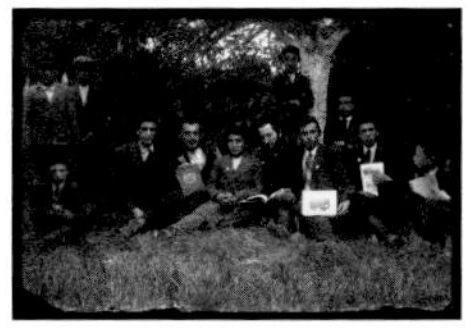
Uczniowie jesziwy. Jeden z nich trzyma księgę pamiątkową, wydaną być może ku czci jesziwy lub jej założyciela Majera Szapiry.

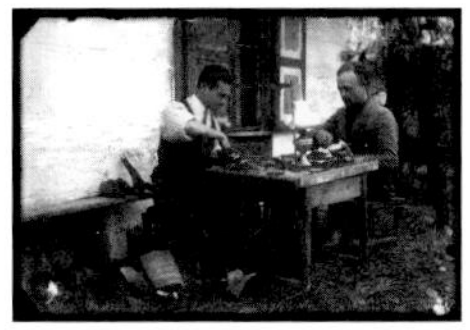
Szewcy przy pracy, zdjęcie zostało zrobione o godzinie 11:05.

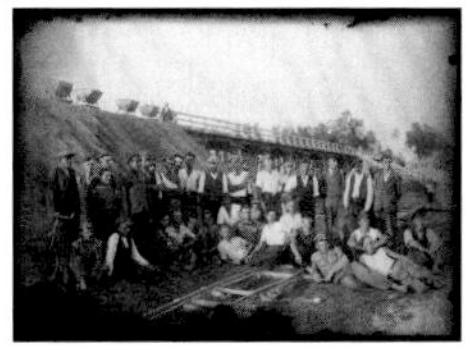
Robotnicy kładący tory kolejowe.

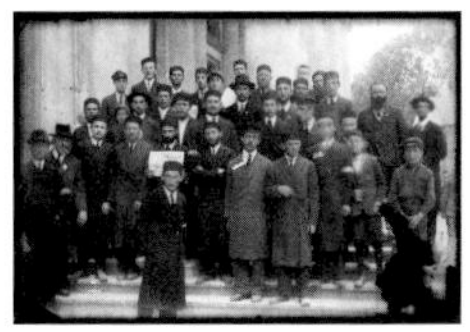
Uczniowie lubelskiej jesziwy przed głównym wejście do gmachu uczelni rabinackiej. Jeden z nich trzyma wydanie *„Dos Judisze Togblat"*, ortodoksyjnego dziennika wydawanego od 1929 roku do wybuchu drugiej wojny światowej.

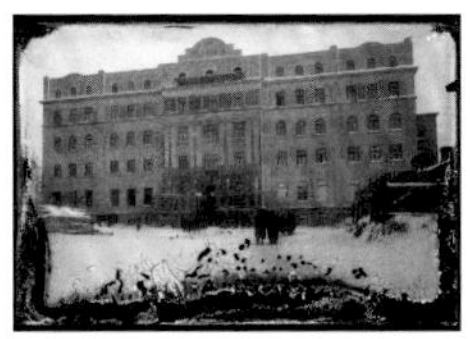
Budowa lubelskiej jesziwy.

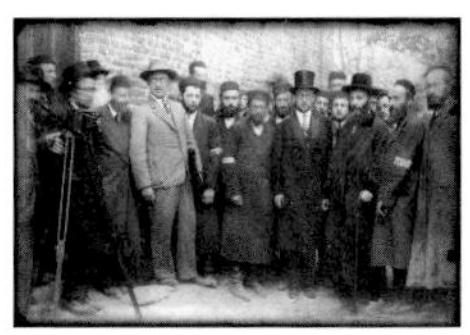
Dygnitarze biorący udział w ceremonii poświęconej lubelskiej jesziwie.

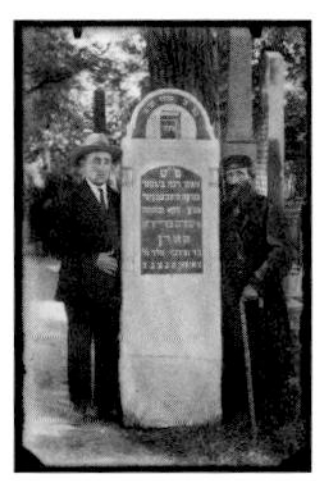
Mężczyźni obok nagrobka Sary Frajdy Horn. Zdjęcie zrobione na Nowym Cmentarzu Żydowskim w Lublinie.

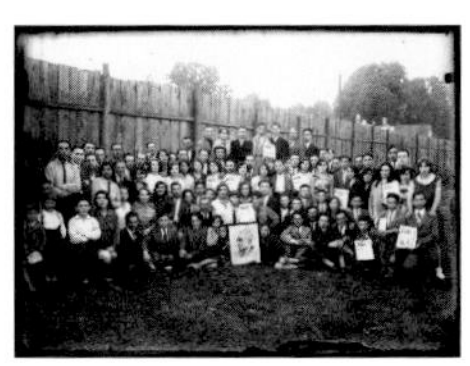
Młodzież z nieznanym wydaniem"*Jugnt Weker"*, organu prasowego młodzieżówki Bundu Cukunft i portretem Bejnisza Michalewicza, czołowego działacza oświatowego i polityka Bundu w Polsce.

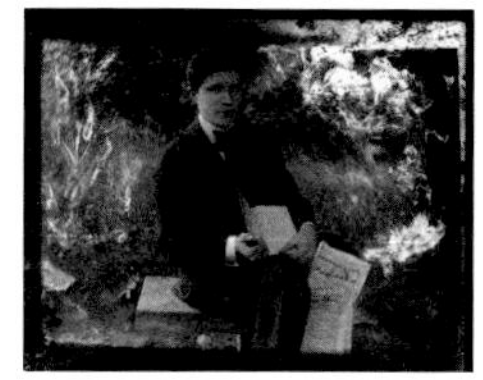
Obok chłopca leży gazeta *„Der Moment"*, nr 107 z 22 maja 1913 roku. Prawdopodobnie jedno z najstarszych zdjęć w kolekcji.

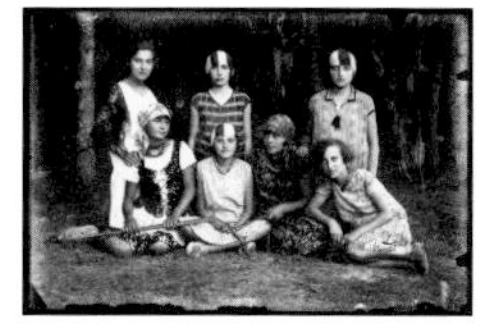
Dziewczęta na wakacjach w Nowodworze, pierwsza z lewej w górnym rzędzie to Róża Fiszman-Sznajdman, przyszła autorka książki *Majn Lublin*: bilder funem lebens-sztajger fun Jidn in farmilchomedikn Pojln, Tel Awiw 1982. W swojej książce Fiszman--Sznajdman opisuje ze szczegółami Nowodwór i historię znajdującego się tam letniska.

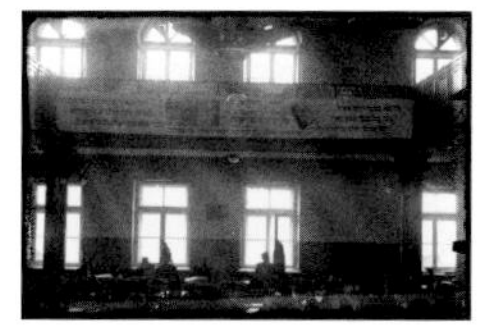
Główna aula w lubelskiej jesziwie.

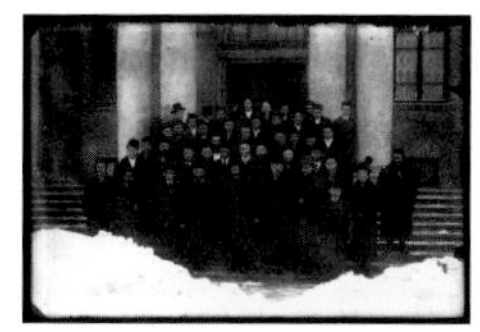
Majer Szapira z nauczycielami i uczniami przed wejściem do lubelskiej jesziwy.

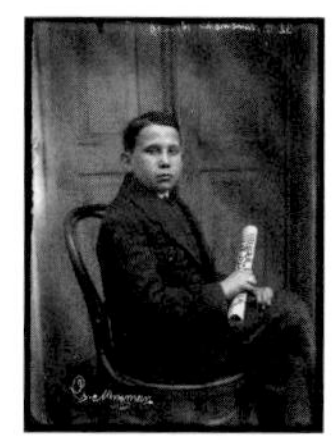
Niejaki B. Mincman trzyma wydanie gazety *„Lebns Fragn"*, organu prasowego Bundu w Polsce.

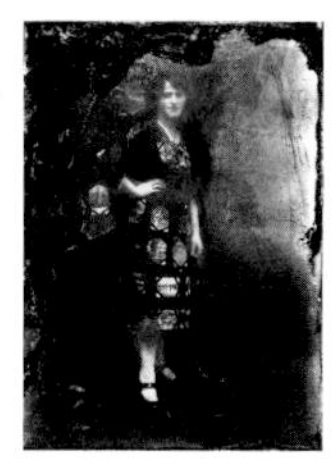
Kobieta w sukience wykonanej z fotografii.

Acknowledgments

The editors gratefully acknowledge the work of Tomasz Pietrasiewicz, founder and director of Grodzka Gate–NN Theatre Centre, and staff members Piotr Nazaruk, Joanna Zętar and Patryk Pawłowski, who have worked tirelessly to recover, preserve, and celebrate the glass plates of Lublin.

The Grodzka Gate–NN Theatre Centre (Ośrodek „Brama Grodzka – Teatr NN") is a municipal cultural institution based in Lublin, Poland, established as the avant-garde NN Theatre in 1990. Since 1998 the Centre has been dedicated to the preservation of Polish-Jewish heritage of the city of Lublin. In its activities the Centre emphasizes the history of its building—medieval Grodzka Gate—that for centuries divided Christian and Jewish parts of the city. The glass negatives from Rynek 4 were deposited at the Centre by Trybunalska City Pub restaurant in 2012.

The Yiddish Book Center is a nonprofit organization working to recover, celebrate, and regenerate Yiddish and modern Jewish literature and culture.

Since its founding in 1980, the Center has rescued more than 1.5 million Yiddish books and launched exciting bibliographic, cultural, and educational programs to share their content with the world. White Goat Press is an imprint of the Yiddish Book Center.

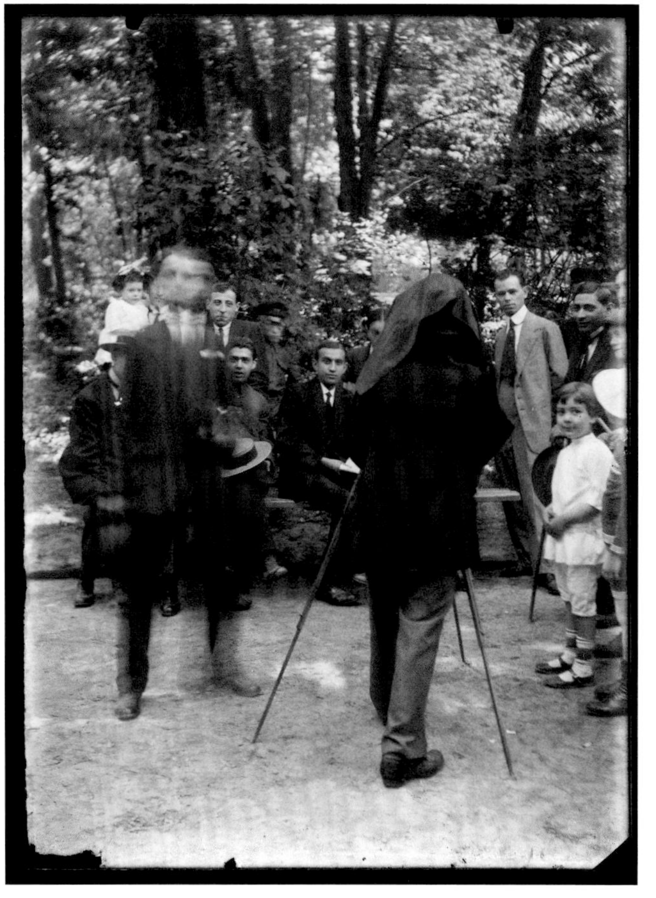

This book presents images of what the Yiddish writer I. J. Singer once called "*a velt vos iz nistho mer*—a world that is no more." Before the war, Lublin's 43,000 Jews composed one third of the city's total population; by 1945, only a few hundred were still alive. Piotr Nazaruk and his colleagues at the Grodzka Gate–NN Theatre have accomplished a remarkable feat in providing captions for many of the photographs. Many more, however, remain uncaptioned, their people nameless and their circumstances as yet unknown. If you recognize any of the people or places in these photos, please let us know at: White Goat Press, Yiddish Book Center, 1021 West Street, Amherst, MA 01002 USA, or whitegoatpress@yiddishbookcenter.org.

Pictured on endpapers, photographic boxes found in the attic of Rynek 4.

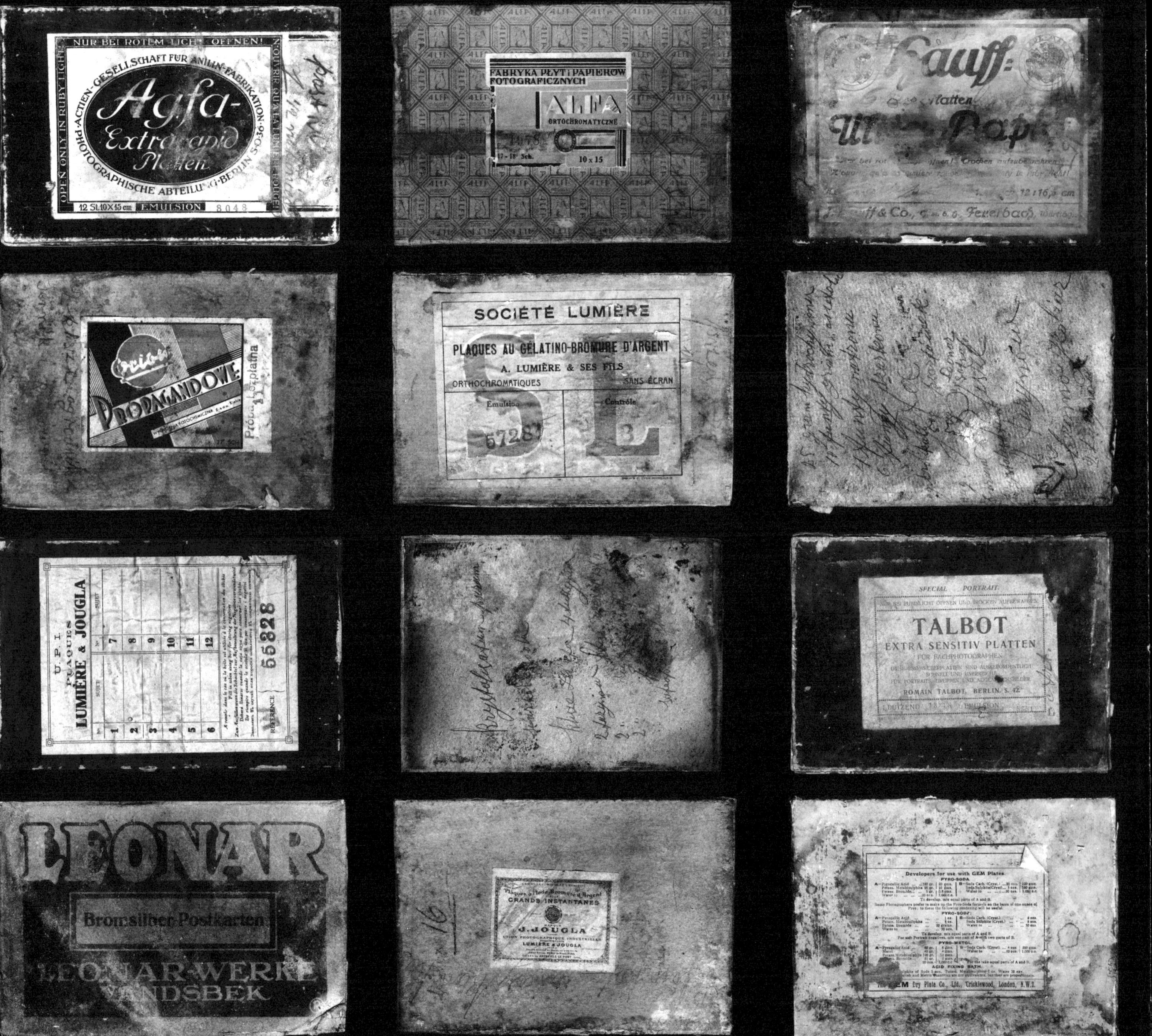

NUR BEI ROTEM LICHT OEFFNEN!
OPEN ONLY IN RUBY LIGHT
ACTIEN-GESELLSCHAFT FÜR ANILIN-FABRIKATION
PHOTOGRAPHISCHE ABTEILUNG BERLIN SO.36
Agfa-
Extrarapid
Platten
12 St. 10×15 cm
EMULSION
8048
FABRYKA PŁYT I PAPIERÓW FOTOGRAFICZNYCH
ALFA
ORTOCHROMATYCZNE
17–18° Sch.
10 x 15
Hauff
12 × 16,5 cm
PROPAGANDOWE
Próba Bezpłatna
27 SCH
SOCIÉTÉ LUMIÈRE
PLAQUES AU GÉLATINO-BROMURE D'ARGENT
A. LUMIÈRE & SES FILS
ORTHOCHROMATIQUES
SANS ÉCRAN
Émulsion
Contrôle
SL
U. P. I.
PLAQUES
LUMIÈRE & JOUGLA
55828
RÉFÉRENCE
SPECIAL PORTRAIT
TALBOT
EXTRA SENSITIV PLATTEN
FÜR FACHPHOTOGRAPHEN
ROMAIN TALBOT, BERLIN, S. 42.
LEONAR
Bromsilber Postkarten
LEONAR-WERKE
WANDSBEK
Plaques au Gélatino-Bromure d'Argent
GRANDS INSTANTANÉS
J. JOUGLA
UNION PHOTOGRAPHIQUE INDUSTRIELLE
LUMIÈRE & JOUGLA
16
Developers for use with GEM Plates
PYRO-SODA
PYRO-METOL
ACID FIXING BATH
Dry Plate Co., Ltd., Cricklewood, London, N.W.2.